房地产
企业纳税实务

王秋菲　夏宝晖／主编

立信会计出版社
LIXIN ACCOUNTING PUBLISHING HOUSE

图书在版编目(CIP)数据

房地产企业纳税实务/王秋菲,夏宝晖主编. —上海:立信会计出版社,2017.9

ISBN 978-7-5429-5547-0

Ⅰ.①房… Ⅱ.①王… ②夏… Ⅲ.①房地产企业—税收管理—中国 Ⅳ.①F812.423

中国版本图书馆 CIP 数据核字(2017)第 214924 号

策划编辑　洪梅春
责任编辑　洪梅春
封面设计　南房间

房地产企业纳税实务
Fangdichan Qiye Nashui Shiwu

出版发行	立信会计出版社		
地　　址	上海市中山西路 2230 号	邮政编码	200235
电　　话	(021)64411389	传　　真	(021)64411325
网　　址	www.lixinaph.com	电子邮箱	lxaph@sh163.net
网上书店	www.shlx.net	电　　话	(021)64411071
经　　销	各地新华书店		

印　　刷	常熟市梅李印刷有限公司	
开　　本	710 毫米×960 毫米	1/16
印　　张	13.75	
字　　数	259 千字	
版　　次	2017 年 9 月第 1 版	
印　　次	2017 年 9 月第 1 次	
印　　数	1—3 100	
书　　号	ISBN 978-7-5429-5547-0/F	
定　　价	32.00 元	

序

“营改增”是我国“十二五”期间税制改革的重要举措，将目前我国征收营业税的行业，改为征收增值税。由于营业税没有抵扣机制，营业税成本只能由企业自行承担。而在增值税制度下，进项税额可以抵扣，有效地解决了重复征税问题，能减轻企业税收负担。“营改增”之前，房地产企业涉及的税种主要有营业税、房产税、土地增值税、契税、城镇土地使用税、企业所得税、印花税、城市维护建设税、教育费附加、地方教育附加等，其中营业税、土地增值税、企业所得税是房地产企业的三大税种。“营改增”后，税种由营业税改为增值税，其他税种不变，税率由原来的营业税5%改为增值税11%。单从税率方面看，税率有较大提高，但是由于增值税存在抵扣机制，只对增值额征税，所以从理论上讲，最终会降低整体税负。

由于计税的原理、计税方法、监管手段、会计核算、收入成本的计算等都发生了变化，“营改增”给房地产企业带来了诸多问题和困惑。为了让房地产企业更好地适应税收政策变化，做到依法纳税、准确纳税、避免纳税风险，沈阳建筑大学商学院的教师依据“营改增”新政策编写了《房地产企业纳税实务》，期望能为房地产行业的财务人员解决房地产企业“营改增”后实务操作方面的问题，最终实现企业税负的真正降低。

沈阳建筑大学商学院的教师长期关注房地产企业在经营管理中遇到的问题，把解决企业的困惑作为教学和科研工作重点。本书的主要作者主持过许多房地产财税咨询项目，既具有扎实的税法理论功底，又具有丰富的房地产企业经营管理的实务经验。本书融合了多位作者税务风险控制理念和税务咨询案例，倾注了作者们的大量心血，具有很强的实用性和参考价值。

相信本书的出版发行将对房地产企业应对“营改增”政策的实施起到积极的指导作用。

最后，祝各位读者健康顺意！祝愿中国房地产行业蓬勃向上，健康发展！

沈阳建筑大学商学院院长

刘亚臣

前　言

2016年5月1日，我国全面推开营业税改征增值税(下称“营改增”)，“营改增”政策是我国税制改革史上的一次飞跃，对完善我国税收制度具有重要的意义。“营改增”后，房地产企业的纳税人身份、纳税地点、税额计算、纳税申报、税收征管模式等都发生了巨大变化，因此企业的财务人员都面临很多困惑。

为了帮助房地产企业的相关人员准确理解和把握“营改增”相关文件的内容，更好地适应税收政策变化，做到依法纳税、准确纳税，有效防范和控制涉税风险，作者根据“营改增”最新政策编写了《房地产企业纳税实务》一书。本书具有下列新意：

(1) 对房地产企业的涉税业务进行系统的梳理，并结合其业务特征分析“营改增”对房地产企业的影响。

(2) 运用政策解读与实务操作相结合的方式，从纳税人身份、应税范围、税率适用、税额计算、纳税申报等方面详细解读“营改增”政策给企业带来的巨大变化。

(3) 不仅详细地介绍了房地产企业常用的各税种，而且还增加了房地产企业税收征管的内容。

本书既可以作为房地产企业财务人员日常工作的工具书，也可以作为高等、中等院校的教学用书，还可以作为税务中介机构工作人员的参考用书。

本书的写作架构和总体设计由沈阳建筑大学王秋菲负责完成，沈阳建筑大学的王秋菲、夏宝晖担任主编，王桂林、何敏担任副主编。第1章编写由王秋菲完成；第2章、第3章编写由夏宝晖完成；第4章、第5章编写由何敏完成；第6章编写由杨野完成；第7章编写由王桂林完成；第8章编写由王秋菲、王桂林共同完成；第 9 章编写由王秋菲、秦爽共同完成；第 10 章编写由秦爽完成。沈阳建筑大学石丹、唐冰洁等研究生为本书的完成做了大量的工作并参与了部分章节内容的编写。

由于编者水平所限，书中难免有疏漏之处，恳请各位读者批评指正，在此表示衷心感谢！

编　者

2017 年 6 月

于沈阳建筑大学

目　录

第1章 总 论

1.1 房地产企业及其主要业务

1.1.1 房地产企业概述

房地产是指土地、建筑物及附着在土地、建筑物上不可分离的部分及其附带的各种权益。《国民经济行业分类》将房地产开发经营、物业管理、房地产中介服务及其他房地产活动归类为房地产业。《中华人民共和国城市房地产管理法》规定房地产企业是以营利为目的,从事房地产开发和经营的企业。房地产企业经营活动的主要业务是地产业务和房产业务。地产业务主要包括土地使用权的转让、买卖和租赁。房产业务主要包括房地产企业对房屋的开发、销售和出租。房地产企业可将土地和房屋合在一起开发,也可将土地和房屋分开开发。目前,我国大多数的房地产企业既是房地产产品的生产者,又是房地产商品的经营者,其主要经营活动如下:

(1) 土地的开发与经营。企业将有偿获得的土地开发完成后,既可有偿转让给其他单位使用,也可自行组织建造房屋和其他设施,然后作为商品作价出售,还可以开展土地出租业务。

(2) 房屋的开发与经营。房屋的开发是指房屋的建造。房屋的经营是指房屋的销售与出租。企业可以在开发完成的土地上继续开发房屋,开发完成后,可作为商品作价出售或出租。企业开发的房屋,按用途可分为商品房、出租房、周转房、安置房和代建房等。

(3) 城市基础设施和公共配套设施的开发。

(4) 代建工程的开发。代建工程的开发是企业接受政府和其他单位委托,代为开发的工程。

1.1.2 房地产企业的业务流程

(1) 企业设立阶段。根据开发项目的实际情况,房地产企业既可直接以现有公司为主体立项开发,也可以通过设立项目子公司或者二级分公司间接进行开发,除此以外,还可以利用投资入股、股权收购等企业重组的形式取得项目开发权。项目开发主体的确立方式对日后开发项目各个阶段的纳税实施方案将产生直接影响。

(2) 可行性研究阶段。房地产企业参考不同地域的房地产市场信息,结合企业的发展战略以及土地储备的实际情况,来确定不同地区、地段的开发设想和可行性研究方案。

(3) 取得项目用地阶段。土地储备是进行建筑物开发建设的基础。房地产企业主要是通过招拍挂、划拨、拆迁改造、联合开发、公司合并、股权收购等方式取得土地使用权。获取土地的渠道和方式不同,适用的税收政策也必然存在差异,既影响拿地成本,又影响将来的税负。

(4) 前期准备阶段。前期的准备工作主要包括房地产开发项目的规划设计、报建登记、相关许可证的办理等。房地产企业可以视自身的条件对建设方式、资金筹措方式、经营模式等重要决策点进行周密的安排。前期准备阶段决定了房地产开发项目成功与否,是项目运作的首要环节。

(5) 资金筹措阶段。房地产企业在取得土地及相关许可证后,还需要筹集相当部分的流动资金来支持项目的开发建设。融资方式主要有:向商业银行贷款、信托融资、私募基金融资等。尤其是在紧缩的货币政策下,信托和私募基金成为房地产企业建设资金的重要来源。企业税负在一定程度上也受到融资渠道及融资成本的影响。

(6) 建设施工阶段。在该阶段,房地产企业要根据既定方案,通过自行建设、合作建房、分包等方式进行房地产的开发建设。虽然此环节涉及的税金不多,但这一阶段发生的各项成本费用将影响后续经营阶段的税负,如土地增值税扣除项目、企业所得税计税成本。

(7) 经营阶段。在经营阶段,地产商可以将商品房予以销售、出租或自用。房地产企业通常在项目完工前利用预售的方式销售商品房,以便保持资金的流动性。随着经济利益流入,大量的税收也如影随形地到来,形成经济利益流出,此阶段成为房地产企业隐瞒收入、逃避税收较为集中的时期。

房地产企业基本业务流程如图 1.1 所示。

1.2 房地产企业涉税处理

1.2.1 房地产企业涉及的主要税种

增值税、城市维护建设税、教育费附加和地方教育附加、土地增值税、房产税、城镇土地使用税、印花税、企业所得税、契税、耕地占用税等是房地产企业涉及的主要税种。

(1) 增值税。房地产企业中的一般纳税人销售和出租自行开发的房地产项目

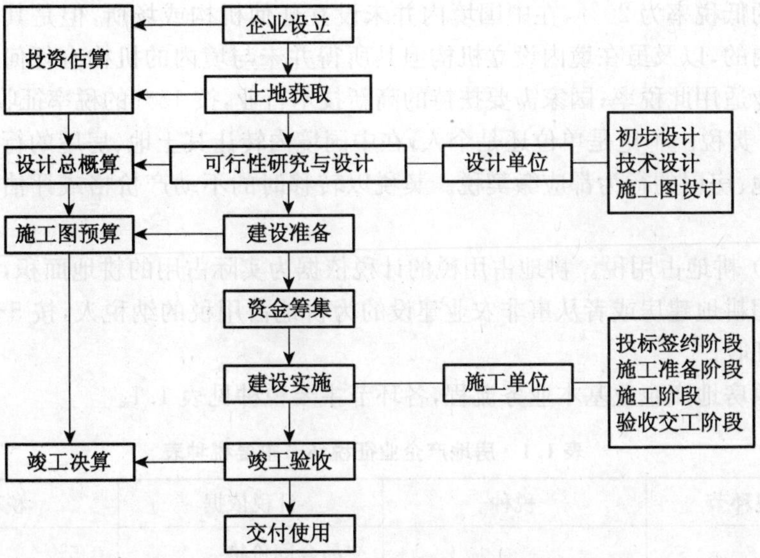

图1.1 房地产企业基本业务流程图

需要缴纳增值税，适用一般计税方法计税，征收率为11%。一般纳税人销售自行开发的房地产项目，可以选择适用简易计税方法按照5%的征收率计税。

(2) 城市维护建设税。纳税人实际缴纳的增值税是城市维护建设税缴纳的依据。纳税人所在地在市区的，税率为7%；纳税人所在地在县城、镇的，税率为5%；纳税人所在地不在市区、县城、镇的，税率为1%。

(3) 教育费附加和地方教育附加。纳税人实际缴纳的增值税额是教育费附加缴纳的依据。附加率为3%的地方教育附加，以实际缴纳的增值税额为计征依据。

(4) 土地增值税。单位和个人将其拥有的国有土地使用权、建筑物及其固定设施进行转让，都应按由此取得的收入扣除原有拥有资产的原值的差额征收土地增值税。目前对房地产业的征收方式依据土地增值税法规定除了用于居住的普通标准住宅不实行预征外，其他住宅一律预征土地增值税。

(5) 房产税。自用房产，房产税按房屋余值的1.2%缴纳。若有房产出租，则以租金为计税依据，税率为12%。

(6) 城镇土地使用税。城镇土地使用税以纳税人实际占有的土地面积为计税依据，依照0.6～30元每平方米征收。

(7) 印花税。在经济活动中双方订立的合同、产权转移书据等凭证，以及营业账簿、执照等都需缴纳印花税。印花税有两种计税方式：从价计征与从量计征。

(8) 企业所得税。企业所得税的基本税率为25%，在中国境内设立的居民企业，以及在境外设立但在中国境内设立机构或场所的非居民企业适用此税率；企业所得税的低税率为20%,在中国境内并未设立任何机构或场所,但是其所得是在中国境内的,以及虽在境内设立机构但其所得并未与境内的机构有任何关联的非居民企业适用此税率;国家需要扶持的高新技术行业,按15%的税率征收。

(9) 契税。不论是单位还是个人,在中国境内转让其土地、房屋的行为以及受让该土地、房屋的行为都应缴契税。契税以转移时的不动产价格或评估价格为计税依据。

(10) 耕地占用税。耕地占用税的计税依据为实际占用的耕地面积,单位或者个人占用耕地建房或者从事非农业建设的为耕地占用税的纳税人,按5~50元每平方米征收。

按照房地产企业基本业务流程,各环节主要税种见表1.1。

表1.1 房地产企业征税环节主要税种表

<table>
<tr><th>征税环节</th><th>税种</th><th>计税依据</th><th>税率</th></tr>
<tr><td rowspan="2">企业设立阶段</td><td>印花税</td><td>交易合同价格
账簿、许可证数量</td><td>0.5‰
5元/件</td></tr>
<tr><td>契税</td><td>交易合同价格</td><td>0.3‰~0.5‰</td></tr>
<tr><td rowspan="4">获得土地阶段</td><td>印花税</td><td>交易合同价格
账簿、许可证数量</td><td>0.5‰
5元/件</td></tr>
<tr><td>契税</td><td>交易合同价格</td><td>0.3‰~0.5‰</td></tr>
<tr><td>耕地占用税</td><td>耕地面积</td><td>1~10元/平方米</td></tr>
<tr><td>城镇土地使用税</td><td>土地面积</td><td>0.5~10元/平方米</td></tr>
<tr><td rowspan="5">开发及交易阶段</td><td>增值税</td><td>应纳税额</td><td>11%</td></tr>
<tr><td>城市维护建设税及教育费附加</td><td>缴纳的增值税</td><td>1%~7%</td></tr>
<tr><td>土地增值税</td><td>增值额</td><td>四级超率累进税率</td></tr>
<tr><td>印花税</td><td>交易合同价格</td><td>0.5‰</td></tr>
<tr><td>企业所得税</td><td>应纳税所得额</td><td>25%</td></tr>
<tr><td rowspan="4">持有阶段</td><td>增值税</td><td>租金收入</td><td>11%</td></tr>
<tr><td>城市维护建设税及教育费附加</td><td>缴纳的增值税</td><td>1%~7%</td></tr>
<tr><td>城镇土地使用税</td><td>土地面积</td><td>0.5~10元/平方米</td></tr>
<tr><td>房产税</td><td>房屋余值或租金收入</td><td>1.2%或12%</td></tr>
</table>

1.2.2 房地产企业税收特征

房地产企业涉及的产业链众多，包括房地产开发、工程建设、开发产品的销售和经营。房地产企业的税收特征主要包括以下几个方面：

（1）房地产企业经营业务广泛。房地产企业主要经营活动包括规划设计、征地拆迁、房屋建造、工程管理、房屋出租等，涵盖了生产和流通领域，内容广泛，经营业务多元，因此对税务部门的征管体系及税法本身的完善程度要求很高。

（2）资金来源多元化。房地产企业需要大量的资金作为前期投资，其资金来源主要包括预收定金、销售期房收取的预售房款、从银行借入资金、发行股票或债券，以及在土地储备充足但缺乏资金的情况下与其他资金实力雄厚的经济实体进行合作开发建房等。资金来源多元化，流转环节多，每个环节都会产生税收。

（3）成本费用复杂性。房地产企业的成本费用包括：为获取土地而支付的土地出让金及各项税款、行政费用；土地征用及拆迁补偿费、前期工程费、建筑安装工程费、公共配套设施费、开发间接费等房地产开发成本；财务费用、管理费用、销售费用三大期间费用；房地产持有经营过程中发生的成本，如转让土地、出售开发产品、出租企业自持房产所缴纳的各项税费，以及为销售商品房而发生的营销设施建造费等成本支出。

（4）纳税时点集中性。房地产企业作为不动产开发和经营的企业，其投资金额巨大，经营运转周期也较长，短则1年，长则3年、5年，收益往往集中在项目后半程。而房地产行业涉及的税收也主要针对房地产交易环节，因此，进入经营阶段后房地产企业就要承担较为集中的纳税义务。

1.3 “营改增”对房地产企业的影响

1.3.1 “营改增”的背景

经中华人民共和国国务院批准，自2016年5月1日起，在全国范围内全面推开“营改增”试点，金融、建筑、房地产和生活服务业等全部纳入“营改增”试点行业范围。

增值税是对单位和个人在生产经营及商品流通过程中取得的、以增值额为征税对象征收的一种流转税。增值税从20世纪中期在欧洲诞生以来就以其覆盖面宽、征税对象针对性强而备受各国政府的重视。增值税目前已经发展成各个国家的主要税收种类，构成政府财政收入的主要部分。目前，各国的增值税由生产型、收入型和消费型三种主要税收形式组成。我国在增值税的初始阶段采用的是生产型增值税，增加了财政收入，促进了国民经济的发展。但是在改革开放进入一定阶段后，生产型增值税对于固定资产等资产与设备购入不能抵扣的规定，极大地限制了企业和个人对于生产技术的更新换代和创新型经济发展的热情。2009年后，我国实行了增值税全国范围的转型，将原来的生产型增值税转变为消费型增值税。即允许企业和个人在购买固定资产及设备等时，可以抵扣增值税。实行增值税转型后，我国增值税迅速发展，逐渐成为我国最大的税种。到2015年，我国增值税金已经突破3万亿元，已占税收总额的1/4。

随着增值税额和征收领域越来越大，国家对于增值税的改革力度进一步加大。2011年11月，国务院下发关于《营业税改征增值税试点方案》(财税〔2011〕110号)。自2012年1月1日起，在上海交通运输业等部分现代服务产业进行“营改增”试点。并在原来的17%标准税率的基础上，新增11%、6%两档税率。110号文件的下发实行标志着我国税制改革中的“营改增”改革开始进行。

2013年5月24日，财政部与国家税务总局联合下发《交通运输业和部分现代服务业营业税改征增值税试点实施办法》，即财税〔2013〕37号文件。该文件规定在2013年8月1日后，在交通运输业和部分现代服务业中全面实行“营改增”，标志着增值税改革的进一步深入实行。

随着我国房地产行业的不断发展与壮大，其在国民经济中所占比重逐年增加，其税收制度改革日益迫切。2016年3月23日，财政部、国家税务总局发布《关于全面推开营业税改征增值税试点的通知》(财税〔2016〕36号)。自2016年5月1日起，在全国范围内全面推开“营改增”试点，建筑业、房地产业、金融业、生活服务业等全部营业税纳税人，纳入试点范围，由缴纳营业税改为缴纳增值税。这标志着房地产行业正式进入“营改增”改革，在房地产开发和房地产经营行为中，原缴纳营业税的行为及销售额，改为缴纳增值税。财税36号文件对于房地产行业“营改增”在具体实施上没有细化执行措施。2016年4月6日，国家税务总局关于发布《房地产开发企业销售自行开发的房地产项目增值税征收管理暂行办法》的公告(国税〔2016〕18号)，对于房地产行业增值税征收管理进行了具体规定。2016年11月24日，国家税务总局颁布73号文件，对纳税人转让不动产增值税差额扣除问题进行了进一步规范。2016年12月21日，财政部、国家税务总局联合发布了《关于明确金融 房地产开发 教育辅助服务等增值税政策的通知》(财税〔2016〕140号)，对于房地产开发行为中的前期征地拆迁及开发成本中的一些具体问题进行了解释和明晰性说明。

通过一系列的文件及公告，国家对于房地产开发中“营改增”的实行及具体操作已经构建了一个比较完整和明确的体系框架。这标志着我国房地产开发“营改增”基本上完成了税务制度改革。

1.3.2 “营改增”对房地产企业税负的影响

“营改增”之前，房地产企业所涉及的税种主要有：企业所得税、土地增值税、营业税、城市维护建设税、教育费附加、契税和印花税等。营业税、土地增值税，以及企业所得税是房地产企业的主要税种。“营改增”后，房地产企业的主要税种则变为增值税、土地增值税和企业所得税。

(1) 理论上有利于企业税负的减少。营业税是价内税，而增值税是价外税，相关研究显示，“营改增”前后的平衡率为 56%，即如果房地产企业的毛利率在 56%以下，那么“营改增”会降低企业的税负，增加企业利润，但如果房地产企业的毛利率在 56%以上，那么“营改增”将会为企业带来税负的增加。经研究机构测算，我国大部分房地产企业毛利率在 56%以下。历史文献研究发现，原来营业税时期，按照营业税 5%的税率计算，综合土地增值税、教育费附加、城市维护建设税等后，税率为 14.97%，但是，“营改增”后按照 11%的增值税税率计算后，综合税率为 14.49%，因此，理论上“营改增”益于企业税负的减少。

(2) 对企业税负有消极影响。“营改增”后对企业的税负具有消极的影响。首先，体现在企业所得税，原来征收的营业税可以在企业所得税税前全部扣除，但改为增值税后，不可以在企业所得税税前扣除，这样就增加了企业应纳所得税额。甚至一些成本费用原来是可以按照税法规定的比例进行税前扣除的，但是，“营改增”后一些费用(如运输费用)的进项税额无法进行税前扣除。此外，一些设备等固定资产原来是按照相应的比例进行缴纳营业税的，“营改增”后固定资产的购置成本不包含增值税，而要包含一些如部分运输费用的相关费用成本。其次，体现在税负的变化方面，增值税理论上是可以进行抵扣的，关键在于增值税专用发票的取得，房地产企业施工过程中的沙石、水泥等原材料和劳务费用(农民工和劳务公司)很难取得增值税专用发票，难以抵扣，而且这部分的金额占比较大，房地产企业的劳务费用在总工程中的占比为 20%～30%，这间接增加了企业的税负。

1.3.3 “营改增”对企业成本结构的影响

“营改增”对房地产企业的开发成本有影响主要包括直接影响和间接影响。间接影响是指建筑业“营改增”使其税负增加，根据税负转嫁原理，房地产企业的房屋建筑成本和房屋设施设备安装成本也会随之而增加。直接影响是指通过影响房地产企业进项发票的取得，增加房地产企业税负，从而增加了房地产企业的开发成本。

1. 间接影响

房地产企业总成本中占比最高的为建筑安装成本，占房地产企业总成本的

40%左右。在进行房地产项目的施工时，房地产企业通常会将建筑安装工程发包给有资质的建筑施工企业来进行，建筑施工企业作为房地产行业的直接业务上游，也是“营改增”的重点行业，按财税〔2016〕140 号的通知，建筑施工企业“营改增”适用 11%的税率，建筑业的税负也将受到“营改增”影响，主要表现在如下方面：

(1) 许多零星材料不易取得增值税进项发票。由于建筑材料供应商及材料种类具有“散、杂、小”的特点，施工企业材料采购品种繁多，容易取得增值税专用发票的产品往往是钢材、水泥等这样的大宗产品，还有很多零星材料往往存在着价值不大但用量很高的特征，这些零星材料的供应商通常是小规模纳税人，如个体工商户以及小五金店等，往往采用核定税额方式缴税，销售的建筑材料无法开具增值税专用发票，导致建筑业增值税进项税额没有办法完全抵扣。

(2) 建筑施工企业税负增加。依据财政部、国家税务总局《关于部分货物适用增值税低税率和简易办法征收增值税政策的通知》(财税〔2009〕9 号)的相关规定，建筑和生产建筑材料所用砂、土、石料，以及自来水、商品混凝土等按简易办法，即按 3%税率计算缴纳增值税，这些都是建筑工程的主要原材料，且所占工程造价比重较大，即使建筑企业取得了可抵扣增值税专用发票，销项税率比进项税率高出了 14%，使得建筑施工企业的税负大大增加。

(3) 劳务费无法进行抵扣。建筑施工企业属于劳动密集型企业，在工程造价中人工费的占比较高，达到了总造价的 20%～30%，建筑施工企业的劳务费通常来源于临时招聘的农民工以及部分劳务公司，农民工所提供的劳务没有办法开具增值税专用发票，致使劳务费成本无法抵扣，劳务公司的情况也一样，进项税额也无法抵扣，从而造成了建筑施工企业税负的大幅增加。

(4) 设备租赁成本提高。“营改增”后，建筑施工企业所用的机械设备的租赁税负将会明显上升。上述的这些原因将使得建筑施工企业税收负担上升，企业工程造价成本提高，房地产企业作为建筑业的下游，将会承担部分建筑企业的税负转嫁，最终导致企业建筑安装成本大幅增加。

2. 直接影响

“营改增”对企业成本的直接影响主要是针对实行“甲供材料”的企业，实行“甲供材料”的房地产企业需要为建筑施工企业提供相应的建筑材料，而建筑企业仅提供劳务服务。因而，房地产企业在进行施工材料购买时会遇到与建筑企业一样的情况：无法取得增值税专用发票，抵扣税率较低等问题。

房地产企业“营改增”后，由于上游建筑业的税负转嫁，以及购买材料时无法取得可抵扣增值税专用发票等因素，可能导致企业经营成本的升高，影响企业的总体利润。

1.3.4 “营改增”影响企业财务核算体系变化

1. 影响企业的会计核算

营业税是价内税，且是对营业额直接征税，房地产企业进行会计核算时只需增加一个会计科目，核算模式简单易懂，房地产行业实施“营改增”后，由于增值税为价外税，且采用抵扣的核算模式，其应纳税额为销项税额与进项税额之差，会计科目相对以前的核算有所增加，核算难度也大幅增加，因而“营改增”大大改变了房地产企业的会计核算体系。

(1) 房地产企业会计科目发生变化。“营改增”以前，企业缴纳营业税，会计科目较少，且核算简单：一般来说，涉及“营业税金及附加”和“应交税费——应交营业税”这些会计科目。“营改增”之后，房地产开发企业会计核算的科目需要在原有基础上新增 9 个，二级科目有应交增值税、增值税留抵税额、待抵扣进项税额、未交增值税 4 个明细科目，三级科目借方有：已交税金、进项税额、减免税款、转出未缴增值税、出口抵减内销产品应纳税额，贷方有：进项税额转出、出口退税、转出多交增值税、销项税额。

(2) 会计核算方法的变化。房地产企业在发生购进业务时，一部分可以获得增值税专用发票，一部分无法获得。在“营改增”后，房地产企业无法取得增值税专用发票的会计核算方法不改变，即其支出的购货成本将全部计入原材料成本；而对于能够取得增值税专用发票的购入材料，其核算方法就发生了变化。对于能获得增值税专用发票的材料，核算时应将发票上的进项税额记入“应交税费——应交增值税(进项税额)”科目，留待日后抵扣销项税额之用。房地产企业确认收入时，会计核算方法也会发生变化，“营改增”后房地产企业的收入被分为两部分，其中一部分是不含增值税的净收入部分，而另一部分则是所需缴纳的销项税额部分。

2. 影响企业财务报表与财务指标

(1) 资产负债表与资产负债率。固定资产是房地产企业的一项重要的资产，房地产企业的资产变动会使房地产企业的整体经济结构产生很大的改变，从而使得房地产企业的资产负债表发生显著变动。具体而言，“营改增”会对房地产企业资产负债表中的部分项目产生影响，如“固定资产”“应交税费”等。由于营业税为价内税，增值税为价外税，“营改增”实施后，增值税进项税额将从固定资产原值中扣除，其入账金额相较“营改增”前有所减少，使得“固定资产原值”与“累计折旧”两个科目的金额减少；由于“营改增”，“应交税费”科目中也不再含有应交营业税，因而“应交税费”科目的金额也会减少。因而，“营改增”后，房地产企业固定资产的净值就下降。房地产企业无论是购买原材料还是购买固定资产，入账时都要从购入价款中去除 11%的增值税额，转换成不含税价款后入账。因此，“营改增”之后资产的账面价值相较于改革前减少了。从负债角度来看,负债总额不变,而资产负债率＝负债/资产,最终使得资产负债率增加,企业的资产的结构会相应变化,对企业的核心竞争力产生一定的影响,从而影响企业的信誉与发展。

(2)利润表与销售净利润。营业税属于价内税,“营改增”后征收的增值税属于价外税。“营改增”前,“主营业务收入”是包含税收收入的(含营业税),而“营改增”后这一科目中是不含税收入(扣除增值税),就会导致利润表里的营业收入有所减少。增值税并不表现在利润表中,所以相应的“税金及附加”项目也是应该减少的,最终的净利润可能是不变的甚至是减少的。从表面上看来,“营改增”后,房地产企业的净利润减少了,对企业会产生不利的影响,但仔细分析可以发现,“营改增”后企业的销售净利率反而是上升的。

(3)影响企业的现金流。对于房地产企业来讲,其业务本身具有很强的复杂性以及特殊性,要想在激烈的市场竞争中谋得一席之地,就要求企业管理者在日常管理过程中提高自身融资能力,确保充足的现金流来保障企业的正常运营。房地产企业所缴纳的营业税是企业重要的现金流出组成部分,在实际管理过程中,预售管理模式被大多数房地产企业所采取,这就使得房地产企业要在预售收入的当期以5%的税率缴纳营业税,产生一定的现金流出。而“营改增”后,如果企业还以预售的方式进行销售,预售取得收入后就必须预先缴纳11%的增值税税款,由于建筑成本、财务成本随着建筑工期而增加,这就需要房地产企业前期垫付大量的增值税销项税额资金,占用了房地产项目原始成本,进行增值税进项税额的核算,抵扣销项税额,方可获取较大金额的进项税款,这就增大了资金周转的难度,而资金周转难度的增加又会影响对上游企业的货款支付,上游企业由于考虑到保险和自身的利益,不会将增值税专用发票开给下游企业,这将会加剧项目建设期间的资金困难,使企业的资金周转遇到更大的麻烦。另外,以自营或出租为主的商业地产,由于回收期较长,进项税抵扣在试点初期分年度按5%比例抵扣,前期将产生巨大留抵进项税,也会对房地产企业的现金流产生影响。

因而,基于以上原因,“营改增”会使得房地产企业的现金流更加紧张,为了确保充足的现金流来保障企业的正常运营,企业在项目建设初期要及时地取得增值税专用发票,及时进行进项抵扣,缓解资金压力。

3. 增加发票管理风险

“甲供材料”现象普遍存在于房地产业与建筑业,一方面,“甲供材料”提供了房地产商虚增成本的机会;另一方面,建筑企业由于难以取得“甲供材料”的发票,只能以“代开”“虚开”的手段来降低自身税负。这种“甲供材料”现象在“营改增”前十分普遍。但“营改增”后,因“甲供材料”而引发的“虚开”“代开”发票行为转变成为“虚开”“代开”增值税专用发票,违法成本相较之前有所提高。一方面,“虚开”“代开"增值税专用发票以及相关的行为已经入罪,如"虚开"增值税专用发票罪(《中华人民共和国刑法》第205条)、非法购买增值税专用发票以及购买伪造的增值税专用发票罪(《中华人民共和国刑法》第208条)、伪造、出售伪造的增值税专用发票罪(《中华人民共和国刑法》第206条)等;另一方面,发票管理与企业税负的高低有直接的关系。企业要定期对所申报的缴纳增值税款进行计算;单位要对增值税专用发票进行严格的控制,明确开票所需要的程序,保证增值税专用发票的合理使用。

1.3.5 房地产企业应对"营改增"对策

1. 合理运用税收筹划

对于房地产企业而言,科学合理地实施税务筹划,可以确保企业在"营改增"推出后,实现减轻税负、税后受益最大化的效果。

(1) 混业经营分开核算。自"营改增"改革实施以来,在原本17%、13%、3%的税率基础之上,新增加了6%和11%两个税率,同时小规模纳税人实行统一的3%的征收率。这样一来,目前我国现行的增值税体系下,增值税税率包括17%、13%、11%、6%以及3%的征收率。针对这样的环境,有些大型房地产企业的混业经营的现象就不断出现,依据现行增值税法规,在混业经营中的不同税率项目在会计核算上需要分开核算,否则一律按从高税率纳税,造成不必要的税收负担。因而,在房地产业纳入"营改增"改革后,应该重视混业经营项目的会计核算与税务管理,区分不同项目所对应的税率,分开纳税,以适当降低企业需要负担的税负成本。

(2) 合理选择材料供应方。对于房地产企业来说,购进对象的选择也会给企业税负产生影响。如果企业在选择材料供应方时,选择了能够提供增值税专用发票的一般纳税人作为合作企业,在与一般纳税人进行交易时,可以获取正规的增值税专用发票,作为进项抵扣税额。如果企业为了取得一点价格上的回扣选择了小规模纳税人作为材料提供方,就只能取得不能进行进项抵扣的普通发票,无法进行增值税抵扣。因而,房地产企业在进行材料提供商、上游施工企业选择时,不仅要考虑企业的报价、能力、产品质量和规模等因素,还需要将是否可以开具可抵扣增值税专用发票的因素列入企业选择的范围中。在其他条件相同的情况下,可以优先选择向一般纳税人采购材料,若小规模纳税人给出的材料劳务报价可以弥补进项抵扣所带来的税收负担的减小,则可以适当考虑从小规模纳税人那儿购进材料与劳务。房地产开发建设需要面临零星用工的情况,房地产企业可以通过将工程外包给建筑施工企业的方法,减少零星用工的情况,从而防止无法获取增值税专用发票局面出现。

(3) 以"包工包料"代替"甲供材料"。把房地产开发项目发包给建筑公司时,在"营改增"以前,通常采用"甲供材料"的模式,可以防止建筑公司虚报材料价格等问题的发生。但“营改增”后，“甲供材料”存在无法取得增值税专用发票、取得普通发票房地产企业无法抵扣等问题，若企业转而采取建筑公司“包工包料”的模式，可以从建筑公司获得11%的增值税专用发票，确保企业的可抵扣进项税额，降低房地产企业的税收负担，同时也能保障企业现金流量的充足。

2. 完善企业财务管理制度

实施“营改增”后，增值税会计科目的设置及账务处理将比营业税更复杂，财务核算的复杂化，需要企业对内部业务系统同财务核算系统的衔接和匹配进行重新梳理。

(1) 完善会计核算制度和流程。“营改增”之后，房地产企业的会计处理发生较大变化。由营业税纳税人转变成了增值税纳税人，相较增值税，营业税的计税方式比较简单。增值税是对增值额征税，采用抵扣模式，会计核算较为复杂。因此，房地产企业应根据财政部《营业税改征增值税试点有关企业会计处理规定》(财会〔2012〕13号)的相关规定，按照要求调整会计科目，同时对企业内部会计核算制度和管理制度进行适当调整，做好会计核算工作。需要特别注意的是，企业一定要设计出完善的房地产企业相关业务的增值税会计核算制度和流程，减少新税制对企业会计核算的影响。

(2) 重视销售合同的涉税条款。在销售房地产时，房地产开发企业常常利用各种促销手段来吸收购买者，其中就涉及了诸多税收问题，如商业折扣与现金折扣税收处理不同，赠送商品的税务处理应该是怎样的。这些情况都需要税务人员进行合理的分辨与处理，并且明确写入销售合同中；同样的，在付款时，付款方式的不同也会使纳税义务产生的时间不同，在这些情况下，房地产企业最好配备专业的税务人员，有针对性地对特殊的税务情况进行整理。

(3) 税务申报程序的变化要求企业提前做好准备。“营改增”之后，税收主管机关由地税部门变为国税部门，缴纳税款从营业税变为增值税，纳税申报地点、提交的材料发生了变化。同时，营业税与增值税在纳税时间上也会发生一定的变化，企业可以运用合法手段，适当延迟纳税义务的发生时间，从而达到降低税负的目的。例如，房地产企业的楼盘是由本公司销售还是委托其他公司销售，不同销售方式的选择，也会给企业带来不同的税负影响。

3. 提升增值税专用发票管理水平

增值税专用发票不仅具有反映经济业务发生的作用，同时由于实行凭票抵扣制度，它具有完税凭证的作用。“营改增”后房地产企业需使用增值税专用发票，由于增值税专用发票历来是发票管理的重点对象，并且也是发生经济违法案件较多的票据之一，因此，房地产企业应按照《中华人民共和国增值税发票管理办法》的规定，制定出适合自身特点的发票管理制度，提升企业增值税专用发票管理水平。

(1) 及时取得可以抵扣的专用发票。在实际操作过程中,企业为了获取更丰厚的进项税额的抵扣,应尽量选择具有一般纳税人身份的企业作为供应商,因为这些供应商能够提供增值税专用发票,就能起到增值税抵扣的作用。由于"营改增"是分行业、分地区实施的,地区和行业差异以及时间等因素都会对房地产企业进项税抵扣的获得造成影响,这就会直接影响企业的纳税额度。因此,企业在进行增值税纳税筹划时,应该注意区分可抵扣与不可抵扣进项税项目,从而不断提高企业自身的纳税筹措能力与水平。而且,在分析完企业进项税抵扣项目和金额之后,还要有效确保企业能够及时获取增值税专用发票,作为实现进项税抵扣的重要依据,如果能够及时合法获取增值税专用发票,就可以有效减轻税负,如果不能及时获取专用发票,在申请税项抵扣时就会遇到困难,无法顺利进行。

(2) 加强专用发票的认证管理。房地产企业存在取得增值税专用发票无法抵扣的风险。因此,企业的财会人员应当充分了解实践中无法抵扣的增值税专用发票的几种类型:上游已定性为虚开的,经鉴定为伪造的,被证明为非税务机关出售的,通过金税系统发现的"失控""作废"票,以及走逃企业开具的未报税的增值税专用发票等。因此,房地产企业应当仔细认证比对上述发票,否则可能出现轻则不予抵扣进项税款,重则以非法购买增值税专用发票、购买伪造的增值税专用发票、逃税等罪名论处的情形。

(3) 防范虚开增值税专用发票。增值税专用发票除了具有一般发票的销售凭证作用外,还具有抵扣税额的作用。在利益的驱使下,"营改增"后部分房地产企业会虚开增值税专用发票。此外,大型房地产企业很可能会虚开增值税专用发票开给子公司或关联公司,从而达到调节税金、不缴或少缴税的目的。这一点可在已进行的"营改增"试点中得到印证,试点行业尤其是交通运输企业,虚开和接受虚开的违法行为呈多发、高发态势。根据《中华人民共和国刑法》第205条规定,虚开增值税专用发票构成犯罪的,处3年以下有期徒刑或者拘役;虚开的税款数额巨大或者有其他特别严重情节的,处10年以上有期徒刑或者无期徒刑,并处5万元以上50万元以下罚金或者没收财产。与增值税专用发票相关的刑事犯罪多达10余种,因此,"营改增"新形势下,房地产企业应全面清理营业税下的虚开发票问题,房地产企业负责人及财务、税务负责人一定要予以充分重视。

(4) 设置专人保管、开具增值税发票。"营改增"前由于房地产企业是缴纳营业税的,企业对于发票的管理往往呈现空白状态。但"营改增"后,由于增值税专用发票的纳税凭证性质,专用发票的管理和使用变得尤为重要。企业应该设置专人保管、开具增值税专用发票,并要加强专用发票管理人员税务知识的学习和培训,加强对材料采购过程中的票据管理。

相关背景解读 1.1

我国增值税改革历程

增值税的理论构想是20世纪初由美国耶鲁大学亚当斯教授和德国实业家西门子博士提出的。1954年，法国首先将增值税制度付诸实践，目前已有170多个国家和地区实行。一项税收制度能够很快在全世界得到普及，表明其具有独特的制度优势。增值税的核心特征是抵扣机制，即以货物和劳务的增加值为税基，在计算应纳税额时，可以抵扣用于生产投入的外购货物和劳务所负担的增值税款。这一制度安排，与传统的以货物和劳务价值全额为税基的销售税相比，能够有效地避免重复征税。纳税人总体税负不会因生产经营过程中分工和协作环节的增多而叠加，是更适应社会生产分工不断细化的货物和劳务类税种，其最初的理论构想者将该税种称为"改良的所得税"。

根据纳税人外购固定资产抵扣程度的不同，增值税可归为三种类型。一是生产型增值税，税基为销售收入减去外购货物和劳务支出，不扣除外购固定资产价值，在统计口径上相当于国民生产总值。二是收入型增值税，税基是在生产型增值税基础上，可以扣除当期固定资产折旧，相当于国民生产净值。三是消费型增值税，税基为销售收入减去外购货物和劳务支出，并扣除外购固定资产价值，相当于对国民收入中用于消费性支出的部分征税。这三种类型增值税，扣除程度依次呈阶梯式递增，税基则呈阶梯式递减，两者此长彼消。

1979年，我国开始对开征增值税的可行性进行调研；继而在1980年选择在柳州、长沙、襄樊和上海等城市，对重复征税矛盾较为突出的机器机械和农业机具两个行业试点开征增值税；1981年，试点范围扩大到自行车、电风扇和缝纫机三种产品；1983年，征税地点扩大到全国范围；1984年，国务院发布《中华人民共和国增值税暂行条例(草案)》。这一阶段的增值税的税率档次过多，征税范围并不包括全部产品和所有环节，只是引进了增值税计税方法，并非真正意义上的增值税。

1993年年底，我国工商税制进行了较为彻底的全面改革。1993年12月13日发布的《中华人民共和国增值税暂行条例》，确立了自1994年1月1日起，增值税的征税范围为销售货物，加工、修理修配劳务和进口货物，因不允许一般纳税人扣除固定资产的进项税额，故称"生产型增值税"。实行生产型增值税，主要是基于控制投资规模、引导投资方向和调整投资结构的需要。

受当时一些条件制约，1994年基于经济体制转轨背景建立的中国增值税制度，与其他大多数国家实行的增值税相比，在改革的深度和广度上尚未完全到位。在深度上，主要是增值税进项税额抵扣不彻底，固定资产没有纳入抵扣范围，对投资仍然重复征税，在税制类型上还属于生产型增值税，不利于鼓励企业设备投资和技术进步。在广度上，主要是增值税覆盖不全面，征税对象限于货物和加工、修理修配劳务，对其他劳务、不动产、无形资产则实行营业税制度。根据相关数据测算，当时增值税覆盖了国民经济60%多的领域，其余由营业税覆盖。这种增值税与营业税并存的税制格局，不仅对服务业内部的专业化分工造成了重复征税，也导致制造业纳税人外购劳务所负担的营业税和服务业纳税人外购货物所负担的增值税，均得不到抵扣，各产业之间深化分工协作存在税制安排上的障碍。

2004年，我国开始实行由生产型增值税向消费型增值税的转型试点。自2004年7月1日起，东北地区的辽宁省、吉林省、黑龙江省和大连市实行扩大增值税抵扣范围政策的试点；自2007年7月1日起，扩大增值税抵扣范围的改革由东北三省一市扩大到中部地区26个老工业基地城市；自2008年7月1日起，东北老工业基地扩大增值税抵扣范围试点政策适用于内蒙古东部地区；与此同时，增值税转型试点扩大到汶川地震中受灾严重地区，包括极重灾区10个县市和重灾区41个县区。2008年11月5日，国务院修订《中华人民共和国增值税暂行条例》，决定自2009年1月1日起，在全国范围内实施增值税转型改革。

2011年，经国务院批准，财政部、国家税务总局联合下发营业税改征增值税试点方案。从2012年1月1日起，在上海交通运输业和部分现代服务业开展营业税改征增值税试点。至此，货物劳务税收制度的改革拉开序幕。自2012年8月1日起至年底，国务院将扩大“营改增”试点至10个省市，北京也于9月份启动。截至2013年8月1日，“营改增”范围已推广到全国试行。国务院总理李克强12月4日主持召开国务院常务会议，决定从2014年1月1日起，将铁路运输和邮政服务业纳入营业税改征增值税试点，至此交通运输业已全部纳入“营改增”范围。自2014年6月1日起，将电信业纳入营业税改征增值税试点范围。2016年，已纳入“营改增”的行业减税规模估计有2 000亿元，金融业、房地产和建筑业、生活服务业等行业减税规模或接近4 000亿元，2016年“营改增”减税总规模接近6 000亿元。“营改增”会确保所有行业的税负只减不增。自2016年5月1日起，中国全面实施“营改增”，营业税退出历史舞台，增值税制度更加规范。这是自1994年分税制改革以来，财税体制的又一次深刻变革。

相关背景解读1.2

房地产企业“营改增”核心内容

1. 房地产企业中的土地成本可以抵减销售收入

根据财政部、国家税务总局《关于全面推开营业税改征增值税试点的通知》(财税〔2016〕36号)附件2第1条第3款第10项的规定，房地产企业中的一般纳税人销售其开发的房地产项目(选择简易计税方法的房地产老项目除外)，以取得的全部价款和价外费用，扣除受让土地时向政府部门支付的土地价款后的余额为销售额。

具体操作为房地产企业中的一般纳税人销售其开发的房地产项目，以取得的全部价款和价外费用，扣除受让土地时向政府部门支付的土地价款后的余额为销售额，也就是在销项采用差额计税的方法来扣除土地出让金。但是，以上差额计税扣除土地出让金的政策仅适用于房地产的新项目。假设是房地产的老项目，并且其选择了简易计税方法，则不允许扣除土地出让金。由此可以判断，房地产新老项目的计税有较大差异。新项目适用的税率为11%，采用的是一般计税法(销项税额－进项税额＝应纳税额)，允许进项税额抵扣，并且其土地出让金的成本可以在销项税额计算中扣除。而老项目适用的征收率为3%，采用的是简易计税法(不含税的销售额×征收率＝应纳税额)，不允许进项税额抵扣，并且不允许土地出让金在销售额中扣减。

2. 房地产企业预售阶段采取预缴方式

国家税务总局《关于发布〈房地产开发企业销售自行开发的房地产项目增值税征收管理暂行办法〉的公告》(国家税务总局公告2016年第18号)第10、第11条规定，一般纳税人采取预收款方式销售自行开发的房地产项目，应在收到预收款时按照3%的预征率预缴增值税。应预缴税款按照以下公式计算：应预缴税款＝预收款÷(1＋适用税率或征收率)×3%，适用一般计税方法计税的，按照11%的适用税率计算；适用简易计税方法计税的，按照5%的征收率计算。

同时该公告第19、第20条规定，房地产企业中的小规模纳税人采取预收款方式销售自行开发的房地产项目，应在收到预收款时按照3%的预征率预缴增值税。应预缴税款按照以下公式计算：应预缴税款＝预收款÷(1＋5%)×3%。

3. 融资成本无法税前扣除

根据“营改增”政策规定，“购进的贷款服务”不得从销项税额中抵扣，并同时规定，纳税人接受贷款服务向贷款方支付的与该笔贷款直接相关的投融资顾问费、手续费、咨询费等费用，其进项税额不得从销项税额中抵扣。这意味着，企业所支付的利息费用及直接相关的其他费用在“营改增”之后需要缴纳6%的增值税，且这部分的税额无法作进项抵扣。对于资本密集型的房地产行业，企业每年支付给银行或相关金融机构的利息费用通常是巨额的，若贷款利息所产生的增值税由买方企业来负担，但企业却无法抵扣进项税额，无疑会增加企业流转税负，客观上要求企业需要寻求其他融资方式来降低资金的使用成本，从某种意义上说，会推动企业融资方式的改革。

4. “甲供材料”纳税处理

财政部、国家税务总局《关于全面推开营业税改征增值税试点的通知》(财税

〔2016〕36号)附件1:《营业税改征增值税试点实施办法》第37条规定:"销售额,是指纳税人发生应税行为取得的全部价款和价外费用,财政部和国家税务总局另有规定的除外"。同时(财税〔2016〕36号)附件2:《营业税改征增值税试点有关事项的规定》第1条第3款第9项规定:"试点纳税人提供建筑劳务服务适用简易计税方法的,以取得的全部价款和价外费用扣除支付分包款后的余额为销售额。"

根据以上政策规定,"甲供材料"中建筑企业计算增值税的销售额体现为两个方面:一是建筑企业选择一般计税方法计算增值税的情况下,销售额是建筑企业发生建筑应税行为向发包方或业主收取的全部价款和价外费用;二是建筑企业选择简易计税方法计算增值税的情况下,销售额是建筑企业向业主收取的全部价款和价外费用扣除支付分包款后的余额。例如,甲房地产公司与乙建筑企业签订的"甲供材料"合同约定:合同总价款为1亿元(含增值税额),其中甲方自己采购主材料2 000万元,则选择一般计税方法计算增值税的乙建筑企业计算增值税的销售额是8 000万元。

5. 老项目计税方法可以选择

根据国家税务总局《关于发布〈房地产开发企业销售自行开发的房地产项目增值税征收管理暂行办法〉的公告》的规定,房地产老项目,是指:"建筑工程施工许可证"注明的合同开工日期在2016年4月30日前的房地产项目;"建筑工程施工许可证"未注明合同开工日期或者未取得"建筑工程施工许可证",但建筑工程承包合同注明的开工日期在2016年4月30日前的建筑工程项目。

一般纳税人销售自行开发的房地产老项目,有两种计税方式:一是采用一般方法计税,按取得的全部价款和价外费用,扣除当期销售房地产项目对应的土地价款后的余额(不含增值税额)和11%的增值税税率计算缴纳增值税。如果房地产企业取得符合规定的增值税专用发票,可以用来抵扣增值税进项税额。二是选择采用简易计税方法,以当期销售额和5%的征收率计税。这仅仅是针对房地产企业销售房地产老项目的情形,而且企业一经选择简易计税方法计税的,36个月内不得变更为一般计税方法计税。此外,如果企业选择对老项目采用了简易计税方法计税,则应当以取得的全部价款和价外费用为销售额,不得扣除对应的土地价款,也不再有增值税进项税额的抵扣。

6. 纳税地点问题得到合理解决

财政部、国家税务总局《关于全面推开营业税改征增值税试点的通知》规定固定业户应当向其机构所在地或者居住地主管税务机关申报纳税。总机构和分支机构不在同一县(市)的,应当分别向各自所在地的主管税务机关申报纳税;经财政部和国家税务总局或者其授权的财政和税务机关批准,可以由总机构汇总向总机构所在地的主管税务机关申报纳税。

一般纳税人销售其2016年4月30日前取得(不含自建)的不动产,可以选择适用简易计税方法,以取得的全部价款和价外费用减去该项不动产购置原价或者取得不动产时的作价后的余额为销售额,按照5%的征收率计算应纳税额。纳税人应按照上述计税方法在不动产所在地预缴税款后,向机构所在地主管税务机关进行纳税申报。一般纳税人销售其2016年4月30日前自建的不动产,可以选择适用简易计税方法,以取得的全部价款和价外费用为销售额,按照5%的征收率计算应纳税额。纳税人应按照上述计税方法在不动产所在地预缴税款后,向机构所在地主管税务机关进行纳税申报。

一般纳税人销售其2016年5月1日后取得(不含自建)的不动产,应适用一般计税方法,以取得的全部价款和价外费用为销售额计算应纳税额。纳税人应以取得的全部价款和价外费用减去该项不动产购置原价或者取得不动产时的作价后的余额,按照5%的预征率在不动产所在地预缴税款后,向机构所在地主管税务机关进行纳税申报。一般纳税人销售其2016年5月1日后自建的不动产,应适用一般计税方法,以取得的全部价款和价外费用为销售额计算应纳税额。纳税人应以取得的全部价款和价外费用,按照5%的预征率在不动产所在地预缴税款后,向机构所在地主管税务机关进行纳税申报。

小规模纳税人销售其取得(不含自建)的不动产(不含个体工商户销售购买的住房和其他个人销售不动产),应以取得的全部价款和价外费用减去该项不动产购置原价或者取得不动产时的作价后的余额为销售额,按照5%的征收率计算应纳税额。纳税人应按照上述计税方法在不动产所在地预缴税款后,向机构所在地主管税务机关进行纳税申报。小规模纳税人销售其自建的不动产,应以取得的全部价款和价外费用为销售额,按照5%的征收率计算应纳税额。纳税人应按照上述计税方法在不动产所在地预缴税款后,向机构所在地主管税务机关进行纳税申报。

第2章 增 值 税

2.1 房地产企业增值税纳税人

2.1.1 纳税人的定义

根据《营业税改征增值税试点实施办法》(以下简称《试点实施办法》)第1条规定:“在中华人民共和国境内(以下称境内)销售服务、无形资产或者不动产(以下称应税行为)的单位和个人,为增值税纳税人,应当按照本办法缴纳增值税,不缴纳营业税。单位,是指企业、行政单位、事业单位、军事单位、社会团体及其他单位。个人,是指个体工商户和其他个人。”即纳税人是指在中华人民共和国境内销售服务、无形资产或不动产的单位和个人。这里的“单位”是指所有单位,包括企业、行政单位、事业单位、军事单位、社会团体及其他单位。这里的“个人”包括个体工商户和其他个人,其中的“其他个人”是指自然人。上述单位、个人包括境内、境外的单位和个人。“境内”“境外”是指单位和个体工商户的机构所在地在境内、境外;其他个人的居住地在境内、境外。在中华人民共和国境内销售自己开发的房地产项目的企业,为增值税纳税人。

单位以承包、承租、挂靠方式经营的,承包人、承租人、挂靠人(以下统称承包人)以发包人、出租人、被挂靠人(以下统称发包人)名义对外经营并由发包人承担相关法律责任的,以该发包人为纳税人。否则,以承包人为纳税人。

2.1.2 纳税人的类型及认定条件

我国增值税制度规定,对纳税人实行分类管理,在本次房地产业增值税改革中仍照此规定执行,将纳税人分为一般纳税人和小规模纳税人。一般纳税人与小规模纳税人的区分,应以纳税人年应税销售额及会计核算制度是否健全,能否提供准确税务资料为主要标准。

1. 一般纳税人的认定

1) 一般纳税人的认定条件

(1) 销售额认定标准。一般纳税人条件,是指纳税人应税行为年销售额超过

500 万元，且不属于《试点实施办法》第 3 条规定的不认定为一般纳税人情况的。试点实施之日（含）以后，年应税销售额是以试点实施之日（含）为首个起始月份，连续不超过 12 个月的经营期内，销售服务、无形资产或者不动产的累计销售额，含免税销售额、跨境销售额，以及按规定已从销售额中差额扣除的部分等。根据《营业税改征增值税试点有关事项的规定》（以下简称《有关事项的规定》）第 1 条第 5 款规定，试点实施之日（含）以后，年应税销售额标准为 500 万元（含），财政部和国家税务总局可以对年应税销售额标准进行调整。同时该销售额应为不含税销售额，如果含税，应按照应税行为的适用征收率换算为不含税销售额。

（2）会计核算是否健全的标准。判断会计核算健全的主要标准是：纳税人是否能够按照会计制度和税务机关的要求准确核算增值税进项税额、销售税额和应纳税额，能否为税务机关提供核算上述数据的会计资料。《试点实施办法》第 4 条规定：年应税销售额未超过规定标准的纳税人，会计核算健全，能够提供准确税务资料的，可以向主管税务机关办理一般纳税人资格登记，成为一般纳税人。

会计核算健全，是指能够按照国家统一的会计制度规定设置账簿，根据合法、有效凭证核算。例如，有专业财务会计人员，能够按照财务会计制度规定，设置总账和有关明细账进行会计核算；能准确核算增值税销售税额、销项税额、进项税额和应纳税额等；能按照规定编制会计报表，真实反映企业的生产、经营状况。

能够准确提供税务资料，是指能够按照增值税规定如实填报增值税纳税申报表及其他税务资料，按期申报纳税。是否做到“会计核算健全”和“能够准确提供税务资料”，由小规模纳税人的主管税务机关来认定。

实际运行中，很多小规模纳税人建立健全了财务会计核算制度，能够提供准确的税务资料，满足了凭发票注明税款抵扣的管理需要。这时如小规模纳税人向主管税务机关提出申请，可登记为一般纳税人。

根据国家税务总局《关于调整增值税一般纳税人管理有关事项的公告》（国家税务总局公告 2015 年第 18 号）规定，自 2015 年 4 月 1 日起，增值税一般纳税人实行登记制，纳税人只需要向主管税务机关填报“增值税一般纳税人资格登记表”，符合条件的即可登记为一般纳税人。

2）应当办理一般纳税人资格登记的情形

年应税销售额超过 500 万元（不含），除特殊规定外，应到主管国税税务机关办理一般纳税人资格登记。对试点实施前已取得一般纳税人资格并兼有应税行为的纳税人，不需要再到主管国税税务机关办理资格登记手续。

3）需要注意的问题

（1）符合一般纳税人条件的纳税人应当向主管税务机关申请资格认定，未申请办理一般纳税人认定手续的，应按销售额依照增值税税率计算应纳税额，不得抵扣进项税额，也不得使用增值税专用发票。

（2）除国家税务总局另有规定外，一经认定为一般纳税人后，不得转为小规模纳税人。

（3）原增值税一般纳税人兼有应税行为，按照规定应当申请认定为一般纳税人的，不需要重新办理一般纳税人认定手续。

2. 小规模纳税人的认定标准

"营改增"小规模纳税人，即应税行为的年应征增值税销售额（以下称应税服务年销售额）未超过500万元（≤500万元）的纳税人。相关政策规定，应税行为年销售额超过规定标准的其他个人不属于一般纳税人；非企业性单位、不经常提供应税服务的企业和个体工商户，应税行为年销售额超过一般纳税人标准可选择按照小规模纳税人纳税。根据以上规定，房地产企业的纳税人年应税销售额外负担在500万元（含500万元）以下的，为小规模纳税人。

根据《试点实施办法》第3条规定，年应税销售额超过规定标准但不经常发生应税行为的单位和个体工商户，在生产经营过程中，取得的增值税专用发票是有限的，如果按照一般纳税人纳税的话，单位和个体工商户的增值税税负就会增加。所以，无论是年应税销售额外负担超过规定标准但不经常发生应税行为的单位，还是个体工商户，在实务操作中，大部分按照小规模纳税人纳税。

2.1.3 增值税扣缴义务人

《试点实施办法》第6条规定："中华人民共和国境外（以下称境外）单位或者个人在境内发生应税行为，在境内未设有经营机构的，以购买方为增值税扣缴义务人。财政部和国家税务总局另有规定的除外。"与现行增值税的征收原则不同，在境内发生应税行为，是指应税行为销售方或者购买方在境内。而且因现行海关管理对象的限制，即仅对进、出口货物进行管理，各类劳务尚未纳入海关管理范畴，对涉及跨境提供劳务的行为，将仍由税务机关进行管理。

该条规定的实施需要注意以下两个问题：

（1）境外单位或者个人在境内发生应税行为，在境内未设有经营机构的，以购买方为增值税扣缴义务人。试点办法取消了代理人扣缴增值税的规定。

（2）增值税扣缴义务人存在的前提是境外单位或者个人在境内没有设立经营机构；如果其在境内设立了经营机构，就应以其经营机构为增值税纳税人。扣缴义务人，必须依照相关法规切实履行扣缴义务和责任。

2.1.4 合并纳税的规定

《试点实施办法》第7条规定:“两个或者两个以上的纳税人,经财政部和国家税务总局批准可以视为一个纳税人合并纳税。具体办法由财政部和国家税务总局另行制定。”

依据相关规定,财政部和国家税务总局下发了《关于重新印发〈总分机构试点纳税人增值税计算缴纳暂行办法〉的通知》(财税〔2013〕74号),该办法主要是解决“营改增”试点期间总部、分支机构试点纳税人缴纳增值税问题。主要按以下步骤进行计算:

(1)公司的各分公司、子公司均按照现行规定在所在地预缴增值税。

(2)公司总部将全部收入汇总后计算销项税额,减除汇总的全部进项税额后形成总的增值税应纳税额,再将各分公司、子公司汇总的增值税应纳税额作为已交税金予以扣减后,形成总部的增值税应纳税额。

2.2 房地产企业增值税的征税范围及税率

2.2.1 征税范围

1. 一般规定

根据《试点实施办法》第1条的规定,在中华人民共和国境内(以下称境内)销售服务、无形资产或者不动产(以下称应税行为)的单位和个人,为增值税纳税人,应当按照该办法缴增值税,不缴纳营业税。

该规定明确了在中华人民共和国境内销售服务、无形资产或者不动产为增值税的应税范围。根据《试点实施办法》第10条规定:销售服务、无形资产或者不动产,是指有偿提供服务、有偿转让无形资产或者不动产。

1)增值税征税范围必须符合的条件

(1)应税行为是发生在中华人民共和国境内。这里的境内,我们可以理解为一是服务(租赁不动产除外)或者无形资产(自然资源使用权除外)的销售方或购买方在境内;二是所销售或租赁的不动产在境内;三是所销售自然资源使用权的自然资源在境内。

(2)应税行为是属于《销售服务、无形资产、不动产注释》范围内的业务活动,即销售应税服务、销售无形资产和销售不动产。

(3)应税服务是为他人提供的。

(4)应税行为必须是有偿的。

2）属于下列非经营活动的不征收增值税

（1）行政单位收取的同时满足以下条件的政府性基金或者行政事业性收费。

① 由国务院或者财政部批准设立的政府性基金，由国务院或者省级人民政府及其财政、价格主管部门批准设立的行政事业性收费。

② 收取时开具省级以上（含省级）财政部门监（印）制的财政票据。

③ 所售款项全额上缴财政。

（2）单位或者个体工商户聘用的员工为本单位或者雇主提供取得工资的服务。

（3）单位或者个体工商户为聘用的员工提供服务。

（4）财政部和国家税务总局规定的其他情形。

该条法规确定了有关应税行为标准，并明确了非经营活动不属于应税行为。

2. 视同销售

视同销售分为两种：一是视同销售货物；二是视同销售服务、无形资产或者不动产。

1）视同销售货物

根据《关于修改〈中华人民共和国增值税暂行条例实施细则〉和〈中华人民共和国营业税暂行条例实施细则〉的决定》（财务部令 2011 年第 65 号）的规定，单位或者个体工商户的下列行为，视同销售货物，征收增值税。

（1）将货物交付他人代销。

（2）销售代销货物。

（3）设有两个以上机构并实行统一核算的纳税人，将货物从一个机构移送其他机构用于销售但相关机构设在同一县（市）的除外。

（4）将自产或委托加工的货物用于非应税项目。

（5）将自产、委托加工或购买的货物作为投资，提供给其他单位或个体经营者。

（6）将自产、委托加工或购买的货物分配给股东或投资者。

（7）将自产、委托加工的货物用于集体福利或个人消费。

（8）将自产、委托加工或购买的货物无偿赠送他人。

2）视同销售服务、无形资产或者不动产

根据《试点实施办法》第 14 条的规定，下列情形视同销售服务、无形资产或者不动产：

（1）单位或者个体工商户向其他单位或者个人无偿提供服务，但用于公益事业或者以社会公众为对象的除外。

（2）单位或者个人向其他单位或者个人无偿转让无形资产或者不动产，但用于公益事业或者以社会公众为对象的除外。

(3) 财政部和国家税务总局规定的其他情形。

需要注意的是,是否视同销售的重要依据是,无偿提供服务、转让无形资产或者不动产是否用于公益事业或以社会公众为对象。举例说明,海华公司向光明公司无偿转让自己的办公楼,即为视同销售,需要征收增值税;如海华公司根据法律、法规的要求,无偿向某大学转让自己的实验楼,就不是视同销售行为。所以,无论是无偿提供服务还是转让无形资产或者不动产,只要是用于公益事业或者以社会大众为对象的,就应该在符合国家相关法规的前提下,取得符合要求的票据,并满足形式上的要求,这样就可以不视同销售,不征收增值税。

3. 房地产业增值税征收税目

1) 根据《销售服务、无形资产或者不动产注释》规定,房地产业主要涉及的税目

(1) 房地产企业销售自己开发的房地产项目适用销售不动产税目。

(2) 房地产企业出租自己开发的房地产项目(包括商铺、写字楼、公寓等),适用租赁服务税目中的不动产经营租赁税目和不动产融资租赁服务税目(不含不动产售后回租融资租赁)。

2) 下列情形不属于在境内销售服务或者无形资产

(1) 境外单位或者个人向境内单位或者个人销售完全在境外发生的服务。

(2) 境外单位或者个人向境内单位或者个人销售完全在境外使用的无形资产。

(3) 境外单位或者个人向境内单位或者个人出租完全在境外使用的有形动产。

(4) 财政部和国家税务总局规定的其他情形。

3) 销售不动产

销售不动产,是指转让不动产所有权的业务活动。不动产,是指不能转移或者移动后会引起性质、形状改变的财产,包括建筑物、构筑物等。建筑物,包括住宅、商业营业用房、办公楼等可供居住、工作或者进行其他活动的建造物。构筑物,包括道路、桥梁、隧道、水坝等建造物。

转让建筑物有限产权或者永久使用权的,转让在建的建筑物或者构筑物所有权的,以及在转让建筑物或者构筑物时一并转让其所占土地的使用权的,按照销售不动产缴纳增值税。

在资产重组过程中,通过合并、分立、出售、置换等方式,将全部或者部分实物资产以及与其相关联的债权、负债和劳动力一并转让给其他单位和个人,其中涉及的不动产转让行为不征收增值税。

4) 不动产租赁服务

租赁服务,包括融资租赁服务和经营租赁服务。

(1) 融资租赁服务,是指具有融资性质和所有权转移特点的租赁活动。即出

租人根据承租人所要求的规格、型号、性能等条件购入不动产租赁给承租人，合同期内租赁物所有权属于出租人，承租人只拥有使用权，合同期满付清租金后，承租人有权按照残值购入租赁物，以拥有其所有权。不论出租人是否将租赁物销售给承租人，均属于融资租赁。融资性售后回租不按照融资租赁服务缴纳增值税。

(2) 经营租赁服务，是指在约定时间内将不动产转让他人使用且租赁物所有权不变更的业务活动。将建筑物、构筑物等不动产的广告位出租给其他单位或者个人用于发布广告，按照经营租赁服务缴纳增值税。车辆停放服务、道路通行服务(包括过路费、过桥费、过闸费)等按照不动产经营租赁服务缴纳增值税。

4. 不征收增值税的项目

根据《营业税改征增值税试点有关事项的规定》，不征收增值税的项目有五个方面：

(1) 根据国家指令无偿提供的铁路运输服务，航空运输服务，属于《试点实施办法》第14条规定的用于公益事业的服务。

(2) 存款利息。

(3) 被保险人获得的保险赔付。

(4) 房地产主管部门或者其指定机构、公积金管理中心、开发企业，以及物业管理单位代收的住宅专项维修资金。

(5) 在资产重组过程中，通过合并、分立、出售、置换等方式，将全部或者部分实物资产以及与其相关联的债权、负债和劳动力一并转让给其他单位和个人，其中涉及的不动产、土地使用权转让行为。

2.2.2 税率和征收率

1. 关于税率的规定

《试点实施办法》第15条对增值税税率作出了明确规定：

(1) 纳税人发生应税行为，除以下所列(2)至(4)项规定外，税率为6%。

(2) 提供交通运输、邮政、基础电信、建筑、不动产租赁服务，销售不动产，转让土地使用权，税率为11%。

(3) 提供有形动产租赁服务，税率为17%。

(4) 境内单位和个人发生的跨境应税行为，税率为零。具体范围由财政部和国家税务总局另行规定。

2. 关于征收率的规定

《试点实施办法》第16条规定："增值税征收率为3%，财政部和国家税务总局另有规定的除外。"即除部分不动产销售和租赁行为的征收率为5%以外，小规模纳税人发生的应税行为以及一般纳税人发生特定应税行为，增值税征收率为3%。

关于增值税征收率的规定，主要需注意以下几点。

1）除目前财政部和国家税务总局规定的销售及出租不动产适用5%征收率外，小规模纳税人征收率一般为3%

（1）小规模纳税人销售其取得（不含自建）的不动产（不含个体工商户销售购买的住房和其他个人销售不动产）。

（2）小规模纳税人销售其自建的不动产。

（3）其他个人销售其取得（不含自建）的不动产（不含其购买的住房）。

（4）个人将购买的住房对外销售。

（5）房地产企业中的小规模纳税人，销售自行开发的房地产项目。

（6）小规模纳税人出租其取得的不动产（不含个人出租住房）。

（7）其他个人出租其取得的不动产（不含住房）。

（8）个人出租住房（减按1.5%计算应纳税额）。

2）一般纳税人如从事符合规定的特定项目，可以选择适用简易计税方法

特定项目在原先项目基础上，新增建筑服务、销售不动产、租赁不动产等，征收率目前除财政部和国家税务局规定的销售及出租不动产适合5%征收率外，其余为3%。政策适用时间为"营改增试点期间"。目前共有八种情形，具体如下：

（1）公共交通运输服务。

（2）经认定的动漫企业为开发动漫产品提供的动漫脚本编撰、形象设计、背景设计、动画设计、分镜、动画制作、摄制、描线、上色、画面合成、配音、配乐、音效合成、剪辑、字幕制作、压缩转码（面向网络动漫、手机动漫格式适配）服务，以及在境内转让动漫版权（包括动漫品牌、形象或者内容的授权及再授权）。要注意此条款执行期间由原先"自本地区试点实施之日起至2017年12月31日"调整为"营改增试点期间"。

（3）电影放映服务、仓储服务、装卸搬运服务、收派服务和文化体育服务。其中文化体育服务包括文化服务、体育服务。

（4）以纳入"营改增"试点之日前取得的有形动产为标的物提供的经营租赁服务。要注意此条款由"购进或者自制"调整为"取得"，即纳税人以本地区"营改增"实施之日前取得的有形动产为标的物，包括购进或者自制之外的其他取得方式提供的经营租赁服务，可以选择简易计税方法。

（5）在纳入"营改增"试点之日前签订的尚未执行完毕的有形动产租赁合同。

（6）建筑服务。以清包工方式提供的建筑服务；为"甲供材料"工程提供的建筑服务；为建筑工程老项目提供的建筑服务。

（7）销售不动产。

① 一般纳税人销售其2016年4月30日前取得（不含自建）的不动产。

② 一般纳税人销售其2016年4月30日前自建的不动产。

③ 房地产企业中的一般纳税人，销售自行开发的房地产老项目。

(8) 租赁不动产。

3) 一般纳税人销售自己使用过的、纳入“营改增”试点之日前取得的固定资产，按照现行旧货相关增值税政策执行

使用过的固定资产，是指纳税人符合《试点实施办法》第28条规定并根据财务会计制度已经计提折旧的固定资产。

3. 税率和征收率的特殊适用

《试点实施办法》第39条规定：“纳税人兼营销售货物、劳务、服务、无形资产或者不动产，适用不同税率或者征收率的，应当分别核算适用不同税率或者征收率的销售额；未分别核算的，从高适用税率。”该条规定了纳税人适用不同税率或者征收率的销售货物、劳务、服务、无形资产或者不动产（即兼营行为）的税收处理原则，即应当分别核算销售额；未分别核算的，从高适用税率。

(1) 兼有不同税率的销售货物、加工修理修配劳务、服务、无形资产或者不动产，从高适用税率。

(2) 兼有不同征收率的销售货物、加工修理修配劳务、服务、无形资产或者不动产，从高适用征收率。

(3) 兼有不同税率和征收率的销售货物、加工修理修配劳务、服务、无形资产或者不动产，从高适用税率。

在此，要特别注意的是，当兼营不同税率或者征收率的应税行为时，一定要分别核算适用不同税率或者征收率的销售额，否则将从高适用税率，进而导致税额的增加。

案例分析 2.1

海华房地产企业为增值税一般纳税人，2016年9月，其A楼盘项目开发完成后，部分出售，部分出租，部分从事娱乐餐饮服务。该房地产企业如何缴纳增值税？

分析：

《试点实施办法》第39条规定：“纳税人兼营销售货物、劳务、服务、无形资产或者不动产，适用不同税率或者征收率的，应当分别核算适用不同税率或者征收率的销售额；未分别核算的，从高适用税率。”如果海华公司分别核算：销售自己开发楼盘取得的销售额，按销售不动产的11%税率，计算缴纳增值税；出租自营开发楼盘取得的销售额，按不动产租赁服务的11%税率，计算缴纳增值税；自营不动产从事餐饮服务，取得的餐饮服务销售额外负担，按6%的税率，计算缴纳增值税。如果不能分别核算，则这三项应税行为都应该从高按11%的税率，计算缴纳增值税。

从降低纳税风险的角度考虑，当房地产企业有兼营不同税率或者征收率的应税行为时，应分别核算适用不同税率或者征收率的销售额。

4. 过渡政策税率和征收率的适用

1）销售不动产

(1) 一般纳税人。一般纳税人过渡政策税率和征收率的适用可按下列情形处理：

① 销售其2016年4月30日前取得（不含自建）的不动产，可以选择适用简易计税方法，以取得的全部价款和价外费用减去该项不动产购置原价或者取得不动产时的作价后的余额为销售额，按照5%的征收率计算应纳税额。纳税人应按照上述计税方法在不动产所在地预缴税款后，向机构所在地主管税务机关进行纳税申报。

② 销售其2016年4月30日前自建的不动产，可以选择适用简易计税方法，以取得的全部价款和价外费用为销售额，按照5%的征收率计算应纳税额。纳税人应按照上述计税方法在不动产所在地预缴税款后，向机构所在地主管税务机关进行纳税申报。

③ 销售其2016年5月1日后取得（不含自建）的不动产，适用一般计税方法，以取得的全部价款和价外费用为销售额计算应纳税额。纳税人应以取得的全部价款和价外费用减去该项不动产购置原价或者取得不动产时的作价后的余额，按照5%的预征率在不动产所在地预缴税款后，向机构所在地主管税务机关进行纳税申报。

④ 销售其2016年5月1日后自建的不动产，适用一般计税方法，以取得的全部价款和价外费用为销售额计算应纳税额。纳税人应以取得的全部价款和价外费用，按照5%的预征率在不动产所在地预缴税款后，向机构所在地主管税务机关进行纳税申报。

⑤ 销售自行开发的房地产老项目，可以选择适用简易计税方法按照5%的征收率计税。

案例分析 2.2

一家知名房地产企业开发某高档住宅楼盘，2015年年初开始动工，“建筑工程施工许可证”注明的合同开工日期为2015年4月，2016年5月取得商品房销售许可证。该房地产企业在“营改增”后属于增值税一般纳税人。企业如何对该项目进行增值税纳税申报？

分析：

根据国家税务总局《关于发布〈房地产开发企业销售自行开发的房地产项目增值税征收管理暂行办法〉的公告》（国家税务总局公告2016年第18号）的规定，房地产老项目，是指：“建筑工程施工许可证”注明的合同开工日期在2016年4月30

日前的房地产项目;"建筑工程施工许可证"未注明合同开工日期或者未取得"建筑工程施工许可证"但建筑工程承包合同注明的开工日期在2016年4月30日前的建筑工程项目。因此,该房地产企业销售的高档住宅楼盘属于房地产老项目。一般纳税人销售自行开发的房地产老项目,有两种计税方式:一是采用一般方法计税,按取得的全部价款和价外费用,扣除当期销售房地产项目对应的土地价款后的余额(不含增值税税款)和11%的增值税税率计算缴纳增值税。如果房地产企业取得符合规定的增值税专用发票,可以用来抵扣增值税进项税。二是选择采用简易计税方法,以当期销售额和5%的征收率计税。这仅仅是针对房地产企业销售房地产老项目的情形,而且企业一经选择简易计税方法计税的,36个月内不得变更为一般计税方法计税。此外,如果企业选择对老项目采用了简易计税方法计税,则应当以取得的全部价款和价外费用为销售额,不得扣除对应的土地价款,也不再有增值税进项税的抵扣。

企业销售该楼盘,符合老项目政策,可以适用一般计税方法,也可以适用简易计税方法,这最终适用何种计税方法,主要取决于企业是否有足够的增值税进项抵扣的项目,企业完全可以做好筹划,将税负降到最低。

(2) 小规模纳税人。小规模纳税人过渡政策税率和征收率的适用情形如下:

① 销售其取得(不含自建)的不动产(不含个体工商户销售购买的住房和其他个人销售不动产),应以取得的全部价款和价外费用减去该项不动产购置原价或者取得不动产时的作价后的余额为销售额,按照5%的征收率计算应纳税额。纳税人应按照上述计税方法在不动产所在地预缴税款后,向机构所在地主管税务机关进行纳税申报。

② 销售其自建的不动产,应以取得的全部价款和价外费用为销售额,按照5%的征收率计算应纳税额。纳税人应按照上述计税方法在不动产所在地预缴税款后,向机构所在地主管税务机关进行纳税申报。

③ 销售自行开发的房地产项目,按照5%的征收率计税。

(3) 个体工商户。个体工商户销售购买的住房,应按照《营业税改征增值税试点过渡政策的规定》第5条的规定征免增值税。纳税人应按照上述方法在不动产所在地预缴税款后,向机构所在地主管税务机关进行纳税申报。

(4) 其他个人。其他个人销售其取得(不含自建)的不动产(不含其购买的价格),应以取得的全部价款和价外费用减去该项不动产预购置原价或者取得不动产时的作价后的余额为销售额,按照5%的征收率计算应纳税额。

2) 不动产经营租赁服务

(1) 一般纳税人。一般纳税人不动产经营租赁服务税率和征收税率的适用情形如下：

① 出租其2016年4月30日前取得的不动产，可以选择适用简易计税方法，按照5%的征收率计算应纳税额。纳税人出租其2016年4月30日前取得的与机构所在地不在同一县(市)的不动产，应按照上述计税方法在不动产所在地预缴税款后，向机构所在地主管税务机关进行纳税申报。

② 出租其2016年5月1日后取得的、与机构所在地不在同一县(市)的不动产，应按照3%的预征率在不动产所在地预缴税款后，向机构所在地主管税务机关进行纳税申报。

(2) 小规模纳税人。小规模纳税人出租其取得的不动产(不含个人出租住房)，应按照5%的征收率计算应纳税额。纳税人在出租与机构所在地不在同一县(市)的不动产，应按照上述计税方法在不动产所在地预缴税款后，向机构所在地主管税务机关进行纳税申报。

(3) 其他个人。其他个人出租其取得的不动产(不含住房)，应按照5%的征收率计算应纳税额。个人出租住房，应按照5%的征收率减按1.5%计算应纳税额。

3) 扣缴增值税适用税率

境内的购买方为境外单位和个人扣缴增值税的，按照适用税率扣缴增值税。

5. 房地产企业的税率和征收率

作为一般纳税人的房地产企业销售、出租不动产适用的税率均为11%。小规模纳税人销售、出租不动产，以及一般纳税人提供的可选择简易计税方法的销售、出租不动产业务，征收率为5%(见表2.1)。一般纳税人适用增值税税率，其进项税额可以抵扣，而小规模纳税人适用增值税征收率，其进项税额不可以抵扣。

如果房地产企业兼营其他业务，并分开核算，按照业务所属行业适用的税率进行计算；如果不能分开核算，从高适用税率。

表2.1 房地产企业的税率和征收率

纳税人	营业税	增值税	折为价内税	增减
小规模纳税人简易征收	3%	3%	2.91%	−0.09%
	5%	3%	2.91%	−2.09%
	5%	5%	4.76%	−0.24%
一般纳税人	3%	11%	9.91%	6.91%
	5%	6%	5.66%	0.66%
	5%	11%	9.91%	4.91%
	5%	17%	14.53%	9.53%

2.3 房地产企业增值税的计算方法

按照《试点实施办法》的规定，房地产企业增值税的计税方法，包括一般计税方法和简易计税方法。

2.3.1 一般计税方法和应纳税额的计算

1. 一般计税方法

一般计税方法，即按照销项税额减去进项税额的差额作为应纳税额。应纳税额的计算公式为：

应纳税额 = 当期销项税额 − 当期进项税额

当期销项税额小于当期进项税额不足抵扣时，其不足部分可以结转下期继续抵扣。

2. 一般计税方法的适用

一般纳税人发生应税行为适用一般计税方法计税，按税法规定可以选择简易计税方法的除外。房地产企业的增值税一般纳税人销售、出租不动产等应税行为按一般计税方法计算缴纳增值税（选择简易计税方法的房地产老项目除外）。

3. 销售额

销售额，是指纳税人发生应税行为取得的全部价款和价外费用，财政部和国家税务总局另有规定的除外。一般计税方法的销售额不包括销项税额，纳税人采用销售额和销项税额合并定价方法的，按照下列公式计算销售额：

销售额 = 含税销售额 ÷（1 + 税率）

4. 销项税额与进项税额

1）销项税额

销项税额，是指纳税人发生应税行为按照销售额和增值税税率计算并收取的增值税额。销项税额计算公式为：

销项税额 = 销售额 × 税率

房地产企业销售、出租不动产应按适用税率11%计算销项税额。

2）进项税额

房地产企业在销售、出租不动产时购进货物、加工修理修配劳务、服务无形资产或者不动产时，允许按增值税扣税凭证上注明的税额申报抵扣进项税额。

3）增值税进项税抵扣凭证

《试点实施办法》第25条规定，下列进项税额准予从销项税额中抵扣：

（1）从销售方取得的增值税专用发票（含税控机动车销售统一发票，下同）上注明的增值税额。

（2）从海关取得的海关进口增值税专用缴款书上注明的增值税额。

（3）购进农产品，除取得增值税专用发票或者海关进口增值税专用缴款书外，按照农产品收购发票或者销售发票上注明的农产品买价和13%的扣除率计算进项税额。其计算公式为：

$$进项税额 = 买价 \times 扣除率$$

这里的买价，是指纳税人购进农产品在农产品收购发票或者销售发票上注明的价款和按照规定缴纳的烟叶税等。购进农产品，按照《农产品增值税进项税额核定扣除试点实施办法》抵扣进项税额的除外。

（4）从境外单位或者个人购进服务、无形资产或者不动产，按税务机关或者扣缴义务人取得的解缴税款的完税凭证上注明的增值税额。

2.3.2 简易计税方法和应纳税额的计算

1. 简易计税方法

简易计税方法是指按照销售额和增值税征收率计算缴纳增值税，且不得抵扣进项税额，应纳税额计算公式为：

$$应纳税额 = 销售额 \times 征收率$$

简易计税方法的销售额不包括其应纳税额，纳税人采用销售额和应纳税额合并定价方法的，按照下列公式计算销售额：

$$销售额 = 含税销售额 \div (1 + 征收率)$$

案例分析 2.3

某房地产企业为增值税一般纳税人，2016年年底销售一高档住宅，取得销售收入1 000万元，因住宅符合老项目政策，企业决定采用简易方法计算增值税。该企业的应税销售额是多少？

分析：

企业选择采用简易计税方法，以当期销售额和5%的征收率计税。

$$销售额 = 含税销售额 \div (1 + 征收率) = 1\,000 \div (1 + 5\%) = 952.38(万元)$$

2. 房地产企业适用简易计税法的范围

其一,小规模纳税人发生应税行为适用简易计税方法。

其二,一般纳税人特定情况下可选择简易计税方法。

一般纳税人应该按照一般计税方法计算缴纳增值税,但是考虑到建筑服务承包方式的多样,在过渡期,房地产业新、老项目交替过渡,提供服务的纳税人可能无法取得增值税专用发票进行抵扣,为保证公平,在《营业税改征增值税试点有关事项的规定》中专门明确了下列应税行为,纳税人可以根据各项情况自行选择适用一般计税方法或者简易计税方法。但《试点实施办法》第 18 条规定,一般纳税人在特定纳税项目或行为中一旦采用简易计税方法,36 个月之内不得变更。

(1) 销售其 2016 年 4 月 30 日前取得(不含自建)的不动产,可以选择适用简易计税方法,以取得的全部价款和价外费用减去该项不动产购置原价或者取得不动产时的作价后的余额为销售额,按照 5%的征收率计算应纳税额。纳税人应按照上述计税方法在不动产所在地预缴税款后,向机构所在地主管税务机关进行纳税申报。

(2) 销售其 2016 年 4 月 30 日前自建的不动产,可以选择适用简易计税方法,以取得的全部价款和价外费用为销售额,按照 5%的征收率计算应纳税额。纳税人应按照上述计税方法在不动产所在地预缴税款后,向机构所在地主管税务机关进行纳税申报。

(3) 销售自行开发的房地产老项目,可以选择适用简易计税方法按照 5%的征收率计税。

(4) 出租其 2016 年 4 月 30 日前取得的不动产,可以选择适用简易计税方法,按照 5%的征收率计算应纳税额。纳税人出租其 2016 年 4 月 30 日前取得的与机构所在地不在同一县(市)的不动产,应按照上述计税方法在不动产所在地预缴税款后,向机构所在地主管税务机关进行纳税申报。

2.4 房地产企业应税销售额的确定

2.4.1 销售额确定的基本规定

《试点实施办法》第 37 条规定:销售额,是指纳税人发生应税行为取得的全部价款和价外费用,财政部和国家税务总局另有规定的除外。价外费用,是指价外收取的各种性质的收费,但不包括以下项目:

(1) 代为收取并符合《试点实施办法》第 10 条规定的政府性基金或者行政事业性收费。

(2) 以委托方名义开具发票代委托方收取的款项。

该条规定销售额是指纳税人发生应税行为取得的全部价款和价外费用,财政部和国家税务总局另有规定的除外。

1. 全部价款的规定

关于全部价款,《试点实施办法》第10条和第11条中使用"有偿"规定,即与所售货物、服务、无形资产或不动产有关的全部经济利益的流入,包括货币、货物或者其他经济效益。

2. 价外费用

价外费用,是指价外收取的各种性质的收费,包括价外向购买方收取的手续费、补贴、基金、集资费、返还利润、奖励费、违约金、滞纳金、延期付款利息、赔偿金、代收款项、代垫款项、包装费、包装物租金、储备费、优质费、运输装卸费以及其他各种性质的价外收费。但下列项目不包括在内:一是受托加工应征消费税的消费品所代收代缴的消费税;二是同时符合以下条件的代垫运输费用:

(1) 承运部门的运输费用发票开具给购买方的。

(2) 纳税人将该项发票转交给购买方的。

(3) 同时符合以下条件代为收取的政府性基金或者行政事业性收费:

① 由国务院或者财政部批准设立的政府性基金,由国务院或者省级人民政府及其财政、价格主管部门批准设立的行政事业性收费。

② 收取时开具省级以上财政部门印制的财政票据。

③ 所收款项全额上缴财政。

④ 销售货物的同时代办保险等而向购买方收取的保险费,以及向购买方收取的代购买方缴纳的车辆购置税、车辆牌照费等。

2.4.2 销售额的特殊规定

1. 混合销售行为销售额的规定

《试点实施办法》第40条规定:"一项销售行为如果既涉及服务又涉及货物,为混合销售。从事货物的生产、批发或者零售的单位和个体工商户的混合销售行为,按照销售货物缴纳增值税;其他单位和个体工商户的混合销售行为,按照销售服务缴纳增值税。法规所述从事货物的生产、批发或者零售的单位和个体工商户,包括以从事货物的生产、批发或者零售为主,并兼营销售服务的范围和个体工商户在内。"该条是对混合销售行为的规定,沿用了增值税和营业税有关混合销售的管理,即只有当一项销售行为既涉及服务又涉及货物时,才认定为混合销售行为。从事货物的生产、批发或者零售的单位和个体工商户的混合销售行为,按照销售货物缴纳增值税;其他单位和个体工商户的混合销售行为,按照销售服务缴纳增值税。

混合销售行为是否成立的标准有两个，一是销售行为必须只有一项；二是该项行为必须既涉及服务又涉及货物。在确定混合销售是否成立时，上述两点必须同时存在，如果一项销售行为只涉及销售服务，不涉及货物，这种行为就不是混合销售行为；反之，如果涉及销售服务和涉及货物的行为，不是存在一项销售行为之中，这种行为也不是混合销售行为。例如，生产货物的单位，在销售货物的同时附带运输，其销售货物及提供运输的行为属于混合销售行为，所收取的货物款项及运输费用应一律按销售货物计算缴纳增值税。

在混合销售行为中，也是以收取的全部款项和价外费用来计算缴纳增值税的。

案例分析 2.4

某房地产企业为增值税一般纳税人，销售样板房取得销售收入 525 万元，525 万元中包括房屋价款 490 万元，家具、家用电器等收入 35 万元。企业如何缴纳增值税？

分析：

《试点实施办法》第 40 条规定：一项销售行为如果既涉及服务又涉及货物，为混合销售。从事货物的生产、批发或者零售的单位和个体工商户的混合销售行为，按照销售货物缴纳增值税；其他单位和个体工商户的混合销售行为，按照销售服务缴纳增值税。该房地产企业销售样板房的行为属于混合销售行为，房屋价款应根据具体情况选择 11% 的增值税税率或 5% 的简易税率，家具和家电收入适用销售货物 17% 的增值税税率。

在实际操作中，如果销售合同中没有将样板房收入分为房屋价款和家具、家用电器，不认定混合销售，可以选择 11% 的增值税税率或 5% 的简易税率。

2. 按差额确认销售额的行为

(1) 金融商品转让，按照卖出价扣除买入价后的余额为销售额。

(2) 经纪代理服务，以取得的全部价款和价外费用，扣除向委托方收取并代为支付的政府性基金或者行政事业性收费后的余额为销售额。

(3) 融资租赁和融资性售后回租业务。

(4) 航空运输企业的销售额，不包括代收的机场建设费和代售其他航空运输企业客票而代收转付的价款。

(5) 一般纳税人提供客运场站服务台，以其取得的全部价款和价外费用，扣除支付给承运方运费后的余额为销售额。

(6) 提供旅游服务，可以选择以取得的全部价款和价外费用，扣除向旅游服务购买方收取并支付给其他单位或者个人的住宿费、餐饮费、交通费、签证费、门票费和支付给其他接团旅游企业的旅游费用后的余额为销售额。

(7) 提供建筑服务适用简易计税方法,以取得的全部价款和价外费用扣除支付的分包款后的余额为销售额。

(8) 房地产企业中的一般纳税人销售其开发的房地产项目(选择简易计税方法的房地产老项目除外),以取得的全部价款和价外费用,扣除受让土地时向政府部门支付的土地价款后的余额为销售额。

(9) 按照国税总字〔2016〕73 号文件规定,纳税人转让不动产,按照有关规定差额缴纳增值税的,如因丢失等原因无法提供取得不动产时的发票,可向税务机关提供其他能证明契税计税金额的完税凭证等资料,进行差额扣除。纳税人以契税计税金额进行差额扣除的,按照下列公式计算增值税应纳税额:

① 2016 年 4 月 30 日及以前缴纳契税的。

$$\text{增值税应纳税额}=\frac{\text{全部交易价格(含增值税)}-\text{契税计税金额(含营业税)}}{1+5\%}\times 5\%$$

② 2016 年 5 月 1 日及以后缴纳契税的。

$$\text{增值税应纳税额}=\frac{\text{全部交易价格(含增值税)}}{1+5\%}-\text{契税计税金额(不含增值税)}$$

纳税人同时保留取得不动产时的发票和其他能证明契税计税金额的完税凭证等资料的,应当凭发票进行差额扣除。

以上销售额的确认需要注意的是:从全部价款和价外费用中扣除的价款,应当取得符合法律、行政法规和国家税务总局规定的有效凭证。如无法取得合法有效的凭证,则不得从中扣除。

3. 销售折扣销售额的确定

针对销售折让、中止、退回等业务情形,《试点实施办法》进行了相关规定,其中第 32 条规定:纳税人适用一般计税方法计税的,因销售折让、中止或者退回而退还给购买方的增值税额,应当从当期的销项税额中扣减;因销售折扣,中止或者退回而收回的增值税额,应当从当期的进项税额中扣减。

1) 商业折扣

商业折扣又称折扣销售,是指企业为促进商品销售而在商品价格上给予的价格折扣。

2) 商业折扣票据管理

(1)《试点实施办法》第 42 条规定:纳税人发生销售折让、中止、退回等情形的,应当按照国家税务总局的规定开具红字增值税专用发票。

(2)《试点实施办法》第 43 条规定:纳税人发生应税行为,将价款和折扣额在同一张发票上分别注明的,以折扣后的价款为销售额;未在同一张发票上分别注明的，以价款为销售额，不得扣减折扣额。

3）应注意的问题

（1）在销售折让、中止、退回等业务情形下，《试点实施办法》强调了发票管理的要求，一种情形是开具红字发票，一种情形是将价款和折扣额在同一张发票上分别注明。在这里提醒纳税人注意以下两种情况：

① 开具红字增值税专用发票情况。按照国家税务总局《关于纳税人折扣折让行为开具红字增值税专用发票问题的通知》（国税函〔2006〕1279 号），纳税人在销售货物并向购买方开具增值税专用发票后，由于购货方在一定时间内累计购买货物达到一定数量，或者由于市场价格下降等原因，给予购货方相应的价格优惠或补偿等折扣、折让，销货方可按现行《增值税专用发票使用规定》开具红字增值税专用发票。

② 将价款和折扣额在同一张发票上分别注明情况。按照国家税务总局《关于颁发〈增值税若干具体问题的规定〉的通知》（国税发〔1993〕154 号）的规定，如果销售额和折扣是在同一张发票上分别注明的，可以按折扣后的余额作为销售额计算增值税；如果将折扣额另开发票的，不论其在财务上如何处理，均不得从销售额中减扣折扣额。在国家税务总局《关于折扣额抵减增值税应税销售额问题通知》（国税函〔2010〕56 号）中明确规定，上述"销售额和折扣额在同一张发票上分别注明"，是指销售额和折扣额在同一张发票上的"金额"栏分别注明，未在同一张发票"金额"栏注明的，不可按折扣后的销售额征收增值税。未在同一张发票"金额"栏注明折扣额，而仅在发票的"备注"栏注明折扣额的，折扣额不得从销售额中扣减。

（2）按《试点实施办法》的规定，未按照规定开具红字增值税专用发票的，不得按照《试点实施办法》第 33 条和第 36 条规定扣减销项税额或者销售增值税额，就不允许从当期的销项税额中扣减。如果适用简易计税方法计税的也不允许从当期的销项税额中扣减。

4. 视同销售销售额的确定

1）视同销售

根据《试点实施办法》第 14 条规定，下列情形视同销售服务、无形资产或者不动产：

（1）单位或者个体工商户向其他单位或者个人无偿提供服务，但用于公益事业或者以社会公众为对象的除外。

（2）单位或个人向其他单位或者个人无偿转让无形资产或不动产，但用于公益事业或者以社会公众为对象的除外。

（3）财政部和国家税务总局规定的其他情形。

2）视同销售销售额

根据《试点实施办法》第 44 条规定，纳税人发生规定的无销售的行为，主管税务机关按照下列顺序确定销售额：

(1) 按照纳税人最近时期销售同类业务、无形资产或者不动产的平均价格确定。

(2) 按照其他纳税人最近时期销售同类服务、无形资产或者不动产的平均价格确定。

(3) 按照组成计税价格确定。组成计税价格的公式为：

组成计税价格 = 成本 ×（1 + 成本利润率）

成本利润率由国家税务总局确定。

5. 价格不具有合理性时销售额的确定

《试点实施办法》第 34 条规定，纳税人发生应税行为价格明显偏低或者偏高且不具有合理商业目的的，主管税务机关有权按照下列顺序确定销售额：

(1) 按照纳税人最近时期销售同类服务、无形资产或者不动产的平均价格确定。

(2) 按照其他纳税人最近时期销售同类服务、无形资产或者不动产的平均价格确定。

(3) 按照组成计税价格确定。组成计税价格的公式为：

组成计税价格 = 成本 ×（1 + 成本利润率）

成本利润率由国家税务总局确定。

根据《试点实施办法》第 44 条规定，纳税人发生应税行为价格明显偏低或者偏高且不具有合理商业目的的，销售额由主管税务机关按照视同销售规定的方法处理。

其中：不具有合理商业目的，是指以谋取税收利益为主要目的，通过人为安排，减少、免除、推迟缴纳增值税款，或者增加退还增值税款。所以，建议纳税人在发生经营业务时，注意考虑定价要以合理的商业目的为前提。

6. 融资租赁和融资性售后回租业务销售额的确定

(1) 经中国人民银行、中国银行业监督管理委员会或者商务部批准从事融资租赁业务的试点纳税人，提供融资租赁服务，以取得的全部价款和价外费用，扣除支付的借款利息(包括外汇借款和人民币借款利息)、发行债券利息和车辆购置税后的余额为销售额。

(2) 经中国人民银行、中国银行业监督管理委员会或者商务部批准从事融资租赁业务的试点纳税人，提供融资租赁性售后回租服务，以取得的全部价款和价外费用(不含本金),扣除对外支付的借款利息(包括外汇借款和人民币借款利息),发行债券利息后的余额作为销售额。

7. 试点前发生的业务

(1) 试点纳税人发生应税行为,按照国家有关营业税政策规定差额征收营业税的,因取得的全部价款和价外费用不足以抵减允许扣除项目金额,截至纳入"营改增"试点之日前尚未扣除的部分,不得在计算试点纳税人增值税应税销售额时抵减,应当向原主管地税机关申请退还营业税。

(2) 试点纳税人发生应税行为,在纳入"营改增"试点之日前已缴纳营业税,"营改增"试点后因发生退款减除营业额的,应当向原主管地税机关申请退还已缴纳的营业税。

(3) 试点纳税人纳入"营改增"试点之日前发生的应税行为,因税收检查等原因需要补缴税款的,应按照营业税政策规定补缴营业税。

8. 销售使用过的固定资产

一般纳税人销售自己使用过的、纳入"营改增"试点之日前取得的固定资产,按照现行旧货销售相关增值税政策执行。使用过的固定资产,是指纳税人符合《试点实施办法》第28条规定并根据财务会计制度已经计提折旧的固定资产。

2.4.3 房地产企业的具体规定

1. 不动产

《试点实施办法》中明确的销售不动产,是指转让不动产所有权的业务活动。不动产,是指不能移动或者移动后会引起性质、形状改变的财产,包括建筑物、构筑物等。

(1) 建筑物,包括住宅、商业营业用房、办公楼等可供居住、工作或者进行其他活动的建筑物。

(2) 构筑物,包括道路、桥梁、隧道、水坝等建造物。

(3) 转让建筑物有限产权或者永久使用权的,转让在建的建筑物或者构筑物所有权的,以及在转让建筑物或者构筑物时一并转让其所占土地的使用权的,按照销售不动产缴纳增值税。

国家税务总局2016年第18号公告明确了房地产企业销售自行开发的房地产项目适用《试点实施办法》。自行开发,是指在依法取得土地使用权的土地上进行基础设计和房屋建设。另房地产企业以接盘等形式购入未完工的房地产项目继续开发后,以自己的名义立项销售的,也属于销售自行开发的房地产项目。

2. 房地产项目销售额

1) 一般计税方法

房地产企业中的一般纳税人销售其开发的房地产项目(选择简易计税方法的

房地产老项目除外)，已取得的全部价款和价外费用，扣除受让土地时政府部门支付的土地价款后的余额为销售额。

(1) 销售额的计算公式。国家税务总局 2016 年第 18 号公告《房地产开发企业销售自行开发的房地产项目增值税征收管理暂行办法》第 4 条进一步明确：房地产企业中的一般纳税人销售自行开发的房地产项目，适用一般计税方法计税，按照取得的全部价款和价外费用，扣除当期销售房地产项目对应的土地价款后的余额计算销售额。销售额的计算公式为：

$$销售额 =（全部价款和价外费用 - 当期允许扣除的土地价款）\div (1 + 11\%)$$

土地价款并非一次性从销售额中全扣，而是要随着销售额的确认，逐步扣除。简单地说，就是要把土地价款按照销售进度，在不同的纳税分期扣除，是“买一套房，扣一笔与之相应的土地出让金”。允许扣除的土地价款包括新项目和选择一般计税方法的老项目。对于房地产老项目，如果选择适用一般计税方法，其 2016 年 5 月 1 日后确认的增值税销售额，也可以扣除对应的土地出让价款。

当期允许扣除的土地价款按照以下公式计算：

$$\text{当期允许扣除的土地价款} = \frac{\text{当期销售房地产项目建筑面积}}{\text{房地产项目可供销售建筑面积}} \times \text{支付的土地价款}$$

其中：

① 当期销售房地产项目建筑面积，是指当期进行纳税申报的增值税销售额对应的建筑面积。

② 房地产项目可供销售建筑面积，是指房地产项目可以出售的总建筑面积，不包括销售房地产项目时未单独作价结算的配套公共设施的建筑面积。

根据国家税务总局 2016 年第 86 号公告第 5 条的规定，国家税务总局 2016 年第 18 号公告中第 5 条所指的“当期销售房地产项目建筑面积”“房地产项目可供销售面积”是指计容积率地上建筑面积，不包括地下车位建筑面积。

③ 支付的土地价款，是指向政府、土地管理部门或受政府委托收取土地价款的单位直接支付的土地价款。房地产企业在开发房产项目时，还会在小区配套建设道路、花园、绿地、雕塑或者物业用房、幼儿园、诊所等。这些项目不单独作价出售给业主，但也都包含在了业主所支付的房款之中。对这些建筑物、构筑物的面积，上述第 5 条规定并未将其包含在“可供出售的建筑面积”中，也就是在计算“当期允许扣除的土地价款”时，并未将这部分面积包含在分母中。这样可以使开发商将所有“可供”销售的面积卖完后，土地出让金全部扣除完，实际上是有利于房地产企业的。

(2) 扣除凭证。《房地产开发企业销售自行开发的房地产项目增值税征收管理暂行办法》第6条规定:“在计算销售额时从全部价款和价外费用中扣除土地价款,应当取得省级以上(含省级)财政部门监(印)制的财政票据。”

财政票据是指由财政部门统一印制和发放,由国家机关、事业单位或经法律法规授权的具有管理公共事务职能的机构、代行政府职能的社会团体,以及其他组织(以下简称执收单位),依据有关法律、法规和政府部门的有关规定,征税或者收取政府非税收入,政府举办的非营利性医疗机构从事医疗服务取得的收入。社会团体收取会费,以及上述单位进行财务往来结算活动时,应当使用财政票据。

财政票据是单位财务收支的法定凭证和会计核算的原始凭证,也是银行代理政府非税收入业务的重要凭证,是财政、审计、监察等部门进行监督检查的重要依据。

① 按票面资金性质,财政票据可分为行政事业性收费票据、政府性基金票据、罚没票据、非税收入票据。各类票据的适用范围如表2.2所示。

表2.2 各类票据的适用范围

序号	类别	适用范围
1	行政事业性收费票据	适用于经国务院省级人民政府及其财政、价格主管部门批准的,由国家机关、事业单位、代行政府职能的社会团体及其他组织,向特定服务对象收取行政事业性收费时开具的收款凭证
2	政府性基金票据	适用于国务院或按财政部批准的政府性基金管理规定,向公民、法人和其他组织无偿征收相关政府性基金时开具的收款凭证
3	罚没票据	适用于执法机关,或者执法机关依法委托的代收机构向公民、法人或者其他组织收取罚没财物时开具的凭证
4	政府非税收入票据	(1) 适用于各级国家机关和事业单位,以及代行政府职能的社会团体及其他组织依法利用行政权力、政府信誉、国家资源、国有资产,或者提供特定公共服务、准公共服务,取得政府非税收入时开具的收款凭证 (2) 土地出让金票据属于政府非税收入票据

② 按票据用途特点,财政票据可分为通用票据和专用票据。通用票据是指能够满足一般政府非税收入征收管理需要,具有通用性质的票据。专用票据是指通用票据不能满足政府非税收入征收和管理需要,根据非税收入特点而设计的,具有特定式样的专用票据。土地出让金票据即属于专用票据。

③ 按票面设置特点,财政票据可分为定额票据和非定额票据。定额票据是指票面设置有固定数额、金额,使用时不需填写的财政票据。非定额票据是指没有固定数额、金额,使用时需要人工填写或者用计算机打印的财政票据。

④ 按财政票据的填写方式分类可以分为手写票据和机打票据两类。手写票据是指使用时由用票人根据有关规定用手工填写的财政票据。机打票据是指使用时由用票人根据有关规定按事先在计算机中设定的项目、标准,用计算机打印的财政票据。

⑤ 其他财政票据。其他财政票据主要包括往来结算票据、社会团体会费收据、医疗票据、捐赠收据等财政票据。其他财政票据的说明如表 2.3 所示。

表 2.3 其他财政票据的说明

序号	类别	适用范围
1	往来结算票据	国家机关、事业单位、社会团体、政府举办的非营利性医疗机构在发生暂收暂付、代收代付及单位内部往来结算业务时开具的凭证。往来结算票据不得作为报销凭证
2	社会团体会费收据	经依法登记成立的向其个人和单位会员收取会费时开具的收款凭证
3	医疗票据	政府举办的非营利性医疗机构从事医疗服务取得收入时开具的收款凭证
4	捐赠收据	依据《中华人民共和国公益事业捐赠法》规定,由各级国家机关、事业单位、社会团体及其他团体接受捐赠时开具的凭证。其中,以政府名义接受的非定向的货币捐赠收入,纳入政府非税收入票据管理范畴

2)简易计税办法

根据《试点实施办法》第 37 条规定,销售额是指纳税人发生应税行为取得的全部价款和价外费用,财政部和国家税务总局另有规定的除外。

一般纳税人销售自行开发的房地产项目,可以选择适用简易计税方法按照5%的征收率计税。同时,根据国家税务总局 2016 年第 18 号公告第 9 条规定,一般纳税人销售自行开发的房地产项目适用简易计税方法计税的,以取得的全部价款和价外费用为销售额,不得扣除对应的土地价款。

(1)房地产老项目有以下两种情况:

①“建筑工程施工许可证”注明的合同开工日期在 2016 年 4 月 30 日前的房地产项目。

②“建筑工程施工许可证”未注明合同开工日期或者未取得“建筑工程施工许可证”,但建筑工程承包合同注明的开工日期在 2016 年 4 月 30 日前的建筑工程项目。

(2)简易计算方法主要包括以下四种情形(具体见表 2.4)。

① 房地产企业中的一般纳税人,销售自行开发的房地产老项目,可以选择使

用简易计税方法按照5%的征收率计税。

② 房地产企业中的一般纳税人销售房地产老项目,使用一般计税方法计税的,应以取得的全部价款和价外费用,按照3%的预算率在不动产所在地预缴税款后,向机构所在地主管税务机关进行纳税申报。

③ 房地产企业中的小规模纳税人,销售自行开发的房地产项目,按照《试点实施办法》第45条规定的纳税义务发生时间,以当期销售额和5%的征收率计算当期应纳税额,抵减已预缴税款后,向主管国税机关申报纳税。未抵减完的预缴税额可以结转下期继续抵减。小规模纳税人采取预收款方式销售自行开发的房地产项目,应在收到预收款时按照3%的预征率预缴增值税。

应预缴税款按照以下公式计算:

$$应预缴税款 = 预收款 \div (1 + 5\%) \times 3\%$$

④ 房地产企业采取预收款方式销售所开发的房地产项目,在收到预收款时按照3%的预征率预缴增值税。

表2.4 房地产企业提供销售不动产服务

销售方式	纳税人身份	简易计税方法	一般计税方法	销售额	征收率
自行开发老项目	一般纳税人	√		全部价款(含价外费用)	5%
房地产老项目	一般纳税人		√	全部价款(含价外费用)-土地价款	3%
自行开发的房地产项目	小规模纳税人	√		全部价款(含价外费用)	5%
预售款方式销售开发的房地产项目					3%

3) 特殊规定

(1) 代收款项。代收款项是指房地产企业代为收取的,且不构成所售产品销售价格的款项,不论该笔款项收取后是否代缴、代付,均需要并入房地产企业的增值税应税销售额中。例如,代委托方收取的物业费、手续费、采暖费、有线电视费等。

(2) 住房专项维修基金。根据《有关事项的规定》,房地产主管部门或者其指定机构公积金管理中心、开发企业,以及物业管理单位代收的住房专项维修基金不征收增值税。

(3) 定金。在实务操作中,定金如何进行纳税处理,各地有不同规定,根据《中华人民共和国合同法》第 115 条规定,当事人可以依照《中华人民共和国担保法》约定一方向对方给付定金作为债权的担保。债务人履行债务后,定金应当抵作价款或者收回。给付定金的一方不履行约定的债务的,无权要求返还定金;收受定金的一方不履行约定的债务的,应当双倍返还定金。这说明定金是已经签订合同后收取的款项。

①“营改增”前,按照国家税务总局《关于印发〈营业税问题解答(之一)的通知〉》第 18 条规定,纳税人转让土地使用权或销售不动产,采用预收款方式的,其纳税义务发生时间为收到预收款的当天。此项规定所称预收款,包括预收定金。因此,预收定金的营业税纳税义务发生时间为收到预收定金的当天。

②“营改增”后,根据《试点实施办法》中关于“有偿”的规定则不难分析,定金带来的现金流量是完全可以可靠地流入企业的,所以是一种有偿的行为,应该被认定为价款。

因此,针对特殊规定,除定金外,房地产企业应注意避免向购房人收取除房款、住房专项维修基金以外的其他代收款项。

3. 销售不动产销售额的规定

纳税人销售不动产是指销售房地产之外的不动产,销售额确定情况比较复杂,根据国家税务总局 2016 年第 14 号公告规定归纳如下。

1) 一般纳税人转让“营改增”前自建不动产

(1) 一般纳税人转让其 2016 年 4 月 30 日前自建的不动产,可以选择适用简易计税方法,以取得的全部价款和价外费用为销售额,按照 5%的征收率计算应纳税额,纳税人应按照上述计税方法在不动产所在地预缴税款后,向机构所在地主管税务机关进行纳税申报。

(2) 一般纳税人转让其 2016 年 4 月 30 日前自建的不动产,选择一般计税方法计税的,应以取得的全部价款和价外费用为销售额计算应纳税额。纳税人应以取得的全部价款和价外费用,按照 5%的征收率在不动产所在地预缴税款后,向机构所在地主管税务机关进行纳税申报。

2) 一般纳税人转让“营改增”后自建不动产

一般纳税人转让其 2016 年 5 月 1 日后自建的不动产,应适用一般计税方法,以取得的全部价款和价外费用为销售额计算应纳税额。纳税人应以取得的全部价款和价外费用,按照 5%的预征率在不动产所在地预缴税款后,向机构所在地主管税务机关进行纳税申报。

3) 一般纳税人转让“营改增”前非自建不动产

(1) 一般纳税人转让其 2016 年 4 月 30 日前取得(不含自建)的不动产,可以选择适用简易计税方法，以取得的全部价款和价外费用扣除该项不动产购置原价或者取得不动产时的作价后的余额为销售额，按照5%的征收率计算应纳税额。纳税人应按照上述计税方法在不动产所在地预缴税款后，向机构所在地主管税务机关进行纳税申报。

（2）一般纳税人转让其2016年4月30日前取得的不动产（不含自建），选择一般计税方法计税的，以取得的全部价款和价外费用为销售额计算应纳税额。上述纳税人应以取得的全部价款和价外费用扣除该项不动产购置原价或者取得不动产时的作价后的余额，按照5%的预征率在不动产所在地预缴税款后，向机构所在地主管税务机关进行纳税申报。

4）一般纳税人转让"营改增"后非自建不动产

一般纳税人转让其2016年5月1日取得（不含自建）的不动产，应适用一般计税方法，以取得的全部价款和价外费用为销售额计算应纳税额。纳税人应以取得的全部价款和价外费用扣除该项不动产购置原始或者取得不动产时作价后的余额，按照5%的预征率在不动产所在地预缴税款后向机构所在地主管税务机关进行纳税申报。

5）小规模纳税人转让不动产

（1）小规模纳税人转让其取得（不含自建）的不动产（除其他个人之外的小规模纳税人），应以取得的全部价款和价外费用扣除该项不动产购置原价或者取得不动产时的作价后的余额为销售额，按照5%的征收率计算应纳税额。纳税人应按照上述计税方法在不动产所在地预缴税额后，向机构所在地主管税务机关进行纳税申报。

（2）小规模纳税人转让其自建的不动产，应以取得的全部价款和价外费用为销售额，按照5%的征收率计算应纳税额。纳税人应按照上述计税方法在不动产所在地预缴税款后，向机构所在地主管税务机关进行纳税申报。

6）个人转让其购买的不动产

（1）个人转让其购买的住房，按照有关规定全额缴纳增值税的，以取得的全部价款和价外费用为销售额，按照5%的征收率计算应纳税额。

（2）个人转让其购买的住房，按照有关规定差额缴纳增值税的，以取得的全部价款和价外费用扣除购买住房价款后的余额为销售额，按照5%的征收率计算纳税额。个体工商户应按照规定的计税方法向住房所在地主管地税机关预缴税款，向机构所在地主管国税机关申报纳税。

特别提醒纳税人注意的是：

① 应向不动产所在地主管地税机关预缴税款的计算有两种情况：

第一，以转让不动产取得的全部价款和计价费用作为预缴税款计算依据的，计算公式为：

$$\text{应预缴税款} = \text{全部价款和价外费用} \div (1+5\%) \times 3\%$$

第二，以转让不动产取得的全部价款和价外费用扣除不动产购置原价或者取得不动产时的作价后的余额作为预缴税款计算依据的，计算公式为：

$$\text{应预缴税款} = \frac{\text{全部价款和价外费用} - \text{不动产购置原价或者取得不动产时的作价}}{1+5\%} \times 3\%$$

② 扣除不动产购置原价或者取得不动产时的作价的，应当取得符合法律、行政法规和国家税务总局规定的合法有效凭证。否则，不得扣除。上述凭证是指：税务部门监制的发票；法院判决书、裁定书、调解书，以及仲裁裁决书、公证债权文书；国家税务总局规定的其他凭证。

4. 不动产经营租赁销售额的确定

根据国家税务总局 2016 年第 16 号公告规定，政策如下所述。

1）一般纳税人出租"营改增"前取得的不动产

(1) 一般纳税人出租其 2016 年 4 月 30 日前取得的不动产，可以选择适用简易计税方法，按照 5%的征收率计算应纳税额。纳税人出租其 2016 年 4 月 30 日前取得的与机构所在地不在同一县（市、区）的不动产应按照上述计税方法在不动产所在地预缴税款后，向机构所在地主管税务机关进行纳税申报。不动产所在地与机构所在地在同一县（市、区）的，纳税人向机构所在地主管国税机关申报纳税。

(2) 一般纳税人出租其 2016 年 4 月 30 日前取得的不动产，适用一般计税方法计税的，不动产所在地与机构所在地不在同一县（市、区）的，纳税人应按照 3%的预征率向不动产所在地主管国税机关预缴税款，向机构所在地主管国税机关申报纳税。不动产所在地与机构所在地在同一县（市、区）的，纳税人应向机构所在地主管国税机关申报纳税。

(3) 一般纳税人出租其 2016 年 5 月 1 日后取得的不动产，适用一般计税方法计税。不动产所在地与机构所在地不在同一县（市、区）的，纳税人应按照 3%的预征率向不动产所在地主管国税机关预缴税款，向机构所在地主管国税机关申报纳税。不动产所在地与机构所在地在同一县（市、区）的，纳税人应向机构所在地主管国税机关申报纳税。

2）小规模纳税人出租不动产

(1) 单位和个体工商户出租不动产（不含个体工商户出租住房）按照 5%的征收率计算应纳税额。

(2) 个体工商户出租住房，按照 5%的征收率减按 1.5%计算应纳税额。

① 不动产所在地与机构所在地不在同一县（市、区）的，纳税人应按照上述计税

方法向不动产所在地主管国税机关预缴税款，向机构所在地主管国税机关申报纳税。

② 不动产所在地与机构所在地在同一县（市、区）的，纳税人应向机构所在地主管国税机关申报纳税。

(3) 其他个人出租不动产（不含住房），按照5%的征收率计算应纳税额，向不动产所在地主管地税机关申报纳税。

(4) 其他个人出租住房，按照5%的征收率减按1.5%计算应纳税额，向不动产所在地主管地税机关申报纳税。

3) 纳税地点的特殊规定

纳税人出租的不动产所在地与其机构所在地在同一直辖市或计划单列市但不在同一县（市、区）的，由直辖市或计划单列市国家税务局决定是否在不动产所在地预缴税额。

4) 出租不动产预缴税款的规定

(1) 纳税人出租不动产适用一般计税方法计税的，按照以下公式计算应预缴税款：

$$应预缴税款 = 含税销售额 \div (1 + 11\%) \times 3\%$$

(2) 纳税人出租不动产适用简易计税方法计税的（除个人出租住房外），按照以下公式计算应预缴税额：

$$应预缴税款 = 含税销售额 \div (1 + 5\%) \times 5\%$$

(3) 个体工商户出租住房，按照以下公式计算应预缴税款：

$$应预缴税款 = 含税销售额 \div (1 + 5\%) \times 1.5\%$$

5) 其他个人出租不动产

(1) 出租住房应纳税额的计算公式如下：

$$应纳税额 = 含税销售额 \div (1 + 5\%) \times 1.5\%$$

(2) 出租非住房应纳税额的计算公式如下：

$$应纳税费 = 含税销售额 \div (1 + 5\%) \times 5\%$$

2.5 房地产企业增值税进项税额抵扣

2.5.1 可抵扣进项税额范围和扣除凭证

进项税额是指纳税人购进货物、加工修理修配劳务、服务、无形资产或者不动产，支付或者负担的增值税额。

1. 可抵扣进项税额范围一般规定

《试点实施办法》第25条规定下列进项税额准予从销项税额中抵扣：

1）从销售方取得的增值税专用发票上注明的增值税

增值税专用发票（含税控机动车销售统一发票，下同）是为加强增值税抵扣管理，根据增值税的特点设计的，专供一般纳税人使用的一种发票。增值税专用发票是一般纳税人从销项税额中抵扣进项税额的扣税凭证，且是目前最主要的一种扣税凭证。《国家税务总局关于进一步明确营改增有关征管问题的公告》（国家税务总局公告2017年第11号）规定，为进一步优化纳税服务，自2017年7月1日起，将现行增值税专用发票、机动车销售统一发票以及海关进口增值税专用缴款书的认证、确认或申请稽核比对的时限，由180日放宽至360日。同时需要注意的是：

（1）增值税专用发票需要选择确认平台进行认证或确认。一般纳税人取得增值税专用发票和机动车销售统一发票需要在相关规定期限内（180日或360日，下同）认证或登录增值税发票选择确认平台进行确认，取得海关进口增值税专用缴款书，应自开具之日起相关规定期限内申请稽核比对，在规定的纳税申报期内，向主管国税机关申报抵扣进项税额。一般纳税人取得农产品收购发票或者销售发票、从境外单位或者个人购进服务、无形资产或者不动产，自税务机关或者扣缴义务人取得的解缴税款的完税凭证及道路、桥、闸通行费的通行费发票（不含财政票据，下同）等其他抵扣凭证，不需要认证或确认，也就没有认证或确认的期限，只需按规定向主管国税机关申报抵扣进项税额。

国家税务总局《关于按照纳税信用等级对增值税发票使用实行分类管理有关事项的公告》（国家税务总局公告2016年第71号）规定，将取消增值税发票认证的纳税人范围由纳税信用A级、B级的增值税一般纳税人扩大到纳税信用C级的增值税一般纳税人。对于登录增值税发票选择确认平台进行确认区分按月申报纳税人和按季申报纳税人分别计算其发票抵扣期限。按月申报纳税人的发票抵扣期限为：税款所属期当月1日前360日之内开具的发票及当前税款所属期开具的发票。按季申报纳税人的发票抵扣期限为：税款所属期当季首月1日前360日之内开具的发票及当季开具的发票。

一般纳税人取得的2017年7月1日及以后开具的增值税专用发票、机动车销售统一发票及海关进口增值税专用缴款书，才适用开具之日起360日内认证、确认或申请稽核比对的政策，对于取得的2017年6月30日前开具的增值税扣税凭证，还是应在开具之日起180日内认证、确认或申请稽核比对。同时11号公告规定，2017年7月1日及以后开具的增值税专用发票、机动车销售统一发票及海关进口增值税专用缴款书的认证、确认或申请稽核比对期限是360日，属于自然天数，而不是360个工作日，也就是说节假日不能顺延。

一般纳税人认证、确认或申请稽核比对后，要在规定的认证、确认或申请稽核比对当月或当季度的纳税申报期内，向主管国税机关申报抵扣进项税额。除了属于国家税务总局《关于未按期申报抵扣增值税扣税凭证有关问题的公告》(国家税务总局公告2011年第78号)第2条的客观原因以外，未按照规定申报期限抵扣的增值税专用发票不得继续申报抵扣，也就是说，如无客观原因，一般纳税人取得增值税抵扣凭证认证、确认或申请稽核比对通过，在规定的月份或季度内没有申报抵扣，就不可以抵扣进项税额了。其中国家税务总局公告2011年第78号规定的客观原因包括如下类型：因自然灾害、社会突发事件等不可抗力原因造成增值税扣税凭证未按期申报抵扣；有关司法、行政机关在办理业务或者检查中，扣押、封存纳税人账簿资料，导致纳税人未能按期办理申报手续；税务机关信息系统、网络故障，导致纳税人未能及时取得认证结果通知书或稽核结果通知书，未能及时办理申报抵扣；由于企业办税人员伤亡、突发危重疾病或者擅自离职，未能办理交接手续，导致未能按期申报抵扣；国家税务总局规定的其他情形。

(2) 货物运输业增值税专用发票也属于增值税专用发票，其要求与增值税专用发票一致。

增值税一般纳税人提供货物运输服务，使用增值税专用发票和增值税普通发票，开具发票时应将起运地、到达地、车种车号以及运输货物信息等内容填写在发票备注栏中，如内容较多可另附清单。铁路运输企业受托代征的印花税款信息，可填写在发票备注栏中。中国铁路总公司及其所属运输企业(含分支机构)提供货物运输服务，可自2015年11月1日起使用增值税专用发票和增值税普通发票，所开具的铁路货票、运费杂费收据可作为发票清单使用。

2) 从海关取得的海关进口增值税专用缴款书上注明的增值税额

根据当前税法规定，进口环节的增值税是由海关代征的，纳税人在进口货物办理报关进口手续时，需向海关申报缴纳进口增值税并从海关取得完税证明，其取得的海关进口专用缴款书可申报抵扣。纳税人进口货物取得的属于增值税扣税范围的海关缴款书，应自开具之日起360天内向主管税务机关报送《海关完税凭证抵扣清单》(电子数据)，申请稽核比对，逾期未申请的其进项税额不予抵扣。对稽核比对结果为相符的海关缴款书，纳税人应在税务机关提供稽核比对结果的当月纳税申报期内申报抵扣，逾期的其进项税额不予抵扣。

3) 购进农产品的情况

购进农产品，除取得增值税专用发票或者海关进口增值税专用缴款书外，按照农产品收购发票或者销售发票上注明的农产品买价和13%的扣除率计算进项税额。其计算公式为：

进项税额 = 买价 × 扣除率

买价，是指纳税人购进农产品收购发票或者销售发票上注明的价款和按照规定缴纳的烟叶税。购进农产品，按照《农产品增值税进项税额核定扣除试点实施办法》抵扣进项税额的除外。

4）境外购进的情况

从境外单位或者个人购进服务、无形资产或者不动产，自税务机关或者扣缴义务人取得的解缴税款的完税凭证上注明的增值税额。

注意事项：基本规定是能取得扣税凭证的进项税可以抵扣，因而，作为纳税人来说，首先要具备一般纳税人资格且采用一般计税方法，其次是取得了增值税专用发票获得进项税额，最后是符合税法的相关规定。

2. 原增值税纳税人进项税额的相关规定

《有关事项的规定》对原增值税纳税人进项税额作出了以下规定：

(1) 原增值税一般纳税人购进服务、无形资产或者不动产，取得的增值税专用发票上注明的增值税额为进项税额，准予从销项税额中抵扣。

2016 年 5 月 1 日后取得并在会计制度上按固定资产核算的不动产或者 2016 年 5 月 1 日取得的不动产在建工程，其进项税额应自取得之日起分 2 年从销项税额中抵扣，第一年抵扣比例为 60%，第二年抵扣比例为 40%。融资租入的不动产以及在施工现场修建的临时建筑物、构筑物，其进项税额不适用上述分 2 年抵扣的规定。

(2) 原增值税一般纳税人自用的应征消费税的摩托车、汽车、游艇，其进项税额准予从销项税额中抵扣。

(3) 原增值税一般纳税人从境外单位或者个人购进服务、无形资产或者不动产，按照规定应当扣缴增值税的，准予从销项税额中抵扣的进项税额为自税务机关或者扣缴义务人取得的解缴税款的完税凭证上的增值税额。纳税人凭完税凭证抵扣进项税额的，应当具备书面合同、付款证明和境外单位的对账单或者发票。资料不全的，其进项税额不得从销项税额中抵扣。

(4) 原增值税一般纳税人购进货物或者接受加工修理修配劳务，用于《销售服务、无形资产或者不动产注释》所列项目的，不属于《中华人民共和国增值税暂行条例》第 10 条所称的用于非增值税应税项目，其进项税额准予从销项税额中抵扣。

3. 可抵扣进项税额范围的特殊规定

1）新购不动产

(1) 增值税一般纳税人 2016 年 5 月 1 日后取得并在会计制度上按固定资产核算的不动产，以及 2016 年 5 月 1 日后发生的不动产在建工程，自取得之日起分

2年从销项税额中抵扣,第一年抵扣比例为60%,第二年抵扣比例为40%。

(2)取得的不动产,包括以直接购买、接受捐赠、接受投资入股以及抵债等各种形式取得的不动产。

2)房地产企业自行开发的房地产项目,融资租入的不动产,以及在施工现场修建的临时建筑物、构筑物

房地产企业自行开发的房地产项目,融资租入的不动产,以及在施工现场修建的临时建筑物、构筑物,其进项税额不适用上述分2年抵扣的规定。只要取得符合规定的进项税额可以一次性抵扣,则无须分2年扣除。

3)房地产企业向个人支付的拆迁补偿费用

根据财税字〔2016〕140号文件第7条规定,房地产企业中的一般纳税人销售其开发的房地产项目(选择简易计税办法的房地产老项目除外),在取得土地时向其他单位或者个人支付的拆迁补偿费用也允许在计算销售额时扣除。但必须在扣除时提供可以证明拆迁补偿费用真实性的材料,如拆迁协议、拆迁双方取得或者支付补偿款项的凭证等。

4)与不动产相关的进项税额

纳税人2016年5月1日后购进货物和设计服务、建筑服务,用于新建不动产,或者用于改建、扩建、修缮、装饰不动产并增加不动产原值超过50%的,其进项税额依照有关规定分2年从销项税额中抵扣。不动产原值是指取得不动产时的购置原价或作价。上述分2年从销项税额中抵扣的购进货物,是指构成不动产实体的材料和设备,包括建筑装饰材料和给排水、采暖、卫生、通风、照明、通讯、煤气、消防、中央空调、电梯、电气智能化楼宇设备及配套设施。

5)已抵扣进项税额用于不动产在建工程的

购进时已全额抵扣进项税额的货物和服务,转用于不动产在建工程的,其已抵扣进项税额的40%部分,应于转用的当期从进项税额中扣减,计入待抵扣进项税额,并于转用的当月起第13个月从销项税额中抵扣。

6)销售其取得的不动产或者不动产在建工程

纳税人销售其取得的不动产或者不动产在建工程时,尚未抵扣完毕的待抵扣进项税额,允许于销售的当期从销项税额中抵扣。

7)按规定不得抵扣却改变用途可以抵扣的不动产

按照规定不得抵扣进项税额的不动产,发生用途改变,用于允许抵扣进项税额项目的,按照下列公式在改变用途的次月计算可抵扣进项税额:

可抵扣进项税额＝增值税扣税凭证注明或计算的进项税额＋不动产净值率

不动产净值率＝不动产净值÷不动产原值×100%

依照规定计算的可抵扣进项税额，应取得2016年5月1日后开具的合法有效的增值税扣税凭证。按照规定计算的可抵扣进项税额，60%的部分于改变用途的次月从销项税额中抵扣，40%的部分为待抵扣进项税额，于改变用途的次月起第13个月从销项税额中抵扣。

8）待抵扣进项税额

（1）待抵扣进项税额记入“应交税费——待抵扣进项税额”科目核算，并于可抵扣当期转入“应交税费——应交增值税（进项税额）”科目。

（2）对不同的不动产和不动产在建工程，纳税人应分别核算其待抵扣进项税额。

（3）纳税人注销税务登记时，其尚未抵扣完毕的待抵扣进项税额于注销清算的当期从销项税额中抵扣。

4. 进项税额抵扣凭证

1）一般规定

《试点实施办法》规定：增值税扣税凭证，是指增值税专用发票、海关进口增值税专用缴款书、农产品购入发票、农产品销售发票和完税凭证。纳税人凭完税凭证抵扣进项税额的，应当具备书面合同、付款证明和境外单位的对账单或发票。资料不完整的，其进项税额不得从销项税额中进行抵扣。《增值税专用发票使用规定》是规范增值税一般纳税人领购、开具、缴销、报税、认证、抵扣增值税专用发票等日常管理的规定。

（1）增值税一般纳税人取得专用发票，应在开具发票之日起360日内办理认证，并在认证通过的次月申报期内，向主管税务机关申报抵扣进项税额。

（2）海关进口增值税专用缴款书。自2013年7月1日起，增值税一般纳税人进口货物取得的属于增值税扣税范围的海关缴款书，需经税务机关稽核比对相符后，其增值税额方能作为进项税额在销项税额中抵扣。增值税纳税人进口货物取得的属于增值税扣税范围的海关缴款书，应自开具之日起360日内向主管税务机关报送“海关完税凭证抵扣清单”（电子数据），申请稽核比对。

（3）未在规定期限内认证或者申报抵扣的情况。增值税一般纳税人取得的增值税专用发票（包括“增值税专用发票”税控“机动车销售统一发票”）以及海关缴款书，未在规定期限内到税务机关办理认证或者申报抵扣的，不得作为合法的增值税扣税凭证，不得计算进项税额抵扣。国家税务总局另有规定的除外。

2）特殊规定

《有关事项的规定》第1条第3款第11项规定：试点纳税人按照法律从全部价款和价外费用中扣除的价款，应当取得符合法律、行政法规和国家税务总局规定的有效凭证。否则，不得扣除。

(1) 支付给境内单位或者个人的款项,以发票为合法有效凭证。

(2) 支付给境内外单位或者个人的款项,以该单位或者个人的签收单据为合法有效凭证,税务机关对签收单据有疑议的,可以要求提供境外的确认证明。

(3) 缴纳的税款,以完税凭证为合法有效凭证。

(4) 扣除的政府性基金、行政事业性收费或者向政府支付的土地价款,以省级以上(含省级)财政部门兼(印)制的财政票据为合法有效凭证。

(5) 国家税务总局规定的其他凭证。

(6) 纳税人取得的上述凭证属于增值税扣缴凭证的,其进项税额不得从销项税额中抵扣。这包括以下两项业务:

第一,试点纳税人提供建筑服务适用简易计税方法,扣除支付分包款的业务。

第二,房地产企业中的一般纳税人,销售其开发的房地产项目业务中扣除受让土地时向政府部门支付的土地价款业务。

2.5.2 不得抵扣的进项税额

1. 进项税额不得抵扣的一般规定

《试点实施办法》第27条对进项税额不得抵扣作出了明确的规定。

1) 一般原则

对纳税人用于适用简易计税方法计税项目、免征增值税项目、集体福利或者个人消费的购进货物、加工修理修配劳务、服务、无形资产和不动产的进项税额不得从销项税额中抵扣。

2) 固定资产、无形资产、不动产进项税额的处理原则

对纳税人设计的固定资产、无形资产(不包括其他权益性无形资产)、不动产项目的进项税额,凡发生专用于简易计税方法计税项目、免征增值税项目、集体福利或者个人消费项目的,该进项税额不得予以抵扣;发生兼用于增值税应税项目和上述项目情况的,该进项税额准予全部抵扣。

3) 其他权益性无形资产的处理原则

纳税人购进其他权益性无形资产无论是专用于简易计税方法计税项目、免征增值税项目、集体福利或者个人消费,还是兼用于上述项目,均可以抵扣进项税额。

4) 关于非正常损失

虽然取得合法的扣税凭证,但非正常损失的购进货物,以及相关的加工修理修配劳务和交通运输服务;非正常损失的在产品和产成品所耗用的购进货物(不包括固定资产)、加工修理修配劳务和交通运输服务;非正常损失的不动产(包括不动产在建工程),以及该不动产(包括不动产在建工程)所耗用的购进货物、设计服务和建筑服务,上述所涉及的购进进项税不得抵扣。

非正常损失是指因管理不善造成货物被盗、丢失、霉烂变质，以及因违反法律、法规造成货物或者不动产被依法没收、销毁、拆除的情形。这些非正常损失是由纳税人自身原因造成的导致征税对象实体的灭失，其损失应由纳税人自行承担。非正常损失的不动产所耗用的购进货物、非正常损失的不动产在建工程所耗用的购进货物，是指构成不动产所耗用的购进货物、构成不动产实体的材料和设备，包括建筑装饰材料和给排水、采暖、通风、照明、煤气、消防、中央空调、电梯、电气、智能化楼宇设备及配套设施。

5）其他项目

一般意义上旅客运输服务、餐饮服务、居民日常服务和娱乐服务主要接受对象是个人。对于一般纳税人购买的旅客运输服务、餐饮服务、居民日常服务和娱乐服务、难以准确地界定受劳务的对象是企业还是个人。因此，一般纳税人购进的旅客运输辅助、餐饮服务、居民日常服务和娱乐服务的进项税额不得从销项税额中抵扣。

纳税人购买应征消费税的摩托车、汽车、游艇取得的进项税额允许按规定抵扣。

纳税人在购买住宿服务取得的进项税额允许按规定抵扣。

房地产企业以取得的贷款服务的进项税额是不能抵扣的，如贷款利息，而且纳税人接受贷款服务向贷款方支付的与该笔贷款直接相关投融资顾问费、手续费、咨询费等费用，其进项税额也不得从销项税额中抵扣。

2. 原增值税纳税人不得从销项税中抵扣的相关规定

1）有关事项的规定

《营业税改征增值税试点有关事项的规定》第 2 条第 1 款第 5 项规定，原增值税一般纳税人购进服务、无形资产或者不动产，下列项目的进项税额不得从销项税额中抵扣：

（1）用于简易计税方法计税项目、免征增值税项目、集体福利或者个人消费。其中涉及的无形资产、不动产，仅指专用于上述项目的无形资产（不包括其他权益性无形资产）、不动产。纳税人的交际应酬消费属于个人消费。

（2）非正常损失的购进货物，以及相关的加工修理修配、劳务和交通运输服务。

（3）非正常损失的在产品、产成品所耗用的购进货物（不包括固定资产）、加工修理修配、劳务和交通运输服务。

（4）非正常损失的不动产，以及该不动产所耗用的购进货物、设计服务和建筑服务。

（5）非正常损失的不动产在建工程所耗用的购进货物、设计服务和建筑服务。

纳税人新建、改建、扩建、修缮、装饰不动产，均属于不动产在建工程。其在建工程所耗用的购进货物，发生非常损失的不能作进项抵扣。国家税务总局2016年第15号公告《不动产进项税额分期抵扣暂行办法》第8条规定：不动产在建工程发生非正常损失的，其所耗用的购进货物、设计服务和建筑服务已抵扣的进项税额应于当期全部转出，其待抵扣进项税额不得抵扣。

(6) 购进的旅客运输服务、贷款服务、居民日常服务和娱乐服务。

(7) 财政部和国家税务总局规定的其他情形。

上述第(4)和第(5)项所称货物，是指构成不动产实体的材料和设备，包括建筑装饰材料和给排水、采暖、卫生、通风、照明、通讯、煤气、消防、中央空调、电梯、电气、智能化楼宇设备及配套设施。纳税人接受贷款服务向贷款方支付的与该笔贷款直接相关的投融资顾问费、手续费、咨询费等费用，其进项税额不得从销项税额中抵扣。

2) 注意事项

(1) 对于不动产进项税额不得抵扣的规定。《不动产进项税额分期抵扣暂行办法》第7条规定：已抵扣进项税额的不动产，发生非正常损失或者改变用途，专用于简易计税方法计税项目、免征增值税项目、集体福利或者个人消费的，按照下列公式计算不得抵扣的进项税额：

不得抵扣的进项税额 =（已抵扣进项税额 + 待抵扣进项税额）× 不动产净值率

不动产净值率 = 不动产净值 ÷ 不动产原值 × 100%

不得抵扣的进项税额小于或等于该不动产已抵扣进项税额的，应于该不动产改变用途的当期，将不得抵扣的进项税额从进项税额中扣减。不得抵扣的进项税额大于该不动产已抵扣进项税额的，应于该不动产改变用途的当期，将已抵扣进项税额从进项税额中扣减，并从该不动产待抵扣进项税额中扣减不得抵扣进项税额中扣减不得抵扣进项税额与已抵扣进项税额。

(2) 销售自行开发的房地产项目不得抵扣进项税额。《房地产开发企业销售自行开发的房地产项目增值税征收管理暂行办法》第13条规定：一般纳税人销售自行开发的房地产项目，兼有一般计税方法计税、简易计税方法计税、免征增值税的房地产项目而无法划分不得抵扣的进项税额的，应以"建筑工程施工许可证"注明的"建设规模"为依据进行划分。

上述规定说明，在计算简易计税方法和免税房地产项目对应的"不得抵扣的进项税额"时应以面积为计算单位，而不能以套、层、单元、栋等作为计算依据。

3. 进项税额不得抵扣的特殊规定

1)《试点实施办法》的规定

(1)《试点实施办法》第29条规定了兼营简易计税方法计税项目、免税项目而无法划分的进项税额的划分公式。其主要有以下情况：

① 在纳税人实现生产经营活动中，兼营行为是很常见的，经常出现进项税额不能准确划分的情形。比较典型的就是耗用的水和电力。但同时也有很多进项税额是可以划分清楚用途的，比如：纳税人购进的一些原材料，用途是确定的，所对应的进项税额也就可以准确划分。因此，本条的公式只是对不能准确划分的进项税额进行划分计算的方法，对于能够准确划分的进项税额，直接按照归属进行区分。因此，纳税人全部不得抵扣的进项税额应按照下列公式计算：

纳税人全部不得抵扣的进项税额 ＝ 当期可以直接划分的不得抵扣的进项税额
＋当期无法划分的全部进项税额×（当期简易计税方法计税项目销售额
＋免税增值税项目销售税）＋当期全部销售额

② 纳税人计算进项税额转出应按月进行，但由于月度间取得进项税额的不均衡性，有可能会造成按月计算的进项转出数失真，因此，主管税务机关可在年度终了对纳税人进项税额转出进行清算，对相应差异进行调整。

（2）《试点实施办法》第 32 条规定：纳税人适用一般计税方法计税的，因销售折让、中止或者退回而退还给购买方的增值税额，应当从当期的销项税额中扣减；因销售折让、中止或者退回而收回的增值税额，应当从当期的进项税额中扣减。其中：涉及已开具的增值税专用发票，如发生销货退回、开票有误、应税行为中止以及发票抵扣联、发票联均无法认证等情形但不符合作废条件，或者因销货部分退回及发生销售折让，需要开具红字增值税专用发票的，必须按国家税务总局公告 2015 年第 19 号规定的以下方法处理。

一是专用发票已交付购买方的情况。

① 购买方可在增值税专用发票系统升级版中填开并上传“开具红字增值税专用发票信息表”（以下统称“信息表”）。

② “信息表”对应的蓝字增值税专用发票应经税务机关认证（所购货物或服务等不属于增值税项目范围的除外）。

③ 经认证结果为“认证相符”并且已经抵扣增值税进项税额的，购买方在填开“信息表”时不填写相对应的蓝字增值税专用发票信息，应暂依“信息表”所列增值税额从当期进项税额中转出，未抵扣增值税进项税额的可列入当期进项税额，待取得销售方开具的红字增值税专用发票后，与“信息表”一并作为记账凭证。

④ 经认证，结果为“无法认证”“纳税人识别号认证不符”“专用发票代码、号码认证不符”，以及所购货物或服务不属于增值税扣税项目范围的，购买方不列入进项税额，不作进项税额转出，填开“信息表”时应填写相对应的蓝字。

二是专用发票尚未交付购买方或者购买方拒收的情况。

① 销售方应于专用发票认证期限内在增值税发票系统升级版中填开并上传“信息表”。

② 主管税务机关通过网络接收纳税人上传的“信息表”，系统自动校验通过后，生成带有“红字发票信息表编号”的“信息表”，并将信息同步至纳税人端系统中。

③ 销售方凭税务机关校验通过的“信息表”开具红字增值税专用发票，在增值税发票系统升级版中以销项负数开具。红字增值税专用发票应与“信息表”一一对应。

④ 纳税人也可凭“信息表”电子信息或纸质版资料到税务机关对“信息表”内容进行系统校验。

⑤ 纳税人需要开具红字增值税普通发票的，可以在所对应的蓝字发票金额范围内开具多份红字发票。红字机动车销售统一发票需与原蓝字机动车销售统一发票一一对应。

(3)《试点实施办法》第33条规定：有下列情形之一者，应当按照销售额和增值税税率计算应纳税额，不得抵扣进项税额，也不得使用增值税专用发票。

① 一般纳税人会计核算不健全，或者不能够提供准确税务资料的。

② 应当办理一般纳税人资格登记而未办理的。

在此要特别注意，如未办理一般纳税人资格认定，按照规定将按销售额依照增值税税率计算应纳税额，不得抵扣进项税额。

2）其他特殊规定

(1) 一般纳税人取得允许抵扣的进项税额，自开票之日起360日内未到税务机关办理认证、认证不符或者虽认证通过但未在认证通过的次月申报期内申报抵扣，其进项税额不允许抵扣。

(2) 取得虚开的增值税专用发票，不得作为增值税合法有效的扣税凭证抵扣其进项税额。

(3) 实行海关进口增值税专用缴款书“先比对后抵扣”管理办法的一般纳税人取得进口增值税专用缴款书稽核比对不符的，其进项税额不允许抵扣。

2.5.3 进项税额转出的规定

1. 增值税进项税额转出

增值税进项税额转出是将那些按税法规定不能抵扣，但购进时已作抵扣的进项税额如数转出，一进一出，在数额上进出相等。

《中华人民共和国增值税暂行条例》第10条规定，当纳税人购进的货物或接受的应税劳务不适用于增值税应税项目，而是用于非应税项目、免税项目或用于集体福利，个人消费等情况，其支付的进项税额就不能从销项税额中抵扣。实际工作中，经常存在纳税人当期购进的货物或应税劳务事先并未确定将用于生产或非生产经营，但其进项税额已在当期销项税额中进行了抵扣，当已抵扣进项税额的购进货物或应税劳务改变用途，用于非应税项目、免税项目、集体福利或个人消费等，购进货物发生非正常损失，在产品和产成品发生非正常损失时，应将购进货物或应税劳务的进项税额从当期发生的进项税额中扣除，在会计处理中记入"进项税额转出"科目。

2. 进项税额转出的相关规定

(1)《试点实施办法》第30条规定了纳税人购进货物(不含固定资产)、劳务、服务已抵扣进项税额的扣减问题，并确定了扣减进项税额应按当期实际成本的原则。

① 对于能够确定的进项税额，如购进后发生非正常损失的，应将相应的进项税额直接从当期进项税额中扣减。

② 对于无法确定的进项税额，如非正常损失的在产品，应按照该在产品成本计算对应的各类进项税额从当期进项税额中扣减。

(2)《试点实施办法》第31条规定了已抵扣进项税额的固定资产、无形资产或者不动产，发生《试点实施办法》第27条规定情形的，按照下列公式计算不得抵扣的进项税额：

$$不得抵扣的进项税额 = 固定资产、无形资产或者不动产净值 \times 适用税率$$

固定资产、无形资产或者不动产净值，是指纳税人根据财务会计制度计提折旧或摊销后的余额。

案例分析 2.5

某纳税人购进一台搅拌机100万元，增值税专用发票上进项税额为17万元，按5年计提折旧(无残值)，使用12个月后用于跨境建筑服务，属于免征增值税项目。35个月后跨境建筑业务完成，搅拌机又用于国内建筑业务中，按照下列方法做进项税额的核算。

计算如下。

(1) 购进时进项税额为17万元。

(2) 使用12个月后用于跨境业务：

$$不得抵扣的进项税额 = (100 - 100 \div 5) \times 17\% = 13.6(万元)$$

(3) 35个月后又用于国内建筑业务(发生用途改变，用于允许抵扣进项税额的应税项目)在用途改变的次月计算：

$$\text{可以抵扣的进项税额} = \frac{\text{固定资产、无形资产、不动产净值}}{1+\text{适用税率}} \times \text{适用税率}$$

$$\text{此时固定资产的账面价值} = 100 - 20 + 13.6 = 93.6(\text{万元})$$

$$\text{可以抵扣的进项税额} = \frac{93.6 - 93.6 \div 4 \times 3}{1 + 17\%} \times 17\% = 3.4(\text{万元})$$

3. 进项税额转出

非应税项目、免税项目、集体福利或个人消费等，购进货物发生非正常损失。在产品和产成品发生非正常损失等都为不能抵扣的项目，这些项目一旦发生，应将购进货物或应税劳务的进项税额从当期发生的进项税额中扣除，在会计处理中记入“进项税额转出”科目。

1）进项税额转出主要是针对已经做进项税额抵扣的情况

企业的实际经营过程中，由于经营情况的复杂，纳税人有时会先抵扣进项税额，然后又发生不得抵扣进项税额的情形，如将购进货物申报抵扣后又将其分配给本单位员工作为福利。为了保证抵扣税一致，就必须规定相应的进项税额应当从已申报的进项税额中予以扣减。对于无法确定的进项税额，则统一按照当期实际成本扣减。

2）特定情况下已抵扣的进项税额必须转出

(1) 纳税人购进的货物及在产品、产成品发生非正常损失。

(2) 纳税人购进的货物或应税劳务改变用途，如用于非应税项目、免税项目或集体福利与个人利益。

上述两种情况已经抵扣的进项税额之所以要转出，是因为原购进货物或应税劳务不能产生增值税销项税额，已抵扣的进项税额失去了抵扣的来源。《试点实施办法》中又强调了已抵扣进项税额的固定资产、无形资产或者不动产要按比例计算不得抵扣的进项税额。

3）进项税额转出要看是否抵扣

进项税额不得抵扣，不一定就要转出，是否要转出，是看进项税额有没有抵扣，主要是涉及一个时间差导致用途改变的问题。比如，企业购进一批材料，当时在符合各种抵扣条件下做了进项税额抵扣，但在月末盘点的时候，发现该批材料因为管理不善丢失了，那么这笔材料就变成了不得抵扣进项税额的材料，但是当初购买的时候，并不知道会发生这个意外，属于非正常损失，因此要把这笔进项税额转出。

4）进项税额转出与视同销售的区别

进项税额转出与视同销售的区别主要在于进项税额转出仅仅是将原计入进项税额中不能抵扣的部分转出去，不考虑购进货物的增值情况；视同销售的销项税额是根据货物增值后的价值计算的，其与该项货物的进项税额的差额，为应交增值税。

企业的货物按其来源可分为购入的货物及自产和委托加工的货物两大类。购入的货物未再加工，从理论上讲，其价值没有变化，但价格会随着市场的变化围绕着价值上下波动；而自产和委托加工的货物由于经过加工，其价值已经发生变化。按其用途可以分为对内和对外两大类。对内是指用于非应税项目、用于免税项目、用于集体福利或者个人消费等；对外是指用于对外投资、提供给其他单位和个体经营者、分配给股东和投资者、无偿赠送他人等。对内不需要考虑价值变动，而对外需要考虑价值变动。就是说，购进货物在没有弄清是否能抵扣进项税额之前，先做了进项抵扣处理，等到弄清楚是不能抵扣的，就从已经抵扣的进项税额中转出来，减少进项税额抵扣。

按照《中华人民共和国增值税暂行条例》第10条规定：下列项目的进项税额不得从销项税额中抵扣：

(1) 购进固定资产。

(2) 用于非应税项目的购进货物或者应税劳务。

(3) 用于免税项目的购进货物或者应税劳务。

(4) 用于集体福利或者个人消费的购进货物或者应税劳务。

(5) 非正常损失的购进货物。

(6) 非正常损失的在产品、产成品所耗用的购进货物或者应税劳务。

《中华人民共和国增值税暂行条例实施细则》第22条规定：已抵扣进项税额的购进货物或应税劳务发生上述第(2)至第(6)项所列情况的，应将该项购进货物或应税劳务的进项税额从当期发生的进项税额中扣减。无法准确确定该项进项税额的，按当期实际成本计算应扣减的进项税额。

案例分析 2.6

某房地产企业（一般纳税人）自行开发了一房地产项目，施工许可证注明的开工日期是2015年4月15日，2016年3月15日开始预售房地产，至2016年4月30日共取得预收款3 000万元，已按照营业税规定申报缴纳营业税。A房地产企业对上述预收款开具收据，未开具营业税发票。该企业2016年5月又收到预收款3 000万元。2016年6月共开具了增值税普通发票6 000万元（含2016年4月30日前取得的未开票预收款3 000万元和2016年5月收到的3 000万元），同时办理房产产权转移手续。

2016年6月还取得了建筑服务增值税专用发票价税合计600万元（其中：注明的增值税额为66万元）。经计算，本期允许扣除的土地价款为700万元。纳税人选择放弃选择简易计税方法，按照适用税率计算缴纳增值税。纳税人在7月申报期应申报多少增值税款?

分析:

(1) 纳税人按照《房地产开发企业销售自行开发的房地产项目增值税征收管理暂行办法》第 11 条、第 12 条规定,应在 6 月申报期就取得的预收款计算应预缴税款。

$$应预缴税款 = 3\,000 \div (1 + 11\%) \times 3\% = 81.08(万元)$$

(2) 纳税人 6 月开具增值税普通发票 6 000 万元,其中包括 3 000 万元属于《试点实施办法》第 17 条规定的可以开具增值税普通发票的情形。

(3) 根据《试点实施办法》第 4 条,销售额可扣除当期允许扣除的土地价款。

(4) 纳税人应在 7 月申报期按照《试点实施办法》第 14 条规定确定应纳税额:

$$销项税额 = (3\,000 - 700) \div (1 + 11\%) \times 11\% = 1\,351 \times 11\% = 228(万元)$$

$$进项税额 = 66(万元)$$

$$应纳税额 = 228 - 66 = 162(万元)$$

$$应补税额 = 162 - 81.08 = 80.92(万元)$$

纳税人在 7 月申报期应补增值税 80.92 万元。

如果选择简易征收:

$$6月应预缴税款 = 3\,000 \div (1 + 5\%) \times 3\% = 85.71(万元)$$

$$7月应纳税额 = 3\,000 \div (1 + 5\%) \times 5\% = 142.86(万元)$$

$$应补税额 = 3\,000 \div (1 + 5\%) \times 5\% - 85.71 = 57.15(万元)$$

2.6 房地产企业纳税地点与纳税业务发生时间

2.6.1 房地产企业纳税地点

1. 基本规定

(1) 属于固定业户的纳税人销售、出租不动产应当向其机构所在地或者居住地的主管税务机关申报纳税。总机构与分支机构不在同一县(市)的,应当分别向各自所在地的主管税务机关申报纳税;经财政部和国家税务总局或者其授权的财政和税务机关批准,可以由总机构汇总向总机构所在地的主管税务机关申报纳税。

(2) 属于固定业户的试点纳税人,总分支机构不在同一县(市)的,但在同一省(自治区,直辖市,计划单列市)范围内的,经省(自治区,直辖市,计划单列市)财政厅(局)和国家税务总局批准,可以由总机构汇总向总机构所在地的主管税务机关申报缴纳增值税。

(3) 扣缴义务人应当向其机构所在地或者居住地主管税务机关申报缴纳扣缴税款。

2. 销售、出租不动产异地预缴税款规定

(1) 房地产企业中的一般纳税人销售房地产项目,以及一般纳税人出租其2016年4月30日前取得的不动产,适用一般计税方法计税的,应以取得的全部价款和价外费用,按照3%的预征率在不动产所在地预缴税款后,向机构所在地主管税务机关进行纳税申报。

(2) 房地产企业中的一般纳税人跨省(自治区,直辖市或者计划单列市)销售出租取得的与机构所在地不在同一省(自治区,直辖市或者计划单列市)的不动产,在机构所在地申报纳税时,计算的应纳税额小于预缴税额,且差额较大的,由国家税务总局通知不动产所在地省级税务机关,在一定时期内暂停预缴增值税。

2.6.2 房地产企业纳税义务发生时间

(1) 房地产企业销售、出租不动产的纳税义务发生时间为收讫销售款项或者取得索取销售款项凭据的当天;先开具发票的,为开具发票的当天。收讫销售款项,是指纳税人销售、出租不动产过程中或者完成后收到款项。取得索取销售款项凭据的当天,是指书面合同确定的付款日期;未签订书面合同或者书面合同未确定付款日期的,为建筑服务完成的当天。

(2) 纳税人出租不动产采取预收款方式的,其纳税义务发生时间为收到预收款的当天。

(3) 房地产企业采取预收款方式销售所开发的房地产项目,在收到预收款时按照3%的预征率预缴增值税。

(4) 增值税扣缴义务发生时间为纳税人增值税纳税义务当天。

2.6.3 房地产企业纳税期限

《试点实施办法》第47条对纳税人的纳税期限作出了具体的规定。增值税的纳税期限分别为1日、3日、5日、10日、15日、1个月或者1个季度。纳税人的具体纳税期限,由主管税务机关根据纳税人应纳税额的大小分别核定。以1个季度为纳税期限的规定适用于小规模纳税人、银行、财务公司、信托投资公司、信用社,以及财政部和国家税务总局规定的其他纳税人。不能按照纳税期限纳税的,可以依次纳税。

纳税人以1个月或者1个季度为一个纳税期的,自期满之日起15日内申报纳税;以1日、3日、5日、10日或者15日为一个纳税期限的,自期满之日起5日内预缴税款,于次月1日起15日内申报纳税并结清上月应纳税款。扣缴义务人解缴税款的期限，按照前两款规定执行。

2.7　房地产企业增值税减免税及征收管理

2.7.1　房地产企业增值税减免税规定

纳税人发生应税行为适用减税、免税规定的，可以放弃减免税，并依据相关法规缴纳增值税。放弃减免税后，36 个月内不得再次申请减税和免税。

放弃免税权的增值税一般纳税人发生应税行为可以开具增值税专用发票。纳税人放弃减免税后，其应税行为均应按照适用税率征税。纳税人免税期内，购进专用于免税项目所取得的增值税扣税凭证，一律不得抵扣。

2.7.2　房地产企业增值税征收管理

"营改增"后的增值税由国家税务总局负责征收。纳税人销售取得的不动产和其他个人出租不动产的增值税，由国家税务总局委托地方税务局代收。纳税人发生零税率应税行为，应当按期向主管税务机关申请办理退税免税。

纳税人发生应税行为，应向索取增值税专用发票的购买方开具增值税专用发票，并在专用发票上分别注明销售额和销项税额。但向个人消费者销售服务、无形资产或者不动产，以及适应免征增值税的规定的应税行为，不得开具增值税专用发票。

1. 一般纳税人增值税税收管理规定

（1）一般纳税人销售自行开发的房地产项目适用一般计税方法计税的，应按照《试点实施办法》第 45 条规定的纳税义务发生时间，以当期销售额和 11% 的适用税率计算当期应纳税额，抵减已预缴税款后，向主管国税机关申报纳税。未抵减完的预缴税款可以结转下期继续抵减。

（2）一般纳税人销售自行开发的房地产项目适用简易计税方法计税的，应按照《试点实施办法》第 45 条规定的纳税义务发生时间，以当期销售额和 5% 的征收率计算当期应纳税额，抵减已预缴税款后，向主管国税机关申报纳税。未抵减完的预缴税款可以结转下期继续抵减。

（3）一般纳税人销售自行开发的房地产项目，自行开具增值税专用发票。其 2016 年 4 月 30 日前收取并已向主管地税机关申报缴纳营业税的预收款，未开具营业税发票的，可以开具增值税普通发票，不得开具增值税专用发票。

跨期纳税以及相应的发票开具问题，需要注意。特别是对于 4 月 30 日前已经缴纳营业税的预收款，不可以开具增值税专用发票，这对于下游企业需要专用发票抵扣进项税额的企业会造成不利影响,商业地产需要特别关注。

(4) 一般纳税人向其他个人销售自行开发的房地产项目,不得开具增值税专用发票。

2. 小规模纳税人增值税税收管理规定

(1) 房地产企业中的小规模纳税人采取预收款方式销售自行开发的房地产项目,应在收到预收款时按照3%的预征率预缴增值税。应预缴税款按照以下公式计算:

$$应预缴税款 = 预收款 \div (1 + 5\%) \times 3\%$$

(2) 小规模纳税人应在取得预收款的次月纳税申报期或主管国税机关核定的纳税期限向主管国税机关预缴税款。

(3) 小规模纳税人销售自行开发的房地产项目,应按照《试点实施办法》第45条规定的纳税义务发生时间,以当期销售额和5%的征收率计算当期应纳税额,抵减已预缴税款后,向主管国税机关申报纳税。未抵减完的预缴税款可以结转下期继续抵减。

(4) 小规模纳税人销售自行开发的房地产项目,自行开具增值税普通发票。购买方需要增值税专用发票的,小规模纳税人向主管国税机关申请代开。

(5) 小规模纳税人销售自行开发的房地产项目,其2016年4月30日前收取并已向主管地税机关申报缴纳营业税的预收款,未开具营业税发票的,可以开具增值税普通发票,不得申请代开增值税专用发票。

(6) 小规模纳税人向其他个人销售自行开发的房地产项目,不得申请代开增值税专用发票。

(7) 房地产开发企业销售自行开发的房地产项目,按照《试点实施办法》规定预缴税款时,应填报"增值税预缴税款表"。

(8) 房地产企业以预缴税款抵减应纳税额,应以完税凭证作为合法有效凭证。房地产企业销售自行开发的房地产项目,未按《试点实施办法》规定预缴或缴纳税款的,由主管国税机关按照《中华人民共和国税收征收管理法》及相关规定进行处理。

第3章　城市维护建设税和教育费附加

3.1　城市维护建设税

3.1.1　城市维护建设税概述

1. 城市建设维护税定义及特点

城市维护建设税，简称城建税，是我国为了加强城市的维护建设，扩大和稳定城市维护建设资金的来源，对从事工商经营，缴纳增值税、消费税的单位和个人征收的一个税种。1984年工商税制全面改革中设置了该税种。1985年2月8日，国务院发布了《中华人民共和国城市维护建设税暂行条例》，并于当年起在全国范围内施行。城市维护建设税具有以下几个特点：

（1）税款专款专用，具有受益税性质。城市维护建设税专款专用，用来保证城市的公共事业和公共设施的维护和建设，是一种具有受益税性质的税种。

（2）属于一种附加税。城市维护建设税没有独立的征税对象或税基，以增值税、消费税实际缴纳的税额之和为计税依据，随“二税”同时征收，本质上属于一种附加税。

（3）根据城建规模设计税率。城市维护建设税根据城市规模的不同来设计不同的比例税率，纳税人根据所在城市的规模及其资金需要对应适用税率。这种差别设置税率的办法，较好地照顾了城市建设的不同需要。

（4）征收范围较广。由于城市维护建设税以增值税、消费税的实际纳税额为计税依据，因此除了减免税等特殊情况以外，任何从事生产经营活动的单位和个人都要缴纳城市维护建设税。

2. 城市维护建设税纳税义务人

城市维护建设税的纳税义务人，是指在征税范围内从事工商经营并缴纳增值税、消费税的单位和个人。其中单位包括：国有企业、集体企业、私营企业、股份制企业、其他企业和行政单位、事业单位、军事单位、社会团体、其他单位；个人包括：个体工商户和其他个人。

《国务院关于统一内外资企业和个人城市维护建设税和教育费附加制度的通知》（国发〔2010〕35号文件）规定，自2010年12月1日起，对外商投资企业、外国企业及外籍个人(以下统一简称“外资企业”)征收城市维护建设税。对外资企业2010年12月1日后(含12月1日)发生纳税义务的增值税、消费税、营业税,征收城市维护建设税;对外资企业2010年12月1日前发生纳税义务的增值税、消费税、营业税,不征收城市维护建设税。

个体商贩及个人在集市上出售商品,对其征收临时经营的增值税,由各省级人民政府根据实际情况确定是否同时按其实际缴纳的税额征收城市维护建设税。

3. 城市维护建设税纳税范围

城市维护建设税的征税范围包括城市、县城、建制镇,以及税法规定征税的其他地区。城市、县城、建制镇的范围应根据行政区划作为划分标准,不得随意扩大或缩小各行政区域的管辖范围。

3.1.2 城市维护建设税应纳税额的计算

1. 计税依据

城市维护建设税以纳税人实际缴纳的增值税、消费税税额为计税依据。不包括因违反增值税、消费税税法而加收的滞纳金和罚款,但是纳税人在被查补缴增值税、消费税及被处以罚款时,应该同时补缴偷漏的城市维护建设税并征收相应的滞纳金和罚款。

城市维护建设税以实际缴纳的增值税、消费税税额为计税依据,并同时征收,若免征或减征增值税、消费税,也要同时减免城市维护建设税。

自1997年1月1日起,供货企业在向出口企业和市县外贸企业销售出口产品时,以增值税当期销项税额抵扣当期进项税额后的余额为计税依据,计算缴纳城市维护建设税。但是,对于出口产品退还增值税、消费税的,不退还已缴的城市维护建设税。

2. 税率

城市维护建设税的税率,是指纳税人应缴纳的城市维护建设税税额与纳税人实际缴纳的增值税、消费税之间的比率。《中华人民共和国城市维护建设税暂行条例》规定,城市维护建设税实行分区域的差别比例税率,即按纳税人所在城市、县城或镇等不同的行政区域分别规定不同的比例税率。具体规定见表3.1。

表3.1 城市维护建设税税率表

税种	范围	税率	说明
城市维护建设税	市区	7%	计税依据为纳税人实际缴纳的增值税、消费税税额
	县城、建制镇	5%	
	其他地区	1%	

表3.1中所称的“市”是指国务院批准市建制的城市，“市区”是指省人民政府批准的市辖区（含市郊）的区域范围；“县城、建制镇”是指省人民政府批准的县城、县属镇（区级镇），县城、县属镇的范围按县人民政府批准的城镇区域范围。

城市维护建设税的适用税率，应按纳税人所在地的规定税率执行。但以下两种情况可按缴纳增值税、消费税所在地的规定税率缴纳城市维护建设税。

(1) 由受托方代扣代缴、代收代缴增值税、消费税的单位和个人，其代扣代缴、代收代缴的城市维护建设税按受托方所在地适用税率执行。

(2) 流动经营等无固定纳税地点的单位和个人，在经营地缴纳增值税、消费税的，其城市维护建设税的缴纳按经营地适用税率执行。

3. 应纳税额的计算

城市维护建设税应纳税额的计税方法基本上与增值税、消费税一致，应纳税额的大小是由实际缴纳的增值税、消费税税额决定的。其计算公式为：

应纳税额＝（纳税人实际缴纳的增值税＋消费税）×适用税率

另外，根据财税〔2005〕25号规定，自2005年1月1日起，就生产企业出口货物全面实行免抵退税办法后，经国家税务局正式审核批准的当期免抵的增值税税额应纳入城市维护建设税计征范围，分别按规定的税率征收城市维护建设税。2005年1月1日前，已按免抵的增值税税额征收的城市维护建设税不再退还，未征收的也不再进行补征。

所以上述公式中的增值税部分还应当加上生产企业出口货物实行免抵退税办法产生的免抵税额。

实行免抵退税的生产企业的城市维护建设税计算公式为：

应纳税额＝（增值税应纳税额＋当期免抵税额＋消费税）×适用税率

案例分析3.1

辽宁省某市区一家房地产企业2016年3月缴纳增值税800 000元，缴纳所得税300 000元，计算该企业应纳的城市维护建设税税额。

分析：

城市维护建设税以纳税人实际缴纳的增值税、消费税为计税依据，且不同地区适用不同的比例税率。

应纳税额＝800 000×7%＝56 000(元)

案例分析3.2

某市一房地产企业2016年10月被查补缴增值税90 000元、所得税50 000

元、被加收滞纳金 2 700 元，被处罚款 10 000 元。计算该企业应补缴的城市维护建设税税额。

分析：

纳税人补缴增值税时应同时补缴城市维护建设税，但不包括因违反增值税税法而加收的滞纳金和罚款。

$$应纳税额 = 90\ 000 \times 7\% = 630\ 000(元)$$

3.1.3　城市维护建设税的税收优惠

由于城市维护建设税是以纳税人实际缴纳的增值税、消费税为计税依据，并随同增值税、消费税征收的。因此，城市维护建设税一般不能单独减免，但因其具有附加税性质，当主税发生减免时，城市维护建设税也随之发生相应减免。城市维护建设税的税收减免规定如下：

(1) 城市维护建设税按减免后实际缴纳的增值税或消费税额计征，即随着增值税或消费税的减免而减免。

(2) 对于因为减免税而需要对增值税、消费税退库的，城市维护建设税也可以随之同时退库。

(3) 海关对进口产品代征的增值税、消费税，不征收城市维护建设税。

(4) 对出口产品退还增值税、消费税的，不退还已缴纳的城市维护建设税。

(5) 对增值税、消费税实行先征后返、先征后退、即征即退的，除另有规定外，不退还城市维护建设税。

3.1.4　城市维护建设税的征收管理

1. 纳税环节

《中华人民共和国城市维护建设税暂行条例》规定，城市维护建设税的纳税环节就是纳税人缴纳增值税、消费税的环节。纳税人应当在发生“两税”义务的同一环节计算缴纳城市维护建设税。

2. 纳税期限

按照规定，城市维护建设税与增值税、消费税同时缴纳，所以其纳税期限也与“二税”相同。根据增值税法、消费税法的规定，增值税和消费税的纳税期限分别为 1 日、3 日、5 日、10 日、15 日或 1 个月。增值税、消费税纳税义务人的具体纳税期限，由主管税务机关根据纳税人应纳税额的大小分别核定，不能按固定期限纳税，可按次纳税。

3. 纳税地点

城市维护建设税与增值税、消费税同时缴纳，所以纳税人直接缴纳“两税”的，应在缴纳“两税”的地点缴纳城市维护建设税。代扣代缴增值税、消费税的企业单位，同时也要代扣、代缴城市维护建设税。若未代扣城市维护建设税，应由纳税人到其所在地申报纳税。

4. 纳税申报

企业应于月度终了进行增值税、消费税申报的同时，对城市维护建设税进行纳税申报。纳税人以 1 个月为一个纳税期的，自期满之日起 15 日内申报纳税；以 5 日、10 日、15 日为一个纳税期的，自期满之日起 5 日内预缴税款，于次月 1 日起 15 日内申报纳税并结清上月应纳税款。

3.2 教育费附加

3.2.1 教育费附加概述

1. 教育费附加定义

教育费附加是对缴纳增值税、消费税的单位和个人，以其实际缴纳的税额为依据计算征收的一种附加费。教育费附加作为一项专项基金对地方性教育事业的发展，地方教育经费资金来源的扩大，具有十分重要的作用。

教育费附加是国家为扶持教育事业发展，计征用于教育的政府性基金。教育费附加纳入预算管理，作为教育专项资金，根据“先收后支、列收列支、收支平衡”的原则使用和管理。1984 年国务院颁布了《关于筹措农村学校办学经费的通知》，开始征收农村教育事业经费附加。1985 年，中共中央做出了《关于教育体制改革的决定》，指出国家增拨教育经费的同时，开辟多种渠道筹措经费。1986 年，国务院颁布《征收教育费附加的暂行规定》(国发〔1986〕50 号)，自 1986 年 7 月 1 日起，在全国范围内征收教育费附加。

2. 教育费附加纳费义务人

教育费附加的纳费义务人，是指在征税范围内从事工商经营并缴纳增值税、消费税的单位和个人。凡代征增值税、消费税的单位和个人，也是代征教育费附加的义务人。国务院(国发〔2010〕35 号)和财政部、国家税务总局(财税〔2010〕103 号)文件规定了凡缴纳增值税、消费税的外商投资企业、外国企业和外籍个人均需按规定缴纳教育费附加。

3. 教育费附加征收范围

《征收教育费附加的暂行规定》中规定：教育费附加的征收范围同增值税、消费税的征收范围相同，凡缴纳增值税、消费税的单位和个人均需同时缴纳教育费附加。

3.2.2 应纳教育费附加额的计算

1. 计费依据

教育费附加对缴纳增值税、消费税单位和个人征收,以纳税人实际缴纳的增值税、消费税税额为计费依据,并同时征收。若免征或减征增值税、消费税,也要同时减免教育费附加。

2. 征收率

1994 年 2 月 7 日国务院颁布了《关于教育费附加征收问题的紧急通知》,规定我国现行教育费附加的征收率为 3%。

除国务院另有规定外,任何地区、部门不得擅自提高或者降低教育费附加率。

3. 应纳费额的计算

教育费附加应纳费额的计费方法与增值税、消费税基本一致,应纳费额的大小是由实际缴纳的增值税、消费税税额决定的。教育费附加不包括因违反增值税、消费税税法而加收的滞纳金和罚款,但是纳税人在被查补缴增值税、消费税及被处以罚款时,应该同时补缴偷漏的教育费附加并征收相应的滞纳金和罚款。

其计算公式为:

应纳教育费附加 =(实际缴纳的增值税、消费税税额)× 3%

案例分析 3.3

某县城一家房地产企业 2016 年 12 月实际缴纳增值税 500 000 元,缴纳所得税 300 000 元。计算该企业应缴纳的教育费附加额。

分析:

教育费附加以增值税的实际缴纳额为计税依据,现行征收率为 3%。

应纳教育费附加 = 500 000 × 3% = 15 000(元)

3.2.3 教育费附加的税收优惠

(1) 对海关进口的产品征收的增值税、消费税,不征收教育费附加。

(2) 对由于减免增值税、消费税而发生退税的,可以同时退还已征收的教育费附加。

(3) 对出口产品退还增值税、消费税的,不退还已征的教育费附加。

一般来说,城市维护建设税减免的,教育费附加也会同时减免。

3.2.4 教育费附加的征收管理

1. 纳费环节

教育费附加的缴纳环节,原则上与增值税、消费税相同,纳税人应在发生增值税、消费税的同时缴纳教育费附加。

2. 纳费期限

教育费附加的纳费期限与增值税、消费税的纳税期限相同。纳费人申报缴纳增值税、消费税同时，申报缴纳教育费附加。

纳费人不按规定期限缴纳教育费附加，需处以滞纳金和罚款的，由县、市人民政府规定。

3. 纳费地点

教育费附加与增值税、消费税同时缴纳，所以其纳费地点与增值税、消费税相同。除铁道部、人民银行、专业银行和保险公司等汇总缴纳增值税的单位集中向国家税务局缴纳外，其余的单位和个人，均向其所在地银行缴纳。

4. 征收机构

教育费附加由地方税务局负责征收，也可委托国家税务局征收。

5. 纳税申报

企业应于月度终了进行增值税、消费税申报的同时，对教育费附加进行纳税申报，并如实填制"附加税(费)纳税申报表"。

3.3　纳税人异地预缴增值税有关附加政策问题

经国务院批准，自2016年5月1日起，在全国范围内全面推开营业税改征增值税试点，建筑业、房地产业、金融业、生活服务业等全部营业税纳税人，由缴纳营业税改为缴纳增值税。为统一"营改增"后纳税人跨县(市、区)提供建筑服务的征收管理，根据财政部、国家税务总局《关于全面推开营业税改征增值税试点的通知》(财税〔2016〕36号)及现行增值税有关规定，国家税务总局制定了《纳税人跨县(市、区)提供建筑服务增值税征收管理暂行办法》。该办法指出：纳税人跨县(市、区)提供建筑服务，应按规定向建筑服务发生地主管国税机关预缴税款，向机构所在地主管国税机关申报纳税。由于存在预缴增值税款问题，国家税务总局又制订了《财政部国家税务总局关于纳税人异地预缴增值税有关城市维护建设税和教育费附加政策问题的通知》(财税〔2016〕74号)。该通知规定，纳税人跨地区提供建筑服务、销售和出租不动产的，应在建筑服务发生地、不动产所在地预缴增值税时，以预缴增值税额为依据，并按预缴增值税所在地的城市维护建设税适用税率和教育费附加征收率就地计算缴纳城市维护建设税和教育费附加。预缴增值税的纳税人在其机构所在地申报缴纳增值税时，以其实际缴纳的增值税额为计税依据，并按机构所在地的城市维护建设税适用税率和教育费附加征收率就地计算缴纳城市维护建设税和教育费附加。

案例分析 3.4

某房地产企业"营改增"后，在项目所在地预缴 3% 的增值税，回机构所在地补缴 2% 的增值税，附征的城市维护建设税、教育费附加、地方教育附加在哪申报？项目所在地与机构所在地城市维护建设税税率不同，是否需要在机构所在地补缴差额？

分析：

根据财政部、国家税务总局《关于纳税人异地预缴增值税有关城市维护建设税和教育费附加政策问题的通知》（财税〔2016〕74 号）的有关规定：纳税人跨地区提供建筑服务、销售和出租不动产的，应在建筑服务发生地、不动产所在地预缴增值税时，以预缴增值税税额为依据，并按预缴增值税所在地的城市维护建设税适用税率和教育费附加征收率就地计算缴纳城市维护建设税和教育费附加。附征的城市维护建设税、教育费附加、地方教育费附加随缴纳增值税的地点确定纳税地点。

预缴增值税的纳税人在其机构所在地申报缴纳增值税时，以其实际缴纳的增值税税额为计税依据，并按机构所在地的城市维护建设税适用税率和教育费附加征收率就地计算缴纳城市维护建设税和教育费附加。纳税人所在地与缴纳"三税"所在地城市维护建设税税率不一致的，以城市维护建设税实际纳税地的适用税率为准，无需回纳税人机构所在地办理补税或退税手续。

第4章 房 产 税

4.1 房产税概述

4.1.1 房产税的定义

为了提高房产使用效率，调节房产所有人或经营人的收入，我国开征了房产税。房产税是以城市、县城、建制镇和工矿区的房屋为征税对象，以房屋的计税余值或租金收入为计税依据，向房屋产权所有人或者房屋产权的实际使用人等征收的一种财产税。对房产征税的目的是运用税收杠杆，加强对房产的管理，提高房产使用效率，控制固定资产投资规模和配合国家房产政策的调整，合理调节房产所有人和经营人的收入。

4.1.2 房产税征税对象

房产税的征税对象是房产，包括城市、县城、建制镇、工矿区的房屋，但不包括农村的房屋。“房产”是指有屋面和围护结构，能够遮风避雨，可供人们在其中生产、学习、工作、娱乐、居住或储藏物资的场所。房地产企业建造的商品房，在售出前，不征收房产税；但对售出前房地产企业已使用或出租、出借的商品房应按规定征收房产税。独立于房屋之外的建筑物，如围墙、烟囱、水塔、变电塔、油池油柜、酒窖菜窖、酒精池、糖蜜池、室外游泳池、玻璃暖房、砖瓦石灰窑，以及各种油气罐等，不属于房产，不对其征收房产税。

4.1.3 房产税征税范围

房产税的征收范围称为房产税“课税范围”，具体指开征房产税的地区。《中华人民共和国房产税暂行条例》规定房产税的征税范围为：城市、县城、建制镇和工矿区。

(1) 城市是指经国务院批准设立的市。城市的征税范围为市区、郊区和市辖县县城。

(2) 县城是指县人民政府所在地。

(3) 建制镇是指经省、自治区、直辖市人民政府批准设立的建制镇。建制镇的征税范围为所辖行政区域。

(4) 工矿区是指工商业比较发达、人口比较集中,符合国务院规定的建制镇标准,但尚未设立建制镇的大中型工矿企业所在地。

4.1.4 房产税纳税义务人

房产税的纳税义务人是在征税范围内的房屋产权所有人。

(1) 产权属国家所有的,由经营管理单位纳税;产权属集体和个人所有的,由集体单位和个人纳税。

(2) 产权出典的,由承典人纳税。

(3) 产权出租的,承租人以支付修理费抵缴房产租金,仍应由产权所有人纳税。

(4) 产权所有人、承典人不在房屋所在地的,由房产代管人或者使用人纳税。

(5) 产权未确定及租典纠纷未解决的,亦由房产代管人或者使用人纳税。

(6) 无租使用其他房产的问题。纳税单位和个人无租使用房产管理部门、免税单位及纳税单位的房产,应由使用人代为缴纳房产税。

(7) 自2009年1月1日起,外商投资企业、外国企业和组织以及外籍个人,依照《中华人民共和国房产税暂行条例》缴纳房产税。

4.2 房地产应纳税额的计算

4.2.1 房产税计税依据

房产税的计税依据有两种,即房产的计税余值和房产的租金收入。

1. 以房产的计税余值为计税依据的,称为从价计征

《中华人民共和国房产税暂行条例》第3条规定:房产税依照房产原值一次减除10%～30%后的余值计算缴纳。减除比例由省、自治区、直辖市人民政府在税法规定的减除幅度内自行确定。

(1) 房产原值是指纳税人按照会计制度规定,在账簿"固定资产"科目中记载的房屋原价。因此,凡按会计制度规定在账簿中记载有房屋原价的,应以房屋原价按规定减除一定比例后的房产余值计征房产税;没有记载房屋原价的,按照上述原则,并参照同类房屋,确定房产原值,按规定计征房产税。

(2) 房产原值应包括与房屋不可分割的各种附属设备或一般不单独计算价值的配套设备设施。主要有:暖气、卫生、通风、照明、煤气等设备;各种管线,如蒸气、

压缩空气、石油、给排水等管道及电力、电讯、电缆导线；电梯、过道、晒台等。属于房屋附属设备的水管、下水道、暖气管、煤气管等应从最近的探视井或三通管起，计算原值；电灯网、照明线从进线盒联结管起，计算原值。

新建房屋交付使用时，如中央空调设备已计算在房产原值之中，则房产原值应包括中央空调设备；旧房安装空调设备，一般都作单项固定资产入账，不应计入房产原值。

房产原值还应包含地价，包括为取得土地使用权支付的价款、开发土地发生的成本费用等。宗地容积率（注：容积率是指房屋总建筑面积与用地面积的比率）低于0.5的，按房产建筑面积的2倍计算土地面积并据此确定计入房产原值的地价。宗地容积率高低决定计税面积的大小，宗地容积率是指项目用地范围内总建筑面积与项目总用地面积的比值。容积率的大小反映了土地利用强度及其利用效益的高低，也反映了地价水平的差异。计算公式为：容积率＝总建筑面积÷总用地面积。比如，A、B两房地产企业分别取得一块宗地，其中，A房地产企业宗地面积为30 000平方米，全部地价为3 000万元，该宗土地上的房屋的总建筑面积为12 000平方米；B房地产企业宗地面积为20 000平方米，全部地价为2 000万元。该宗土地上的房屋的总建筑面积为15 000平方米。则A房地产企业的宗地容积率为0.4（12 000÷30 000），B房地产企业的宗地容积率为0.75（15 000÷20 000）。需要指出的是，纳税人在同一地块上分期进行开发建设，如能确定总的宗地容积率，对需征房产税的完工建筑，应按该完工建筑面积占总建筑面积的比例确定计入房产原值的地价，如不能确定总的宗地容积率，则应分期计算容积率，分别确定计入房产原值的地价。

(3) 纳税人对原有房产进行改建、扩建的，要相应增加房屋的原值。

(4) 对房屋附属设备和配套设施计税的规定。

① 自2006年1月1日起，凡以房屋为载体，不可随意移动的附属设备和配套设施，如给排水、采暖、消防、中央空调、电气及智能化楼宇设备等，无论在会计核算中是否单独记账与核算，都应计入房产原值，计征房产税。

② 对于更换房屋附属设备和配套设施的，在将其价值计入房产原值时，可扣减原来相应设备和设施的价值；对附属设备和配套设施中易损坏、需要经常更换的零配件，更新后不再计入房产原值，原零配件的原值也不扣除。

(5) 对居民住宅区内业主共有的经营性房产计税的规定。自2007年1月1日起，对居民住宅区内业主共有的经营性房产，由实际经营（包括自营和出租）的代管人或使用人缴纳房产税。其中自营的，依照房产原值减除10%～30%后的余值计征，没有房产原值或不能将共有住房划分开的，由房产所在地地方税务机关参照同类房产核定房产原值；出租的，依照租金计征。

（6）对投资联营及融资租赁房产计税的规定。对投资联营的房产，在计征房产税时应予以区别对待。对于以房产投资联营，投资者参与投资利润分红，共担风险的，按房产的计税余值作为计税依据计征房产税；对以房产投资，收取固定收入，不承担联营风险的，实际是以联营名义取得房产租金的，应根据《中华人民共和国房产税暂行条例》的有关规定，由出租方按租金收入计算缴纳房产税。

对融资租赁房屋，由于租赁费包括购进房屋的价款、手续费、借款利息等，与一般房屋出租的“租金”内涵不同，且租赁期满后，当承租方偿还最后一笔租赁费时，房屋产权一般都转移到承租方，实际上是一种变相的分期付款购买固定资产的形式，所以在计征房产税时应以房产余值计算征收。融资租赁的房产，由承租人自融资租赁合同约定开始日的次月起依照房产余值缴纳房产税。合同未约定开始日的，由承租人自合同签订的次月起依照房产余值缴纳房产税。

（7）自 2006 年 1 月 1 日起，凡在房产税征收范围内的具备房屋功能的地下建筑，包括与地上房屋相连的地下建筑，以及完全建在地面以下的建筑、地下人防设施等，均应当依照有关规定征收房产税。

对于与地上房屋相连的地下建筑，如房屋的地下室、地下停车场、商场的地下部分等，应将地下部分与地上房屋视为一个整体按照地上房屋建筑的有关规定计算征收房产税。对于与地上房屋相连的地下建筑，如房屋的地下室、地下停车场、商场的地下部分等，应将地下部分与地上房屋视为一个整体按照地上房屋建筑的有关规定计算征收房产税。完全建在地面以下的工业用途自用房产，以房屋原价的 50%～60%作为应税房产原值；商业和其他用途房产，以房屋原价的 70%～80%作为应税房产原值。

2. 以房产的租金收入为计税依据的，称为从租计征

对于出租的房屋，以租金收入为计税依据。

房屋的租金收入，是房屋产权所有人出租房屋使用权所取得的报酬，包括货币收入和实物收入。对以劳务或其他形式作为报酬抵付房租收入的，应根据当地同类房屋的租金水平，确定租金标准，依率计征。

如果纳税人对个人出租房屋的租金收入申报不实或申报数与同一地段同类房屋的租金收入相比明显不合理的，税务部门可以按照《中华人民共和国税收征收管理法》的有关规定，采取科学合理的方法核定其应纳税款。具体办法由各省级地方税务机关结合当地实际情况制定。

对出租房产，租赁双方签订的租赁合同约定有免收租金期限的，免收租金期间由产权所有人按照房产原值缴纳房产税。

无租使用其他单位房产的应税单位和个人，依照房产余值代缴房产税。

出租的地下建筑，按照出租地上房屋建筑的有关规定计算征收房产税。

4.2.2 房产税税率

我国现行房产税采用的是比例税率。由于房产税的计税依据分为从价计征和从租计征两种形式，所以房产税的税率也有两种：一种是按房产原值一次减除10%～30%后的余值计征的，年税率为1.2%；另一种是按房产出租的租金收入计征的，年税率为12%。

自2008年3月1日起，对个人出租住房，不区分用途，均按4%的税率征收房产税；对企事业单位、社会团体，以及其他组织按市场价格向个人出租用于居住的住房，减按4%的税率征收房产税。

4.2.3 房产税应纳税额的计算

1. 从价计征房产税应纳税额的计算

从价计征是按房产的原值减除一定比例后的余值计征，计算公式如下：

$$应纳税额 = 应税房产原值 \times (1 - 扣除比例) \times 1.2\%$$

其中，房产原值是“固定资产”科目中记载的房屋原价；扣除比例是省、自治区、直辖市人民政府规定的10%～30%的减除比例。

案例分析 4.1

某房地产企业的经营用房原值为3 000万元，按当地规定允许减除30%以后的余值计税，适用税率为1.2%。请计算其应纳房产税税额。

分析：

$$应纳税额 = 3\,000 \times (1 - 30\%) \times 1.2\% = 25.2(万元)$$

案例分析 4.2

A房地产企业从2015年5月1日起开始改建办公楼。办公楼账面原值600万元，为改造支付费用150万元，加装中央空调支付85万元，该中央空调作为固定资产入账，5月底改建完成，交付使用。房产所在地规定计算房产余值的扣除比例为30%。请计算房地产企业改建办公楼的应纳房产税税额。

分析：

$$\begin{aligned}应纳税额 &= 600 \times (1 - 30\%) \times 1.2\% \times 5 \div 12 + (600 + 150 + 85) \\ &\quad \times (1 - 30\%) \times 1.2\% \times 7 \div 12 = 6.19(万元)\end{aligned}$$

2. 从租计征房产税应纳税额的计算

从租计征是按房产的租金收入计征，计算公式如下：

$$应纳税额 = 房产租金收入 \times 12\%（或 4\%）$$

案例分析 4.3

某房地产企业出租房屋10间，年租金收入为40 000元，适用税率为12%。请计算其应纳房产税额。

分析：

$$应纳税额 = 40\,000 \times 12\% = 4\,800（元）$$

案例分析 4.4

2015年6月30日，甲房产公司将原值为300万元的闲置用房向乙企业投资，协议规定，甲房地产公司每月向乙企业收取固定收入3万元，甲房产公司不承担经营风险。当年实际取得收益18万元。房产所在地规定计算房产余值的扣除比例为30%。请计算甲房产公司以房产投资的应纳房产税额。

分析：

$$应纳税额 = 300 \times (1 - 30\%) \times 1.2\% \times 6 \div 12 + 18 \times 12\% = 4.68（万元）$$

4.3 房产税税收优惠

房产税的税收优惠政策包括免税政策和暂免征收政策两部分。

1. 免纳房产税的房产

(1) 国家机关、人民团体、军队自用的房产。

(2) 由国家财政部门拨付事业经费的单位自用的房产。

(3) 宗教寺庙、公园、名胜古迹自用的房产。

(4) 个人所有非营业用的房产。

(5) 经财政部批准免税的其他房产。

2. 暂免征收房产税的房产

对按政府规定价格出租的公有住房和廉租住房，暂免征收房产税，具体包括：

(1) 企业和自收自支事业单位向职工出租的单位自有住房。

(2) 房管部门向居民出租的公有住房。

(3) 落实私房政策中带户发还产权并以政府规定租金标准向居民出租的私有住房等。

3. 特别规定

(1) 鉴于房地产企业开发的商品房在出售前，对房地产企业而言是一种产品，因此，对房地产企业建造的商品房，在售出前，不征收房产税；但对售出前房地产企业已使用或出租、出借的商品房应按规定征收房产税。

(2) 凡是在基建工地为基建工地服务的各种工棚、材料棚、休息棚和办公室、食堂、茶炉房、汽车房等临时性房屋，不论是施工企业自行建造还是由基建单位出资建造交施工企业使用的，在施工期间，一律免征房产税。但是，如果在基建工程结束以后，施工企业将这种临时性房屋交还或者估价转让给基建单位的，应当从基建单位接收的次月起，依照规定征收房产税。

(3) 纳税人纳税确有困难的，可由省、自治区、直辖市人民政府确定，定期减征或者免征房产税。

4.4 房产税的征收管理

1. 纳税义务发生时间

(1) 纳税人将原有房产用于生产经营，从经营之月起征收房产税。

(2) 纳税人自建的房屋，自建成之次月起征收房产税。

(3) 纳税人委托施工企业建设的房屋，从办理验收手续之次月起征收房产税。

(4) 纳税人购置新建商品房，自房屋交付使用之次月起征收房产税。

(5) 纳税人购置存量房，自办理房屋产权转移、变更登记手续，房地产权属登记机关签发房屋权属证书之次月起征收房产税。

(6) 纳税人在办理验收手续前已使用或出租，出借的新建房屋，应按规定征收房产税。

(7) 房地产企业自用、出租、出借本企业建造的商品房，自房屋使用或者交付使用的次月起计征房产税。

2. 征收方式及纳税期限

房产税实行按年计征、分期缴纳的征收方法，分期缴纳包括分季或分半年缴纳，具体纳税期限由省、自治区、直辖市人民政府确定。

分期缴纳房产税的纳税人，应自期满之日起 15 日内申报缴纳，每期缴纳的税款应按全年税款平均到各期均衡缴纳。纳税人未按规定的期限或金额申报缴纳的，其滞纳金从纳税期限届满的次日起加收。按日加收滞纳税款 5‰的滞纳金。

3. 征收机关

房产税由房产所在地的税务机关征收。

4. 纳税地点

房产税在房产所在地缴纳。房产不在同一地方的纳税人，应该按照房产的坐落地点分别向房产所在地的税务机关缴纳。

5. 纳税申报

房产税的纳税人应该按照《中华人民共和国房产税暂行条例》的有关规定，及时办理纳税申报，并如实填写“房产税纳税申报表”。

第5章　印花税和契税

5.1　印　花　税

5.1.1　印花税概述

1. 印花税定义

印花税是对经济活动和经济交往中设立、领受具有法律效力的凭证的行为所征收的一种税。印花税因纳税人是通过在应税凭证上粘贴印花税票来完成纳税义务而得名。印花税属于行为税，具有使用范围广、税率低、税负轻、纳税人自行完税的特点。

印花税是一个很古老的税种，于公元1624年起源于荷兰，后来成为世界上普遍采用的一个税种。印花税的名字来自中国，早期清政府提出了印花税的概念。辛亥革命后，北洋政府于1912年10月公布了《印花税法》，并于1913年起开始实施。中华人民共和国成立后，中央政府于1950年1月30日公布了《全国税政实施要则》，于12月公布了《印花税暂行条例》，并于1951年1月公布了《印花税暂行条例施行细则》，从此统一了印花税法。1958年税改时，中央取消了印花税，将其并入工商统一税。1988年8月6日，国务院发布了《中华人民共和国印花税暂行条例》，规定在全国恢复统一开征印花税。

2. 印花税纳税义务人

印花税的纳税义务人是指在中国境内书立、领受《中华人民共和国印花税暂行条例》所列举的经济凭证的单位和个人。这里所称的单位包括：企业、行政单位、事业单位、军事单位、社会团体、其他单位；个人包括：个体工商户和其他个人。

上述单位和个人，按照书立、使用、领受应税凭证的不同，具体分为以下几类：

(1) 立合同人。立合同人是书立各类合同的纳税人，即合同的当事人。是对凭证有直接权利义务关系的单位和个人，但不包括保人、证人、鉴定人。各类合同包括：购销合同、加工承揽合同、建设工程勘察设计合同、建筑安装工程承包合同、财产租赁合同、货物运输合同、仓储保管合同、借款合同、财产保险合同、技术合同或者其他具有合同性质的凭证。

(2) 立据人。立据人是订立各种财产转移书据的纳税人,是指土地、房屋权属转移过程中买卖双方的当事人。如果书据是由两方或者两方以上的当事人共同书立的,则各方都是纳税人。

(3) 立账簿人。立账簿人是建立并使用营业账簿的单位和个人。

(4) 领受人。领受人是领取并持有权利、许可证照的单位和个人。即证照上记载的权利所有人,如土地使用证、房产证等证件上记载的产权所有人。

(5) 使用人。使用人是在国外书立、领受,但在国内使用应税凭证的单位和个人。

(6) 各类电子应税凭证的签订人。各类电子应税凭证的签订人是以电子形式签订的各类应税凭证的单位和个人。

3. 印花税纳税范围

凡属于《中华人民共和国印花税暂行条例》中列举的征税范围内的凭证,无论其书立形式、书立名称,均应当按规定纳税。没有列举的凭证不征税。应税凭证是指在中国境内使用并且具有法律效力,受中国法律保护的凭证,一般情况下,是指应税合同、应税产权转移书据和营业账簿。

5.1.2 印花税应纳税额的计算

1. 计税依据

1) 一般规定

(1) 购销合同的计税依据为购销合同记载的金额,不得作任何扣除,特别是调剂合同和易货合同,均应包括调剂、易货的金额。

(2) 加工承揽合同的计税依据是加工或承揽收入的金额(区分与消费税的委托加工)。其具体规定如下:

① 委托方提供原材料,受托方收取加工费及提供辅料的,双方就加工费及辅料费按加工承揽合同计算贴花。

② 受托方提供原材料及辅料,并收取加工费的,凡在合同中分别记载加工费金额和原材料金额的,原材料和辅料按购销合同计税,加工费按加工承揽合同计税;若合同未分别记载原材料及辅料和加工费金额的,一律就全部金额按加工承揽合同计税贴花。

(3) 建设工程勘察设计合同的计税依据为勘察、设计收取的费用。

(4) 建筑安装工程承包合同的计税依据为承包金额,不得剔除任何费用。

如果施工单位将自己承包的建筑项目再分包或转包给其他施工单位,其所签订的分包或转包合同,仍应按所载金额另行贴花。

(5) 财产租赁合同的计税依据为租赁金额。计算时需要注意以下两点:

① 税额超过1角不足1元的按照1元贴花。

② 财产租赁合同只是规定月(天)租金标准,而不确定租期的,先定额5元贴花,实际结算时按实际金额计税,补贴印花。

(6) 货物运输合同的计税依据为取得的运输费金额,不包括所运货物的金额、装卸费和保险费等。

(7) 仓储保管合同的计税依据为仓储保管的费用。

(8) 借款合同的计税依据为借款金额,只包括本金,不包括利息。

(9) 财产保险合同的计税依据为支付(收取)的保险费金额,不包括所保财产的金额。

(10) 技术合同计税依据为合同所载的价款、报酬或使用费。

对技术开发合同,研究开发经费不作为计税依据,只就合同所载的报酬金额计税;技术转让合同中的转让收入,是按销售收入的一定比例收取或按实现利润分成的,可在签订时先按定额5元贴花,以后结算再按实际金额计税,补贴印花。

(11) 产权转移书据的计税依据为所记载的金额。

(12) 营业账簿中记载资金的账簿的计税依据为实收资本和资本公积合计的金额。其他账簿的计税依据为应税凭证件数。

(13) 权利、许可证照(包括:营业执照、专利证、房屋产权证等)的计税依据为应税凭证件数。

2) 特殊规定

(1) 同一凭证,因载有两个或者两个以上经济事项而适用不同税目税率,如分别记载金额的,应分别计算应纳税额,相加后按合计税额贴花;如未分别记载金额的,按税率高的计税贴花。

(2) 按金额比例贴花的应税凭证,未标明金额的,应按照凭证所载数量及国家牌价计算金额;没有国家牌价的,按市场价格计算金额,然后按规定税率计算应纳税额。

(3) 应纳税凭证所载金额为外国货币的,纳税人应按照凭证书立当日的我国国家外汇管理局公布的外汇牌价折合人民币,计算应纳税额。

(4) 应纳税额不足1角的免征印花税;应纳税额在1角以上的,其税额尾数不满5分的不计,满5分的按1角计算缴纳。

(5) 应税合同在签订时就已经发生纳税义务,故无论合同是否兑现或者是否按期兑现,都应该计税贴花。

(6) 跨地区经营的分支机构使用的营业账簿,应由各分支机构在其所在地缴纳印花税。对上级单位核拨资金的分支机构,其记载资金的账簿按核拨的账面资金数额计税额贴花,其他账簿按定额贴花;对上级单位不核拨资金的分支机构,只就其他账簿按定额贴花。为避免对同一资金重复计税贴花，上级单位记载资金的账簿，应按扣除拨给下属机构资金数额后的其余部分计税贴花。

(7) 施工单位将自己承包的建设项目，分包或转包给其他施工单位所签订的分包或转包合同，应按新的分包合同或转包合同所记载的金额计算应纳税额。

2. 税目税率

印花税的税目，指印花税法明确规定的应当纳税的项目，它具体划定了印花税的征税范围。一般地说，列入税目的就要征税，未列入税目的就不征税。印花税共有13个税目，包括：购销合同，加工承揽合同，建设工程勘察设计合同，建筑安装工程承包合同，财产租赁合同，货物运输合同，仓储保管合同，借款合同，财产保险合同，技术合同，产权转移书据，营业账簿，权利、许可证照。

印花税的税率设计，遵循税负从轻、共同负担的原则，所以，税率比较低。印花税的税率有比例税率和定额税率两种形式。

1) 比例税率

比例税率适用于载有金额的应税凭证，包括：各种合同及具有合同性质的凭证、产权转移书据、记载资金的账簿等。印花税的计算大部分采用比例税率。

印花税的比例税率分为4个档次，分别为1‰、0.5‰、0.3‰、0.05‰。具体规定如下：

(1) 适用1‰税率的为：财产租赁合同、仓储保管合同、财产保险合同。

(2) 适用0.5‰税率的为：加工承揽合同、建设工程勘察设计合同、货物运输合同、产权转移书据、记载资金的营业账簿。

(3) 适用0.3‰税率的为：购销合同、建筑安装工程承包合同、技术合同。

(4) 适用0.05‰税率的为：借款合同。

2) 定额税率

定额税率适用于无法记载金额或者虽记载金额，但作为计税依据明显不合理的凭证。在印花税的13个税目中只有权利许可证照、营业账簿中的其他账簿适用定额税率。这类凭证按件计税贴花，税额为5元。

印花税的税目税率具体情况见表5.1。

表5.1 印花税税目税率表

序号	税目	范围	税率	纳税人	说明
1	购销合同	包括供应、预购、采购、购销、结合及协作、调剂等合同	按购销金额的0.3‰贴花	立合同人	

（续表）

序号	税目	范围	税率	纳税人	说明
2	加工承揽合同	包括加工、定作、修缮、修理、印刷、广告、测绘、测试等合同	按加工或承揽收入的0.5‰贴花	立合同人	
3	建设工程勘察设计合同	包括勘察、设计合同	按收取费用的0.5‰贴花	立合同人	
4	建筑安装工程承包合同	包括建筑、安装工程承包合同	按承包金额的0.3‰贴花	立合同人	
5	财产租赁合同	包括租赁房屋、船舶、飞机、机动车辆、机械、器具、设备等合同	按租赁金额的1‰贴花。税额不足1元，按1元贴花	立合同人	
6	货物运输合同	包括民用航空运输、铁路运输、海上运输、联运合同	按运输费用的0.5‰贴花	立合同人	单据作为合同使用的，按合同贴花
7	仓储保管合同	包括仓储、保管合同	按仓储保管费用的1‰贴花	立合同人	仓单或栈单作为合同使用的，按合同贴花
8	借款合同	银行及其他金融组织和借款人	按借款金额的0.05‰贴花	立合同人	单据作为合同使用的，按合同贴花
9	财产保险合同	包括财产、责任、保证、信用等保险合同	按保险费收入的1‰贴花	立合同人	单据作为合同使用的，按合同贴花
10	技术合同	包括技术开发、转让、咨询、服务等合同	按所载金额的0.3‰贴花	立合同人	
11	产权转移书据	包括财产所有权、版权、商标专用权、专利权、专有技术使用权、土地使用权出让合同、商品房销售合同等	按所载金额的0.5‰贴花	立据人	

（续表）

序号	税目	范围	税率	纳税人	说明
12	营业账簿	生产、经营用账册	记载资金的账簿，按实收资本和资本公积合计金额的0.5‰贴花 其他账簿按件计税，5元/件	立账簿人	
13	权利、许可证照	包括政府部门发给的房屋产权证、工商营业执照、商标注册证、专利证、土地使用证	按件贴花5元	领受人	

3. 应纳税额的计算

纳税人应根据纳税凭证的性质，按照适用税率或税额标准计算应纳税额。其应纳税额计算公式如下。

（1）按比例税率计算应纳税额：

$$应纳税额 = 应纳税凭证计税金额 \times 适用税率$$

（2）按定额税率计算应纳税额：

$$应纳税额 = 应纳税凭证数量 \times 适用税率$$

案例分析 5.1

某市一家房地产企业成立于2016年3月，当年领受工商营业执照、房屋产权证、土地使用证各一件；与某建筑设计院签订建筑合同一份，金额200万元；订立产品购销合同一件，金额为80万元；与某银行订立借款合同一份，金额为1 000万元。此外，企业营业账簿中“实收资本”科目载有金额800万元，设立营业账簿10本。2016年12月该房地产企业“实收资本”所载资金增加为1 200万元。

计算该房地产企业2016年3月应缴纳印花税额和12月应补缴的印花税额。

分析：

（1）领受权利、许可证照应纳税额：

$$应纳税额 = 3 \times 5 = 15(元)$$

（2）签订勘察设计合同应纳税额：

$$应纳税额 = 2\ 000\ 000 \times 0.5‰ = 1\ 000(元)$$

(3) 订立购销合同应纳税额：

$$应纳税额 = 800\,000 \times 0.3‰ = 240(元)$$

(4) 订立借款合同应纳税额：

$$应纳税额 = 10\,000\,000 \times 0.05‰ = 500(元)$$

(5) 营业账簿中“实收资本”所载金额应纳税额：

$$应纳税额 = 8\,000\,000 \times 0.5‰ = 4\,000(元)$$

(6) 其他营业账簿应纳税额：

$$应纳税额 = 10 \times 5 = 50(元)$$

(7) 2016 年 3 月份企业应纳印花税额：

$$应纳税额 = 15 + 1\,000 + 240 + 500 + 4\,000 + 50 = 5\,805(元)$$

(8) 2016 年 12 月份资金账簿应补缴印花税额：

$$应补缴税额 = (12\,000\,000 - 8\,000\,000) \times 0.5‰ = 2\,000(元)$$

5.1.3 印花税的税收优惠

下列凭证按规定可免征印花税：

(1) 已缴纳印花税凭证的副本或者抄本，但以副本或抄本作为正本使用的应该另行贴花。

(2) 财产所有人将财产赠给政府、社会福利单位、学校所立的书据。这里所称的社会福利单位，是指抚养孤老伤残人员的社会福利单位。

(3) 国家指定的收购部门与村民委员会、农民个人书立的农副产品收购合同。

(4) 无息、贴息贷款合同。无息贴息贷款合同，是指我国各商业银行按照国家金融政策发放的无息贷款，以及由各商业银行发放并由财政部门或中国人民银行给予贴息的贷款项目所签订的贷款合同。

(5) 外国政府、国际金融组织向中国政府、国家金融机构提供优惠贷款所书立的合同。

(6) 企业改制前签订但尚未履行完成的各类应税合同，改制后需要变更执行主体的，对仅改变执行主体、其余条款未发生变动且改制前已经贴花的，不再贴花。

(7) 农民专业合作社与本社成员签订的农业产品和农业生产资料购销合同。

(8) 农牧业保险合同。

(9) 房地产管理部门与个人签订的用于生活居住的租赁合同。

（10）与廉租住房、经济适用住房相关的合同。

5.1.4 印花税的征收管理

1. 纳税方法

印花税的缴纳方法与其他税种有所不同，采取贴花纳税。根据税额大小、贴花次数，以及税收征收管理的需要，具体有以下三种纳税方法。

1）自行贴花

自行贴花办法即“三自”纳税办法，是指纳税人在发生纳税义务时，应当根据应税凭证的性质和适用的税目税率，自行计算应纳税额，自行购买印花税票，自行一次贴足印花税票并加以注销或画销。这种办法，一般适用于应税凭证较少或者贴花次数较少的纳税人。

2）汇贴或汇缴

为简化贴花手续，应纳税额较大或者贴花次数频繁的，纳税人可向税务机关提出申请，采取以缴款书代替贴花或者按期汇总缴纳的办法。

“汇贴”办法，是指一份凭证应纳税额超过500元的，应当向当地税务机关申请填写缴款书或者完税证明，将其中一联粘贴在凭证上或者由税务机关在凭证上加盖完税标记代替贴花；“汇缴”办法，是指同一种类应税凭证，需要频繁贴花的，应当向当地税务机关申请按期汇总缴纳印花税。汇总缴纳的期限由当地税务机关确定，但最长期限不得超过1个月，缴纳方式一经确定，1年内不得改变。

3）委托代征

委托代征办法是指通过税务机关的委托，由发放或者办理应纳税凭证的单位代为征收印花税税款。税务机关与代征单位签订代征委托书，并按代征金额5%的比例支付代征手续费。

2. 纳税环节

印花税应在书立或者领受时贴花。具体来说就是，在合同签订时、账簿启用时或证照领受时贴花。如果合同在国外签订，并且不方便在国外贴花，应于将合同带入境内时办理贴花纳税手续。

3. 纳税地点

印花税一般实行就地纳税，即印花税的纳税地点一般为印花税应税行为发生时的地点。对于全国性商品物资订货会（包括展销会、交易会等）所签合同，由纳税人回其所在地办理贴花；对于地方主办，不涉及省际关系的订货会所签合同，由各省、自治区、直辖市人民政府自行确定纳税地点。

4. 纳税期限

印花税的纳税期限是在印花税应税凭证书立、领受时贴花完税的。对实行印花税汇总缴纳的单位，缴款期限最长不得超过 1 个月。只办理税务注册登记的机关、团体、部队、学校等印花税纳税单位，可在次年 1 月底前到当地税务机关申报上年税款。

5. 征收机构

印花税由税务机关负责征收管理。

6. 纳税申报

凡印花税纳税单位均应按季进行申报，于每季度终了后 10 日内向所在地地方税务机关报送“印花税纳税申报表”或“监督代表报告表”。

5.2 契　　税

5.2.1 契税概述

1. 契税定义

契税是土地、房屋权属转移时向其承受者征收的一种税，属于财产转移税。就房屋买卖而言，契税由买房者缴纳。

我国契税历史悠久，最早起源于东晋时期的“估税”。中华民国成立后，1914 年颁布了契税条例，规定税率和一些免税规定。新中国成立后，1950 年颁布了《契税暂行条例》，规定对土地、房屋的买卖、典当、赠与和交换征收契税。1954 年对《契税暂行条例》进行了部分修改，规定对公有制单位承受土地、房屋权属转移免征契税。社会主义改造完成以后，土地禁止买卖和转让，土地契税的征收也随之停止，导致了契税征收范围的缩小和收入额的减少。改革开放后，国家重新调整了土地、房屋管理方面的有关政策，房地产市场逐步得到了恢复和发展。全国契税征管工作从 1990 年开始全面恢复，自此契税收入连年大幅度增加。为适应建立和发展社会主义市场经济形势的需要，充分发挥契税筹集财政收入和调控房地产市场的功能，对《契税暂行条例》进行了修订，国务院 1997 年 7 月 7 日发布了《中华人民共和国契税暂行条例》，并于同年 10 月 1 日起开始实施。

目前，契税已成为地方财政收入的固定来源，在全国，地方契税收入呈迅速上升态势。各类土地、房屋权属转移，方式各不相同，契税定价方法，也各有差异。

2. 契税纳税义务人

《中华人民共和国契税暂行条例》规定：契税的纳税义务人是在中华人民共和国实际税收行政管辖范围内转移土地、房屋权属，承受的单位和个人。土地、房屋权属是指土地使用权和房屋所有权。这里所称的单位是指企业单位、事业单位、国家机关、军事单位和社会团体，以及其他组织。个人是指个体经营者及其他个人，包括中国公民和外籍人员。

3. 契税纳税范围

契税的征税对象是在我国境内发生土地、房屋权属转移的土地和房屋。具体包括：国有土地使用权出让；土地使用权的转让（包括出售、赠予、交换）；房屋买卖；房屋赠与；房屋交换。

1）国有土地使用权出让

国有土地使用权出让，是指土地使用者向国家交付土地使用权出让费用，国家将国有土地使用权在一定年限内让与土地使用者的行为。可以使用拍卖、招标、双方协议的方式。国有土地使用权出让，受让者计算应缴纳的契税时，以向国家缴纳的出让金为依据，不可以因减免土地出让金而减免契税。

2）土地使用权转让

土地使用权转让，是指土地使用者将土地使用权转移给其他单位和个人的行为。可以使用出售、赠与、交换或者其他方式。土地使用权转让，不包括农村集体土地承包经营权的转移。

3）房屋买卖

房屋买卖是以货币为媒介，出卖者向购买者过渡房产所有权的交易行为。以下三种情况，视同买卖房屋。

(1) 以房产抵债或实物交换房屋。经当地政府和相关部门批准，以房屋抵债或实物交换房屋，都视同房屋买卖，应由产权承受人，按房屋现值缴纳契税。对已经缴纳契税的购房单位和个人，在未办理房屋权属变更登记前退房的，可退还已缴纳的契税；在办理变更登记后退房的，不可以退还已缴纳的契税。

例如：A房地产企业因无力偿还B企业债务，而以企业自有的房产抵偿债务。经过双方同意及相关部门批准，B企业取得A房地产企业的房屋产权，在办理产权过户手续时，按房产实际折价款计算缴纳契税。若以实物交换房屋，视同以货币购买房屋。

(2) 以房产作投资或股权转让。以房屋作投资或股权转让的交易业务属于房屋产权转移，应当根据我国房地产管理的有关规定，办理房屋产权交易和产权变更登记手续，由产权承受方按投资房产现值缴纳契税。以自有房产作股投入本人独资经营的企业，免纳契税。因为产权和使用权所有人未发生变化，不需要办理房产变更手续。

例如：某市A房地产企业以自有房产投资于B企业，该房屋产权所有人变为B企业。因此，B企业在办理产权登记手续后，按照A房地产企业入股房产的现值缴纳契税。国有企事业房产除外，须经国有资产管理部门评估核价。

(3) 买房拆料或翻建新房，应照章纳税。单位或个人购买房产，不论其买房目的是取得该房产的建筑材料还是重新翻建该房，都应该先办理房屋产权变更手续并按买价缴纳契税。

4）房屋赠与

房屋赠与是指房屋产权所有人将房屋无偿转让给他人所有的行为。房屋赠与必须以产权无纠纷且赠与人与受赠人双方完全自愿为前提。其中，赠与人是指将自己的房屋转交给他人的法人和自然人；受赠人是指接受他人房屋的法人和自然人。赠与房屋要有书面合同，并到房地产管理机关办理登记过户手续，才具有法律效力。涉及涉外关系的还需要取得公证处证明和外事部门认证，才有效。房屋的赠与方不纳土地增值税，但承受方应纳契税。

5）房屋交换

房屋交换是指房屋所有者之间相互交换房屋的行为。其行为主体包括：公民、房地产管理部门，以及企事业单位、机关。

房屋交换行为包括两方面内容：

(1) 房屋使用权交换。经房屋所有人协商同意，可通过变更租赁合同，办理过户手续交换房屋使用权。但交换使用权的房屋，其所有权没有发生变化，房屋使用权交换不属于房屋所有权转移范畴，不征收契税。

(2) 房屋所有权交换。其包括房屋的使用权、空闲房屋的分配权和房屋的处分权，交换双方都是房屋所有人，应按照规定征收契税。

特别注意：

在契税的计算中，注意过户与否是一个关键点。

对承受国有土地使用权所应支付的土地出让金，要计征契税。不得因减免土地出让金而减免契税。

5.2.2 契税应纳税额的计算

1. 计税依据

契税以不动产的价格为计税依据。由于土地、房屋权属转移方式不同，定价方法不同，因而具体计税依据视不同情况有所不同，包括以下几种：

(1) 国有土地使用权出让、土地使用权出售、房屋买卖，以成交价格为计税依据。

成交价格是指土地、房屋权属转移合同确定的价格，包括承受者应交付的货币、实物、无形资产或者其他经济利益。

买卖装修的房屋，计税依据应包括装修费用。

(2) 土地使用权赠与、房屋赠与，由征收机关参照土地使用权出售、房屋买卖的市场价格核定。

(3) 土地使用权交换、房屋交换,以所交换的土地使用权、房屋的价格差额为计税依据。也就是说,等价交换时,免征契税;非等价交换时,由多交付货币、实物、无形资产或者其他经济利益的一方缴纳契税。

为了避免纳税人隐瞒、虚报成交价格,偷税、逃税,税法规定,成交价格明显低于市场价格且无正当理由的,或所交换土地使用权、房屋的价格差额明显不合理且无正当理由的,征收机关可参照市场价格核定。

(4) 以划拨方式取得土地使用权,经批准转让房地产时,需由转让者补缴契税,并以补缴的土地使用权出让费用或者土地收益为计税依据。

(5) 房屋附属设施征收契税的依据有两种情况:

① 采取分期付款方式购买房屋附属设施土地使用权、房屋所有权的,按合同规定的总价款计征契税。

② 承受的房屋附属设施权属若为单独计价的,按当地确定的适用税率征收契税;若与房屋统一计价的,适用与房屋相同的契税税率。

(6) 个人无偿赠与不动产行为,除法定继承人外,应对受赠人全额征收契税。

2. 税率

由于我国经济发展极不平衡,各地区经济差别较大,因此契税实行的是3%~5%的幅度税率。各省、自治区、直辖市人民政府可根据本地区的实际情况,在3%~5%的幅度税率规定范围内决定适用的税率。具体的税目税率见表5.2。

表5.2 契税的税目税率表

征税对象	纳税人	税率
国有土地使用权出让	承受方	3%~5% 由省、自治区、直辖市人民政府根据本地实际情况确定
土地使用权转让	买方	
房屋买卖	买方	
房屋赠与	受赠方	
房屋交换	支付差价方	

3. 应纳税额的计算

契税采用的是比例税率,从价计征。当计税依据确定以后,应纳税额的计算公式为:

$$应纳税额 = 计税依据 \times 税率$$

国家税务总局规定:出让国有土地使用权,契税计税价格为承受人为取得该土地使用权而支付的全部经济利益。对通过"招、拍、挂"程序承受国有土地使用权的,应按照土地成交总价款计征契税,其中的土地前期开发成本不得扣除。

案例分析 5.2

某市区A房地产企业欠B企业工程款120万元,因B企业急需资金,A房地产企业以一套价值100万元的房产抵偿所欠B企业债务,B企业取得该房产产权的同时向A房地产企业支付差价款20万元。契税税率为5%。计算应纳契税税额。

分析:

以房屋抵债的,应由产权承受人,按房屋现值缴纳契税。本题中承受房屋权属转移的为B企业,故由B企业缴纳契税。

$$应纳契税税额 = 120 \times 5\% = 6(万元)$$

案例分析 5.3

A房产企业有三套房产,因资金短缺,将其中一套出售给B企业,成交价格为90万元;将另两套房产与C企业交换成一套位于市中心房产,并收到换房差价款50万元。契税税率为3%。计算A、B、C相关行为应缴纳的契税额。

分析:

房屋出售的,由房产承受人按成交价格缴纳契税;房屋交换的,由支付差价一方按照支付的差价纳税。

A房产企业不缴纳契税。

$$B企业应纳契税税额 = 90 \times 3\% = 2.7(万元)$$

$$C企业应纳契税税额 = 50 \times 3\% = 1.5(万元)$$

5.2.3 契税的税收优惠

1. 税收优惠的一般规定

(1) 国家机关、事业单位、社会团体、军事单位承受土地、房屋用于办公、教学、医疗、科研和军事设施的,免征契税。

(2) 城镇职工按规定第一次购买公有住房,免征契税。

财政部、国家税务总局规定:自2 000年11月29日起,对各类公有制单位为解决职工住房而采取集资建房方式建成的普通住房,或由单位购买的普通商品住房,经当地县以上人民政府房改部门批准、按照国家房改政策出售给本单位职工的,如属职工首次购买住房,均参照《中华人民共和国契税暂行条例》相关规定,免征契税。

对个人首次购买90平方米以下普通住房的，契税税率暂统一下调到1%。

(3) 因不可抗力灭失住房而重新购买住房的，酌情减免。其中，不可抗力指的是自然灾害、战争等不能预见、不可避免，并不能克服的客观情况。

(4) 土地、房屋被县级以上人民政府征用、占用后，重新承受土地、房屋权属的，由省级人民政府确定是否减免。

(5) 承受荒山、荒沟、荒丘、荒滩土地使用权，并用于农、林、牧、渔业生产的，免征契税。

(6) 经外交部确认，依照中国有关法律规定以及中国缔结或参加的双边和多边条约或协定，应当予以免税的外国驻华使馆、领事馆、联合国驻华机构及其外交代表、领事官员和其他外交人员承受土地、房屋权属，免征契税。

(7) 对拆迁居民因拆迁重新购置住房的，对购房成交价格中相当于拆迁补偿款的部分免征契税，成交价格超过拆迁补偿款的，对超过部分征收契税。

(8) 公租房经营单位购买住房作为公租房的，免征契税。

2. 税收优惠的特殊规定

1) 企业公司制改造

非公司制企业，按照《中华人民共和国公司法》的规定，整体改建为有限责任公司(含国有独资公司)或股份有限公司，或者有限责任公司整体改建为股份有限公司的，对改建后的公司承受原企业土地、房屋权属，免征契税。

非公司制国有独资企业或国有独资有限责任公司，以其部分资产与他人组建新公司，且该国有独资企业(公司)在新设公司中所占股份超过50%的，对新设公司承受该国有独资企业(公司)的土地、房屋权属，免征契税。

2) 企业股权重组转让

在股权转让中，单位、个人承受企业股权，企业土地、房屋权属不发生转移，不征收契税。对国有控股公司以部分资产投资组建新公司，并且该国有控股公司占新公司股份85%以上的，对新公司承受该国有控股公司的土地、房屋权属免征契税。这里所称国有控股公司，是指国家出资额占有限责任公司资本总额50%以上，或国有股份占股份有限公司股本总额50%以上的国有控股公司。

3) 企业合并

依据法律规定、合同约定，两个或两个以上的企业，合并改建为一个企业，对其合并后的企业承受原合并各方的土地、房屋权属，免征契税。

4) 企业分立

依照法律规定、合同约定，企业分设为两个或两个以上投资主体相同的企业，对派生方、新设方承受原企业土地、房屋权属，免征契税。

5）房屋附属设施

对于承受与房屋相关的附属设施所有权或土地使用权的行为，按照契税法律、法规的规定征收契税；对于不涉及土地使用权和房屋所有权转移变动的，不征收契税。这里所称的附属设施包括停车位、汽车库、自行车库、顶层阁楼以及储藏室。

6）继承土地、房屋权属

《中华人民共和国继承法》规定：法定继承人继承土地、房屋权属，不征契税。非法定继承人根据遗嘱承受死者生前的土地、房屋权属，属于赠与行为，应征收契税。其中，法定继承人包括：配偶、子女、父母、兄弟姐妹、祖父母、外祖父母。

7）其他情形

（1）经国务院批准实施债转股的企业，对债转股后新设立的公司承受原企业的土地、房屋权属，免征契税。

（2）政府主管部门对国有资产进行行政性调整和划转过程中发生的土地、房屋权属转移，不征收契税。

（3）企业改制重组过程中，同一投资主体内部所属企业之间土地、房屋权属的无偿划转，包括母公司与其全资子公司之间，同一公司所属全资子公司之间，同一自然人与其设立的个人独资企业、一人有限公司之间土地、房屋权属的无偿划转，不征收契税。

（4）公司制企业在重组过程中，以名下土地、房屋权属对其全资子公司进行增资，属同一投资主体内部资产划转，对全资子公司承受母公司土地、房屋权属的行为，不征收契税。

（5）自2011年9月1日起，婚姻关系存续期间，房屋、土地权属原归夫妻一方所有，变更为夫妻双方共有的，免征契税。

5.2.4 契税的征收管理

1. 纳税义务发生的时间

契税的纳税义务发生时间是纳税人签订土地、房屋权属转移合同的当天，或者纳税人取得其他具有土地、房屋权属转移合同性质凭证的当天。

2. 纳税期限

纳税人应当自纳税义务发生之日起10日内，向土地、房屋所在地的契税征收机关办理纳税申报，并在契税征收机关核定的期限内缴纳税款。

3. 纳税地点

契税的纳税地点为土地、房屋所在地的征收机关。

4. 征收管理

纳税人办理纳税事宜后，征收机关应向纳税人开具契税完税凭证。纳税人持契税完税凭证和其他规定的文件材料，依法向房地产管理部门办理有关土地、房屋的权属变更登记手续。房地产管理部门应向契税征收机关提供有关资料，并协助契税征收机关依法征收契税。

5. 纳税申报

自纳税义务发生之日起，纳税人应在10日内向土地、房屋所在地的契税征收机关办理纳税申报，并如实填写“契税纳税申报表”。

第6章 耕地占用税

6.1 耕地占用税概述

1987年4月1日，国务院发布了《中华人民共和国耕地占用税暂行条例》，目的是限制非农业建设占用耕地，建立发展农业专项资金，促进农业生产的全面协调发展。2007年12月，国务院修订并发布了《中华人民共和国耕地占用税暂行条例》，从2008年1月开始实施。2008年2月26日，财政部、国家税务总局公布了《中华人民共和国耕地占用税暂行条例实施细则》（财政部令第49号）。开征耕地占用税是为了合理利用土地资源，加强土地管理，保护农用耕地。其作用主要表现在，利用法律和经济手段加强土地管理，限制乱占滥用耕地，保护耕地资源，促进农业生产的稳定发展；补偿占用耕地所造成的农业生产力的损失。为大规模的农业综合开发提供必要的资金来源。

6.1.1 耕地占用税的定义及特点

耕地占用税是国家对占用耕地建房或者从事其他非农业建设的单位和个人，依据实际占用耕地面积、按照规定税额一次性征收的一种税，属于对特定土地资源占用课税。耕地占用税是国家税收的重要组成部分，具有特定性、一次性、限制性和开发性等不同于其他税收的特点，主要表现在以下几个方面：

(1) 兼具资源税与特定行为税的性质。

(2) 采用地区差别税率。

(3) 在占用耕地环节一次性课税。

(4) 税收收入专用于耕地开发与改良。

6.1.2 耕地占用税纳税范围

耕地占用税的征税范围包括纳税人为建房或从事其他非农业建设而征（占）用的国家所有和集体所有的耕地。

《中华人民共和国耕地占用税暂行条例》及其有关具体政策规定，上述耕地是指用于种植农作物的土地（包括菜地、园地）。园地包括苗圃、花圃、茶园、果园、桑园，以及其他种植经济林木的土地。耕地还包括其附属的土地，例如田间道路等。

占用鱼塘和其他农用土地建房或从事非农业建设的，视同占用耕地，应当征收耕地占用税。占用已经开发从事种植、养殖的滩涂、草场、水面和林地等从事非农业建设，由省、自治区、直辖市结合具体情况确定是否征收耕地占用税。此外，在占用之前3年内属于上述范围的耕地或农用土地，也视为耕地。

单位、个人因建设项目施工、地质勘查等需要，在一般不超过2年期间临时使用耕地，并且没有修建永久性建筑物的，也应当按照规定缴纳耕地占用税。纳税人在批准临时占用耕地的期限内恢复占用耕地原状的，可以全额退还已经缴纳的耕地占用税。

因污染、取土、采矿塌陷等损毁耕地的，比照临时占用耕地的情况，由造成损毁的单位、个人缴纳耕地占用税。

6.1.3 耕地占用税纳税义务人

耕地占用税的纳税义务人是负有缴纳耕地占用税义务的单位和个人，包括在境内占用耕地建房或者从事其他非农业建设的单位和个人。其中，单位包括：国有企业、集体企业、私营企业、股份制企业、外商投资企业、外国企业，以及其他企业和事业单位、社会团体、国家机关、军队、其他单位；个人包括：个体工商户和其他个人。

6.2 耕地占用税应纳税额的计算

1. 计税依据

耕地占用税以纳税人占用耕地的面积为计税依据，耕地面积的计量单位是平方米，按照规定的适用税额计算应纳税额，并一次性征收。

2. 税率

由于我国国土辽阔，自然地理环境复杂，造成我国不同地区之间人口和耕地资源的分布非常不均衡，有些地区人口稠密，耕地资源却相对匮乏；而有些地区人口稀少，耕地资源却比较丰富。各地区的经济发展水平也有很大差异。考虑到不同地区之间客观条件的差别，以及与之相关的税收调节力度和纳税人负担能力的差别，耕地占用税的税率采用的是地区差别幅度定额税率。具体规定见表6.1。

表6.1 耕地占用税地区差别幅度定额税率表

税　目	税额(元/平方米)
人均耕地不超过1亩的地区(以县级行政区域为单位，下同)	10～15
人均耕地超过1亩但不超过2亩的地区	8～40

（续表）

税目	税额(元/平方米)
人均耕地超过2亩但不超过3亩的地区	6～30
人均耕地超过3亩以上的地区	5～25

各地区适用税额由省、自治区、直辖市政府在规定幅度内，根据本地区实际情况核定。核定税额的平均水平不得低于财政部、国家税务总局规定的平均税额。

经济特区、经济技术开发区和经济发达、人均耕地特别少的地区，适用税额可适当提高，但提高部分最多不得超过上述规定税额标准的50%。占用基本农田的，适用税额应当在当地适用税额标准的基础上提高50%。各省、自治区、直辖市耕地占用税的平均税额见表6.2。

表6.2 各省、自治区、直辖市耕地占用税平均税额表

地区	平均税额(元/平方米)
上海	45
北京	40
天津	35
江苏、浙江、福建、广东	30
辽宁、湖北、湖南	25
河北、安徽、江西、山东、河南、重庆、四川	22.5
广西、海南、贵州、云南、陕西	20
山西、吉林、黑龙江	17.5
内蒙古、西藏、甘肃、青海、宁夏、新疆	12.5

3. 应纳税额的计算

耕地占用税以纳税人实际占用的耕地面积为计税依据，耕地面积的计量单位是平方米，按适用的定额税率计税。其计算公式为：

应纳税额 = 纳税人实际占用的耕地面积(平方米)×适用定额税率

案例分析6.1

假设某市一家房地产企业为建造建材市场占用耕地25 000平方米，所占耕地适用的定额税率为30元/平方米，计算该企业应交的耕地占用税。

分析：

$$应纳税额 = 25\,000 \times 30 = 750\,000(元)$$

案例分析 6.2

农村某村民新建住宅，经相关部门批准占用耕地400平方米。假定该地区耕地占用税额为9元/平方米，计算该村民应交的耕地占用税。

分析：

农村居民占用耕地新建住宅，按照当地适用税额减半征收耕地占用税应纳税额=400×9×50%=1 800(元)

6.3 耕地占用税的税收优惠

1. 免征耕地占用税

1) 军事设施占用耕地

(1) 地上、地下的军事指挥、作战工程。

(2) 军用机场、港口、码头。

(3) 营区、训练场、试验场。

(4) 军用洞库、仓库。

(5) 军用通信、侦察、导航、观测台站和测量、导航、助航标志。

(6) 军用公路、铁路专用线，军用通讯、输电线路，军用输油、输水管道。

(7) 其他直接用于军事用途的设施。

2) 学校、幼儿园、养老院、医院占用耕地

(1) 免税的学校，具体范围包括县级以上人民政府教育行政部门批准成立的大学、中学、小学、学历性职业教育学校，以及特殊教育学校。学校内经营性场所和教职工住房占用耕地的，按照当地适用税额缴纳耕地占用税。

(2) 免税的幼儿园，具体范围限于县级人民政府教育行政部门登记注册或者备案的幼儿园内专门用于幼儿保育、教育的场所。

(3) 免税的养老院，具体范围限于经批准设立的养老院内专门为老年人提供生活照顾的场所。

(4) 免税的医院，具体范围限于县级以上人民政府卫生行政部门批准设立的医院内专门用于提供医护服务的场所及其配套设施。医院内职工住房占用耕地的，按照当地适用税额缴纳耕地占用税。

2. 减征耕地占用税

(1) 铁路线路、公路线路、飞机场跑道、停机坪、港口、航道占用耕地，减按每平

方米2元的税额征收耕地占用税。

根据实际需要，国务院财政、税务主管部门商国务院有关部门并报国务院批准后，可以对前款规定的情形免征或者减征耕地占用税。

(2) 农村居民占用耕地新建住宅，按照当地适用税额减半征收耕地占用税。

农村烈士家属、残疾军人，鳏寡孤独，以及革命老根据地、少数民族聚居区和边远贫困山区生活困难的农村居民，在规定用地标准以内新建住宅缴纳耕地占用税确有困难的，经所在地乡(镇)人民政府审核，报经县级人民政府批准后，可以免征或者减征耕地占用税。免征或减征耕地占用税后，纳税人改变原来占地用途，而不再属于免征或减征耕地占用税的，应该按照当地适用税额补缴耕地占用税。

6.4 耕地占用税的征收管理

1. 纳税义务发生的时间

财政部、国家税务总局《关于耕地占用税平均税额和纳税义务发生时间问题的通知》(财税〔2007〕176号)规定：经批准占用耕地的，耕地占用税纳税义务发生时间为纳税人收到土地管理部门办理占用农用地手续通知的当天；未经批准占用耕地的，耕地占用税纳税义务发生时间为实际占用耕地的当天。

2. 纳税期限

耕地占用税的纳税期限为30天，即获准占用耕地的单位或个人应当在收到土地管理部门的通知之日起30日内缴纳耕地占用税。

临时占用耕地的，应当按照《中华人民共和国耕地占用税暂行条例》规定缴纳耕地占用税。纳税人在批准临时占用耕地的期限内恢复占用耕地原状的，全额退还已缴纳的耕地占用税。超过2年未恢复耕地原状的，已征耕地占用税不予退还。

3. 征收机构

耕地占用税由地方税务机关负责征收。

土地管理部门在通知单位或者个人办理占用耕地手续时，应当同时通知耕地所在地同级地方税务机关。纳税人应当在规定的时间内到指定地点缴纳税款或办理免税手续，土地管理部门凭耕地占用税完税收据或免税凭证发放建设用地批准书。

4. 纳税地点

纳税人占用耕地或其他农用地，应当在耕地或其他农用地所在地申报纳税。

5. 纳税申报

耕地占用税的纳税人应依照当地税务机关的规定及时办理纳税申报，并如实填写“耕地占用税纳税申报表”。

第 7 章 城镇土地使用税

7.1 城镇土地使用税概述

1951 年 8 月，中央人民政府政务院颁布《城市房地产税暂行条例》，规定在城市中征收房产税和地产税。1987 年 4 月 1 日，国务院发布了《中华人民共和国耕地占用税暂行条例》，加强对耕地的管理。1988 年 9 月 27 日，国务院发布了《中华人民共和国城镇土地使用税暂行条例》，并于当年 11 月 1 日起施行，该暂行条例的实施对节约用地和调节土地级差收入起到了一定的作用。2006 年 12 月 31 日，国务院颁布了第 483 号令，修订了《中华人民共和国城镇土地使用税暂行条例》，并从 2007 年 1 月 1 日开始实施。2011 年和 2013 年又对该暂行条例进行了两次修订。

7.1.1 城镇土地使用税的定义

城镇土地使用税是以土地为征税对象，以实际占用的土地面积为计税依据，对拥有土地使用权的单位和个人征收的一种税。国家开征城镇土地使用税主要目的是合理利用城镇土地，调节土地的级差收入，提高土地使用范围。我国现行的土地使用税对统一税制、公平税负、拓宽税基和增加地方财政收入都起到了积极作用。

7.1.2 城镇土地使用税征税范围

《中华人民共和国城镇土地使用税暂行条例》规定：城镇土地使用税的征税范围包括在城市、县城、建制镇和工矿区内的国家所有和集体所有的土地。城市、县城、建制镇和工矿区按照如下标准确认：

（1）城市是指经国务院批准设立的市，其征税范围包括市区和郊区。

（2）县城是指县人民政府所在地，其征税范围为县人民政府所在地的城镇。

（3）建制镇是指经省、自治区、直辖市人民政府批准设立的，符合国务院规定的镇建制标准的镇，其征税范围一般为镇人民政府所在地。

（4）工矿区是指工商业比较发达，人口比较集中的大中型工矿企业所在地，工矿区的设立必须经省、自治区、直辖市人民政府批准。

由于城市、县城、建制镇和工矿区内的不同地方，其自然条件和经济繁荣程度各不相同，税法很难对全国城镇的具体征税范围作出统一规定。因此，国家税务总局在《关于土地使用税若干具体问题的解释和暂行规定》中规定：城市、县城、建制镇、工矿区的具体征税范围，由各省、自治区、直辖市人民政府划定。建立在城市、县城、建制镇和工矿区以外的企业则不需要缴纳城镇土地使用税。财政部、国家税务总局《关于房产税、城镇土地使用税有关政策的通知》（财税〔2008〕152号）规定：公园、名胜古迹内的索道、公司经营用地，应按规定缴纳城镇土地使用税。

7.1.3 城镇土地使用税纳税义务人

《中华人民共和国城镇土地使用税暂行条例》第2条规定：凡在城市、县城、建制镇、工矿区范围内使用土地的单位和个人，为城镇土地使用税的纳税义务人。单位包括国有企业、集体企业、私营企业、股份制企业、外商投资企业、外国企业，以及其他企业和事业单位、社会团体、国家机关、军队、其他单位。个人包括个体工商户及其他个人。

城镇土地使用税的纳税人通常包括以下几类：

（1）拥有土地使用权的单位或个人。

（2）土地使用权未确定或权属纠纷未解决的，由实际使用人纳税。

（3）土地使用权共有的，由共有各方分别纳税。

（4）拥有土地使用权的单位和个人不在土地所在地的，其实际使用人和代管人为纳税人。

此外，财政部、国家税务总局《关于集体土地城镇土地使用税有关政策的通知》（财税〔2006〕56号）规定：在城镇土地使用税征税范围内实际使用应税集体所有建设用地，但未办理土地使用权流转手续的，由实际使用集体土地的单位和个人按规定缴纳城镇土地使用税。

7.2 城镇土地使用税应纳税额计算

7.2.1 城镇土地使用税计税依据

城镇土地使用税以纳税人实际占用的土地面积为计税依据，土地面积计量的单位是平方米。纳税人实际占用的土地面积按照下列办法确定：

（1）由省、自治区、直辖市人民政府确定的单位组织测定土地面积的，以测定的土地面积为准。

（2）尚未测定，但纳税人持有政府部门核发的土地使用证书的，以证书确认的土地面积为准。

(3) 尚未核发土地使用证书的,应由纳税人申报土地面积,据以纳税,待核发土地使用证书以后再作调整。

7.2.2 城镇土地使用税税率

城镇土地使用税采用定额税率,即采用分级幅度税额,按大、中、小城市和县城、建制镇、工矿区分别规定每平方米土地使用税年应纳税额。具体标准见表7.1。

表7.1 城镇土地使用税税率表

级别	人口(人)	税额(元/平方米)
大城市	50万以上	1.5～30
中等城市	20万～50万	1.2～24
小城市	20万以下	0.9～18
县城、建制镇、工矿区		0.6～12

大、中、小城市的划分以公安部门登记在册的非农业正式户口人数为依据,按照《城市规划条例》规定的标准划分,《中华人民共和国城镇土地使用税暂行条例》规定,各省、自治区、直辖市人民政府应该在规定税额幅度内,根据市政建设情况和经济繁荣程度等条件,确定所辖地区的适用税额幅度。经济落后地区,城镇土地使用税的适用税额标准可适当降低,但降低额不得超过上述规定最低税额标准的30%。经济发达地区的适用税额标准可以适当提高,但须报财政部批准。

7.2.3 城镇土地使用税应纳税额的计算

城镇土地使用税的应纳税额根据实际使用土地的面积,按税法规定的单位税额缴纳。可通过纳税人实际占用的土地面积乘以该土地所在地段适用的税额求得。

城镇土地使用税应纳税额的计算公式如下:

全年应纳税额 = 计税土地面积(平方米) × 适用税额

案例分析7.1

设在某城市的一家房地产企业使用土地面积为13 000平方米,经当地税务机关核定,该企业占用的土地为应税土地,年应纳税额为每平方米5元。计算该企业全年应纳城镇土地使用税额。

分析：

该企业全年应纳城镇土地使用税税额 = 13 000 × 5 = 65 000(元)

案例分析 7.2

某市A房地产企业总部办公楼坐落在该市繁华地段，企业土地使用证书记载的占用土地面积为4 000平方米，经相关部门确认为一等地段，该房地产企业另外设立一个分部坐落在市区三等地段，占地面积1 000平方米，该房地产企业自办一所幼儿园，其占地面积为1 800平方米，属于三等地段。该企业全年应纳城镇土地使用税额如何计算？（该市一等地段年税额5元/平方米；二等地段年税额4元/平方米；三等地段年税额3元/平方米；另该市规定幼儿园占地免征城镇土地使用税）

分析：

(1) 总部占地全年应纳税额=4 000×5=20 000(元)

(2) 分部占地全年应纳税额=1 000×3=3 000(元)

(3) A房地产企业自办幼儿园占地按规定减免征收城镇土地使用税。

(4) 故全年城镇土地使用税应纳税额=20 000+3 000=23 000(元)

7.3　城镇土地使用税的税收优惠

城镇土地使用税的税收优惠分为两类：一类是法定的免缴城镇土地使用税的优惠；另一类是由各省、自治区、直辖市的地方税务局确定减免城镇土地使用税的优惠。

1. 法定的免缴城镇土地使用税的情形

国家税务总局规定的减免城镇土地使用税主要包括以下几种情形：

(1) 国家机关、人民团体、军队自用的土地。该部分土地是指这些单位本身的办公用地和公务用地。

(2) 由国家财政部门拨付事业经费的单位自用的土地。该部分土地是指这些单位本身的业务用地。

(3) 宗教寺庙、公园、名胜古迹自用的土地。其中，宗教寺庙自用的土地是指举行宗教仪式等的用地和寺庙内宗教人员的生活用地；公园、名胜古迹自用的土地是指供公众参观游览的用地以及管理单位的办公用地。

(4) 市政街道、广场、绿化地带等公共用地。企业内的广场、道路、绿化等非社会性公共占用的土地不能免税。

(5) 直接用于农、林、牧、渔业的生产用地。该部分土地是指直接从事种植、养殖、饲养的专业用地，不包括农副产品加工场地及从事农、林、牧、渔业生产单位的生活和办公用地。

(6) 经批准开山填海整治的土地和改造的废弃土地，从使用之月起免缴城镇土地使用税 5～10 年。具体的免税期限在《中华人民共和国城镇土地使用税暂行条例》规定的期限内，由各省、自治区、直辖市地方税务机关自行确定。

(7) 企业办的医院、学校、幼儿园、托儿所，该部分用地能与企业其他用地明确区分的，免征城镇土地使用税。

(8) 对非营利性医疗机构、疾病控制机构和妇幼保健机构等卫生机构自用的土地，免征城镇土地使用税。

(9) 对行使国家行政管理职能的中国人民银行总行，所属分支机构自用的土地，免征城镇土地使用税。

(10) 免税单位无偿使用纳税单位的土地(如公安、海关等单位使用铁路、民航等单位的土地)，免征城镇土地使用税；纳税单位无偿使用免税单位的土地，纳税单位应该按照规定缴纳城镇土地使用税；纳税单位与免税单位共同使用、共有使用权土地上的多层建筑物，对纳税单位可按其占用的建筑面积占建筑总面积的比例计算缴纳城镇土地使用税。

(11) 由财政部另行规定免税的能源、交通、水利设施用地和其他用地。

此外，纳税人缴纳城镇土地使用税确有困难需要定期减免的，由省、自治区、直辖市税务机关审核后，报国家税务局批准。

2. 省、自治区、直辖市税务局确定的减免城镇土地使用税的情形

由各省、自治区、直辖市的地方税务局确定的减免城镇土地使用税的情形主要包括以下几种：

(1) 个人所有的居住房屋和院落用地。

(2) 房产管理部门在房租调整改革前经租的居民住房用地。

(3) 免税单位的职工家属宿舍用地。

(4) 民政部门举办的安置残疾人占一定比例的福利工厂用地。

(5) 集体和个人办的各类医院、学校、幼儿园、托儿所用地。

(6) 企业搬迁后原场地不使用的、企业范围内荒山等尚未利用的土地，免征城镇土地使用税。该部分免征城镇土地使用税的土地开始使用时，自使用的次月起缴纳城镇土地使用税。

(7) 对各类危险品仓库、厂房所需的防火、防爆、防毒等安全防范用地，可由各省、自治区、直辖市地方税务局确定，暂免征收城镇土地使用税。

(8) 城镇内的集贸市场(农贸市场)用地，按规定应征收城镇土地使用税。为促进集贸市场的发展并照顾各地区的不同情况，各省、自治区、直辖市地方税务局

可根据具体情况自行确定对集贸市场用地征收或免征城镇土地使用税。

(9) 对基建项目在建设期间使用的土地,原则上应该征收城镇土地使用税。为照顾实际情况,对于有些占地面积大、建设周期长、在建设期间没有经营收入的大型基建项目,纳税人纳税确有困难的,各省、自治区、直辖市地方税务局可根据具体情况自行确定予以免征或减征城镇土地使用税。

(10) 向居民供热并向居民收取采暖费的供热企业所使用为居民供热的厂房和土地免征城镇土地使用税。供热企业包括专业供热企业、兼营供热企业及为小区居民供热的物业公司等。

7.4 城镇土地使用税的征收管理

1. 纳税义务发生的时间

(1) 纳税人购置新建商品房,自房屋交付使用的次月起,缴纳城镇土地使用税。

(2) 纳税人购置存量房,自办理房屋权属转移、变更登记手续,房地产权属登记机关签发房屋权属证书的次月起,缴纳城镇土地使用税。

(3) 纳税人出租、出借房产,自交付出租、出借房产的次月起,缴纳城镇土地使用税。

(4) 以出让或转让方式有偿取得土地使用权的,应当由受让方自合同约定交付土地时间的次月起,缴纳城镇土地使用税;合同未约定交付时间的,应当由受让方自合同签订的次月起,缴纳城镇土地使用税。

(5) 纳税人新征用的耕地,自批准征用之日起满1年时,缴纳土地使用税。

(6) 纳税人新征用的非耕地,自批准征用的次月起,缴纳土地使用税。

(7) 财政部、国家税务总局《关于房产税、城镇土地使用税有关政策的通知》(财税〔2006〕186号)第2条规定,通过招标、拍卖、挂牌方式取得的建设用地,自合同约定交付土地时间的次月起,缴纳城镇土地使用税;合同未约定交付时间的,自合同签订的次月起,缴纳城镇土地使用税。

2. 纳税期限

城镇土地使用税实行按年计算,分期缴纳的征收方法,具体的缴纳期限由省、自治区、直辖市人民政府确定。各省、自治区、直辖市的税务机关结合当地的实际情况,确定的缴纳期限一般为月、季、半年或1年。

3. 征收机构

城镇土地使用税由土地所在地的地方税务机关征收,其税收收入纳入地方财政预算管理。土地管理机关应当向土地所在地的税务机关提供土地使用权属资料。

4. 纳税地点

城镇土地使用税的纳税地点为土地所在地。

纳税人使用的土地不属于同一省、自治区、直辖市管辖的，由纳税人分别向土地所在地税务机关缴纳城镇土地使用税；在同一省，自治区，直辖市管辖范围内，纳税人跨地区使用的土地，由各省、自治区、直辖市地方税务局确定纳税地点。

5. 纳税申报

城镇土地使用税的纳税人应依照当地税务机关规定的申报期限、申报内容等及时办理纳税申报，并如实填写“城镇土地使用税纳税申报表”。纳税人新征用的土地，于批准新征用之日起 30 日内办理申报登记。

第8章 土地增值税

8.1 土地增值税概述

8.1.1 土地增值税的定义

土地增值税是指国家制定的用以调整土地增值税征收与缴纳之间的权利及义务关系的法律规范。为了规范土地和房地产市场交易秩序，合理的调节土地增值收益，维护国家权益，国务院于1993年12月13日，发布了《中华人民共和国土地增值税暂行条例》，规定凡转让国有土地使用权、地上建筑物及其附着物并取得收入的单位和个人均应当依法缴纳土地增值税，该条例从1994年1月1日起开始施行。

8.1.2 土地增值税的纳税义务人

《中华人民共和国土地增值税暂行条例》第2条规定："转让国有土地使用权、地上的建筑物及其附着物并取得收入的单位和个人，为土地增值税的纳税义务人，应当依照本条例缴纳土地增值税。"不论法人与自然人、经济性质、内资与外资企业、中国公民与外籍个人和部门，只要单位和个人发生了有偿转让房地产的行为，就是土地增值税的纳税人，都要履行土地增值税的纳税义务。

8.1.3 征税范围

土地增值税的征税范围是指有偿转让国有土地使用权、地上建筑物及其附着物产权所取得的增值额。"国有土地"是指法律规定属于国家所有的土地。"地上的建筑物"是指建于土地上的一切建筑物，包括地上地下的各种附属设施。"附着物"是指附着于土地上的不能移动，一经移动即遭损坏的物品。

1. 征税范围的一般规定

(1) 土地增值税只对转让国有土地使用权的行为征税，对转让非国有土地和出让国有土地使用权的行为不征税。这里需要注意的是，对转让集体土地使用权不征税。根据《中华人民共和国土地管理法》规定，国家为了公共利益，可以依照有关规定对集体土地实行征用，依法被征用的土地属于国家所有。未经国家征用的集体土地不得转让。自行转让是一种违法行为，对于这种违法行为应按照相关法律进行处理，故不应纳入土地增值税的征收范围。

(2) 土地增值税既对转让土地使用权的行为征税，也对转让地上建筑物及其他附着物产权的行为征税。

(3) 土地增值税只对有偿转让的房地产征税，未转让不征税，未取得收入不征税。如房地产出租，虽然取得了收入，但是没有发生房地产的产权转让，不应属于土地增值税的征收范围。通过继承、赠与方式转让房地产的，虽然发生了转让行为，但是没有取得收入，也不征收土地增值税。

2. 征税范围的具体和特殊规定

(1) 以房地产进行投资联营，以房地产进行投资联营一方以土地作价入股进行投资或者作为联营条件，免征收土地增值税。其中如果投资联营的企业从事房地产开发，或者房地产企业以其建造的商品房进行投资联营的就不能暂免征税。

(2) 房地产企业将开发的房产转为自用或者用于出租等商业用途，如果产权没有发生转移，不征收土地增值税。

(3) 房地产的互换，由于发生了房产转移，因此属于土地增值税的征税范围。但是对于个人之间互换自有居住用房的行为，经过当地税务机关审核，可以免征土地增值税。

(4) 合作建房，对于一方出地，另一方出资金，双方合作建房，建成后按比例分房自用的，暂免征收土地增值税；但建成后转让的，应征收土地增值税。

(5) 房地产的出租，指房产所有者或土地使用者，将房产或土地使用权租赁给承租人使用，由承租人向出租人支付租金的行为。房地产企业虽然取得了收入，但没有发生房产产权、土地使用权的转让，因此，不属于土地增值税的征税范围。

(6) 房地产的抵押，指房产所有者或土地使用者作为债务人或第三人向债权人提供不动产作为清偿债务的担保而不转移权属的法律行为。这种情况下房产的产权、土地使用权在抵押期间并没有发生权属的变更，因此对房地产的抵押，在抵押期间不征收土地增值税。

(7) 企业兼并转让房地产，在企业兼并中，对被兼并企业将房地产转让到兼并企业中的，暂免征收土地增值税。

(8) 房地产的代建行为，是指房地产企业代客户进行房地产的开发，开发完成后向客户收取代建收入的行为。对于房地产企业而言，虽然取得了收入，但没有发生房地产权属的转移，其收入属于劳务收性质，故不属于土地增值税征税范围。

(9) 房地产的重新评估，按照财政部门的规定，国有企业在清产核资时对房地产进行重新评估而产生的评估增值，因其既没有发生房地产权属的转移，房产产权、土地使用权人也未取得收入,所以不属于土地增值税征税范围。

(10) 土地使用者处置土地使用权,土地使用者转让、抵押或置换土地,无论其是否取得了该土地的使用权属证书,无论其在转让、抵押或置换土地过程中是否与对方当事人办理了土地使用权属证书变更登记手续,只要土地使用者享有占用、使用收益或处分该土地的权利,具有合同等证据表明其实质转让、抵押或置换了土地并取得了相应的经济利益,土地使用者及其对方当事人就应当依照税法规定缴纳土地增值税和契税等。

8.2 土地增值税应纳税额的计算

8.2.1 税率

土地增值税采用四级超率累进税率。其中,最低税率为30%,最高税率为60%,见表8.1。

表8.1 土地增值税四级超率累进税率表

级数	增值额与扣除项目金额的比例	税率
1	增值额未超过扣除项目金额50%的部分	30%
2	增值额超过扣除项目金额50%,未超过100%的部分	40%
3	增值额超过扣除项目金额100%,未超过200%的部分	50%
4	超过200%的部分	60%

注:每级增值额未超过扣除项目比例,均包括本比例数。应纳税额=土地增值额×适用税率。

扣除项目是指取得土地使用权所支付的金额;开发土地的成本、费用;新建房及配套设施的成本、费用,或旧房及建筑物的评估价格;与转让房地产有关的税金;财政部规定的其他扣除项目。

1. 土地增值税的速算

凡土地增值额超过扣除项目金额50%以上的,应同时适用两档或两档以上的税率,速算公式如下:

(1) 增值额未超过扣除项目金额50%的。

土地增值税额 = 增值额×30%

(2) 增值额超过扣除项目金额50%,未超过100%的。

土地增值税额 = 增值额×40% - 扣除项目金额×5%

(3) 增值额超过扣除项目金额100%,未超过200%的。

土地增值税额 = 增值额 × 50% − 扣除项目金额 × 15%

(4) 增值额超过扣除项目金额200%的。

土地增值税额 = 增值额 × 50% − 扣除项目金额 × 35%

2. 土地增值税的计算步骤

(1) 计算转让房地产取得的收入(货币收入、实物收入)。

(2) 计算扣除项目。

① 取得土地使用权支付的金额。

② 开发土地的成本、费用。

③ 新建房及配套设施的成本、费用,或者旧房及建筑物的评估价格。

④ 与转让房地产有关的税金,包括:增值税、城市维护建设税、印花税、教育费附加。

(3) 计算增值额。

增值额 = 转让房地产的收入 − 扣除项目

(4) 计算增值率。

增值率 = 增值额 ÷ 扣除项目金额 × 100%

(5) 确定适用税率和速算扣除系数,按照计算出的增值率确定。

(6) 计算土地增值税的应纳税额。

应纳税额 = 增值额 × 适用税率 − 扣除项目金额 × 速算扣除系数

8.2.2 土地增值税收入总额的确定

根据《中华人民共和国土地增值税暂行条例》及其实施细则的规定,纳税人转让房地产取得的应税收入,应包括转让房地产的全部价款及有关的经济收益,其收入的形式包括货币收入、实物收入和其他收入三种形式。实物收入是指纳税人转让房地产而取得的各种实物形态的收入,如钢材、水泥、房屋、土地等,要按照收到时的公允价值折算成货币收入。其他收入是指纳税人转让房地产而取得的无形资产收入或具有财产价值的权利,如专利权、商标权、著作权、专有技术使用权、土地使用权、商誉权等,其价值需要进行专门的评估,在确定其价值后折算成货币收入。税法规定,土地增值税以人民币为计算单位,转让房地产所取得的收入为外国货币的,以取得收入当天或当月1日国家公布的市场汇价折合成人民币,据以计算应纳土地增值税税额。对于以分期收款形式取得的外币收入,也应按实际收款日或收款当月1日国家公布的市场汇价折合成人民币。

收入总额应按照房产面积和每平方米单价计算，包括转让房地产的全部价款及有关的经济收益。对销售合同所载商品房面积与有关部门实际测量面积不一致的，以实测面积确认收入。已全额开具商品房销售发票的，按照发票所载金额确认收入；未开具发票或未全额开具发票的，以销售合同所载的售房金额及其他收益确认收入。合同所载商品房面积与实际测量面积不一致，应在计算土地增值税时予以调整。

房地产企业将开发产品用于职工福利、职工奖励、对外投资、分配给股东或投资人、债务重组、非货币性交易等，发生所有权转移时应视同销售房地产，缴纳土地增值税。房地产企业将开发的部分房地产转为企业自用或用于出租等商业用途时，如果土地使用权未发生转移，不征收土地增值税，在税款清算时不列收入，也不扣除相应的成本和费用。

8.2.3 扣除项目及其金额的确定

1. 取得土地使用权所支付的金额

取得土地使用权所支付的金额是指纳税人为取得土地使用权所支付的地价款和按国家统一规定缴纳的有关费用。其具体包括：以出让方式取得土地使用权的，为支付的土地出让金；以行政划拨方式取得土地使用权的，为转让土地使用权时按规定补交的出让金；以转让方式取得土地使用权的，为支付的地价款；契税、缴纳有关登记、过户手续费等。

在计算取得土地使用权所支付的金额时要注意如下问题：

(1) 同一宗土地有多个开发项目，应予以分摊，分摊办法应合理、合规，具体金额的计算要正确。

(2) 不能将房地产开发费用记入取得土地使用权支付金额，以及土地征用与拆迁补偿费。

(3) 逾期开发缴纳的土地闲置费不得扣除。

2. 房地产开发成本

房地产开发成本是指房地产企业为开发一定数量的商品房所支出的全部费用，包括土地征收及拆迁安置补偿费、前期工程费、基础设施费、建安工程费、公共配套设施费和开发间接费用。

1) 土地征用及拆迁补偿费

土地征用及拆迁补偿费包括土地征用费、耕地占用税、劳动力安置费及有关地上、地下附着物拆迁补偿的净支出、安置动迁用房支出等。

动迁户采用实物安置时，企业用本项目建造的房地产安置回迁户的，安置用房视同销售处理，同时确认为房地产开发项目的拆迁补偿费。房地产企业支付给回迁户的补差价款，计入拆迁补偿费；回迁户支付给房地产企业的补差价款，应抵减本项目拆迁补偿费。企业采取异地安置，异地安置的房屋属于自行开发建造的，房屋价值按视同销售处理，并计入本项目的拆迁补偿费。异地安置的房屋属于购入的，以实际支付的购房支出计入拆迁补偿费。

动迁户采用货币安置时，房地产企业凭合法有效凭据计入拆迁补偿费。

2）前期工程费和基础设施费

前期工程费包括规划、设计、项目可行性研究和水文、地质、勘察、测绘、“三通一平”等支出。

基础设施费指开发项目在开发过程中所发生的各项基础设施支出，主要包括开发项目内道路、供水、供电、供气、排污、排洪、通讯、照明等社区管网工程费和环境卫生、园林绿化等园林环境工程费。

计算前期工程费、基础设施费应注意如下问题：

(1) 前期工程费、基础设施费应真实发生，不得虚列费用。

(2) 不可以把房地产开发费用记入前期工程费、基础设施费。

(3) 多个(或分期)项目共同发生的前期工程费、基础设施费，应按项目合理分摊。

3）建筑安装工程费

建筑安装工程费指开发项目开发过程中发生的各项建筑安装费用，主要包括开发项目建筑工程费和开发项目安装工程费等。

计算建筑安装工程费应注意如下问题：

(1) 发生的费用要与工程结算报告(书)、工程决算报告(书)、审计报告、工程施工合同记载的内容相符。

(2) 房地产企业自购建筑材料时，自购建材费用不能重复计算扣除项目。房地产企业购买建筑材料时，建材费用应直接计入“开发成本——建筑安装工程费”，不得计入施工成本。

(3) 参照当地当期同类开发项目单位平均建筑安装成本或当地建设部门公布的单位定额成本，建筑安装工程费支出要控制在合理范围内。

(4) 建筑安装发票必须在项目所在地税务机关开具。

4）公共配套设施费

公共配套设施费是指在开发区内建造的会所、物业管理场所、电站、热力站、水厂、文体场馆、幼儿园等配套设施。独立的、非营利性的，且产权属于全体业主的，或无偿赠与地方政府、政府公用事业单位的公共配套设施支出。

公共配套设施尚未建造或尚未完工的，经中介机构鉴定后可按预算造价合理预提建造费用。此类公共配套设施必须符合已在售房合同、协议或广告、模型中明确承诺建造且不可撤销,或按照法律法规规定必须配套建造的条件。计算土地增值税时,无发票不得扣除。利用地下基础设施形成的停车场所,如利用地下人防工程建造的车库,作为公共配套设施进行处理。但建设独立的、有产权的地下车库,单独核算成本。

计算建筑安装工程费应注意如下问题:

(1) 公共配套设施的界定应准确,公共配套设施费必须真实发生,不存在预提的公共配套设施费情况。

(2) 不得将房地产开发费用计入公共配套设施费。

(3) 多个(或分期)项目共同发生的公共配套设施费,应按项目合理分摊。

5) 开发间接费

开发间接费是指企业为直接组织和管理开发项目所发生的,且不能将其归属于特定成本对象的成本费用性支出,主要包括管理人员工资、职工福利费、折旧费、修理费、办公费、水电费、劳动保护费、工程管理费、利息支出、周转房摊销以及项目营销设施建造费等。开发间接费属于弹性较大的费用项目。对于营销设施建造费可以按照如下要求进行处理:对销售完成后可以对外出售的,是独立建设的建筑作为开发产品核算;销售完成后自用的建筑,先转固定资产,计提折旧后计入开发间接费;在开发的商品房中装修成营销设施,在开发成本核算并转入开发产品;不可以对外出售的临时建筑如售楼部,清理后的收入冲减开发间接费用;经营租赁的营销设施计入开发间接费。

3. 房地产开发费用

房地产开发费用是指与房地产开发项目有关的销售费用、管理费用、财务费用。房地产开发费用按照“取得土地使用权所支付的金额”和“房地产开发成本”之和的10%以内计算扣除,简称“按照建造成本的10%扣除”。计算扣除的具体比例由各省、自治区、直辖市人民政府规定。

4. 财政部规定的其他扣除项目

财政部规定的其他扣除项目是指从事房地产开发的纳税人可按照“取得土地使用权所支付的金额”和“房地产开发成本”之和加计20%扣除;简称按照建造成本的20%加计扣除。

5. 与转让房地产有关的税金

与转让房地产有关的税金是指在转让房地产时缴纳的增值税、城市维护建设税、教育费附加和印花税。《中华人民共和国土地增值税暂行条例》等规定的土地增值税扣除项目涉及的增值税进项税额,允许在销项税额中计算抵扣的,不计入扣除项目;不允许在销项税额中计算抵扣的,可以计入扣除项目。

6. 旧房及建筑物的评估价格

旧房及建筑物的评估价格是指在转让已使用的房屋及建筑物时，由政府批准设立的房地产评估机构评定的重置成本价乘以成新度折扣率后的价格。评估价格须经当地税务机关确认。纳税人转让旧房及建筑物，凡不能取得评估价格，但能提供购房发票的，经当地税务部门确认，取得土地使用权所支付的金额、新建房及配套设施的成本、费用，可按发票所载金额并从购买年度起至转让年度止，每年加计5%计算。计算扣除项目时“每年”按购房发票所载日期起至售房发票开具之日止，每满12个月计1年；超过6个月、未满12个月的，可以视同为1年（意味着不足6个月的不计算扣除额）。

7. 扣除项目的具体要求

1）提供合法有效凭证

扣除项目金额，应根据土地增值税暂行条例及其实施细则规定执行，除另有规定外，扣除取得土地使用权所支付的金额、房地产开发成本、开发费用及与转让房地产有关税金，须提供合法有效凭证；不能提供合法有效凭证的，不予扣除。扣除项目金额中所归集的各项成本和费用，必须是实际发生的，应当取得但未取得合法凭据的不得扣除。

2）质量保证金需开具发票

房地产企业在工程竣工验收后，根据合同约定，扣留建筑安装施工企业一定比例的工程款，作为开发项目的，在计算土地增值税时，建筑安装施工企业就质量保证金对房地产企业开具发票的，按发票所载金额予以扣除；未开具发票的，扣留的质量保证金不得计算扣除。

3）房地产开发费用中利息的计算

财务费用中的利息支出，凡不能提供金融机构证明的，利息不单独扣除，三项费用（指销售费用、管理费用、财务费用）的扣除按取得土地使用权所支付的金额及房地产开发成本的10%以内计算扣除。利息支出，凡能够按转让房地产项目计算分摊并提供金融机构证明的，允许据实扣除，但最高不能超过按商业银行同类同期贷款利率计算的金额。其他房地产开发费用，在按照“取得土地使用权所支付的金额”与“房地产开发成本”之和的5%以内计算扣除。利息支出凡不能按转让房地产项目计算分摊利息支出或不能提供金融机构证明的，房地产开发费用在按“取得土地使用权所支付的金额”与“房地产开发成本”之和的10%以内计算扣除。全部使用自有资金没有利息支出的，房地产开发费用在按“取得土地使用权所支付的金额”与“房地产开发成本”之和的10%以内计算扣除。土地增值税清算时，已经计入房地产开发成本的利息支出，应调整至财务费用中计算扣除。贷款逾期利息、加罚息不得扣除。

8.2.4 土地增值税应纳税额的计算

1. 土地增值税的计算方法

(1) 增值额＝销售收入总额－扣除项目金额。

(2) 增值率＝增值额÷扣除项目金额。

(3) 选择适用税率:四档税率。

(4) 土地增值税＝增值额×适用税率－扣除项目金额×扣除率。

2. 扣除项目的计算公式

扣除项目金额＝建造成本＋开发费用＋加计扣除额＋有关税金
＝建造成本＋10%×建造成本＋20%×建造成本＋有关税金

建造成本＝取得土地使用权所支付的金额＋房地产开发成本

(1) 企业开发项目的利息支出不能够提供金融机构证明的:

$$\begin{aligned}\text{扣除项目金额} &= \left(\text{建造成本} - \text{已计入开发成本的借款利息}\right)\times 1.3 + \text{与转让房地产有关的税金} \\ &= 1.3\times\text{不含息建造成本}+\text{有关税金}\end{aligned}$$

(2) 企业开发项目的利息支出能够提供金融机构证明的:

扣除项目金额＝(1.25×不含息建造成本＋有关税金)＋实际支付的利息

金融机构利息支出＞5%建造成本　据实扣除法

金融机构利息支出≤5%建造成本　比例扣除法

案例分析 8.1

金立房地产开发公司出售一幢写字楼,收入总额为 30 000 万元。开发该写字楼有关支出为:支付地价款及各种费用 3 000 万元;房地产开发成本 9 000 万元;财务费用中的利息支出为 1 500 万元(可按转让项目计算分摊并提供金融机构证明),但其中有 90 万元属加罚的利息;转让环节缴纳的有关税费共计为 955 万元;该单位所在地政府规定的其他房地产开发费用计算扣除比例为 10%。试计算该房地产开发公司应缴纳的土地增值税。

分析:

(1) 取得土地使用权支付的地价款及有关费用为 3 000 万元。

(2) 房地产开发成本为 9 000 万元。

(3) 房地产开发费用＝1 500－90＋(3 000＋9 000)×10%＝2 610(万元)。

(4) 允许扣除的税费为 955 万元。

(5) 从事房地产开发的纳税加计扣除 20%。

$$允许扣除额 = (3\ 000 + 9\ 000) \times 20\% = 2\ 400(万元)$$

(6) 允许扣除的项目金额合计＝3 000＋9 000＋2 610＋955＋2 400＝17 965(万元)。

(7) 增值额＝30 000－17 965＝12 035(万元)。

(8) 增值率＝12 035÷17 965×100%＝66.99%。

(9) 应纳税额＝12 035×40%－17 965×5%＝3 915.75(万元)。

案例分析 8.2

金立房地产开发公司“营改增”后为一般纳税人，其机构所在地在辽宁省沈阳市，该公司于 2013 年 2 月 1 日从东升公司购买房产一处(坐落地位于沈阳市)，取得了相关发票；成交价 1 000 万元、缴纳契税为 5%，并办理了过户手续。2016 年 5 月 10 日以 1 500 万元的价格将此处房产销售给了大同公司。试计算该房地产开发公司应纳的土地增值税。

分析：

(1) 计算销售房屋时应缴纳的各种税款。根据财政部、国家税务总局财税〔2016〕36 号附件 2《营业税改征增值税试点有关事项的规定》第 1 条第 8 款，国家税务总局公告 2016 年第 14 号《关于发布〈纳税人转让不动产增值税征收管理暂行办法〉的公告》第 3 条，一般纳税人销售其 2016 年 4 月 30 日前取得(不含自建)的不动产，可以选择适用简易计税方法，以取得的全部价款和价外费用减去该项不动产购置原价或者取得不动产时的作价后的余额为销售额，按照 5% 的征收率计算应纳税额。

$$应纳增值税 = (1\ 500 - 1\ 000) \div (1 + 5\%) \times 5\% = 23.81(万元)$$
$$城市维护建设税 = 23.81 \times 7\% = 1.67(万元)$$
$$教育费附加 = 23.81 \times 3\% = 0.71(万元)$$
$$印花税 = 1\ 500 \times 0.000\ 5 = 0.75(万元)$$

(2) 计算房产销售取得的收入。根据财政部、国家税务总局财税〔2016〕43 号《关于营改增后契税、房产税、土地增值税、个人所得税计税依据问题的通知》第 3 条，土地增值税纳税人转让房地产取得的收入为不含增值税收入。按财税〔2016〕36 号附件 1《营业税改征增值税试点实施办法》第 35 条的规定，简易计税方法的销售额不包括其应纳税额。

$$收入额 = 1\ 500 - 23.81 = 1\ 476.19(万元)$$

(3) 计算扣除额。根据财税〔2016〕21 号第 2 条，关于转让旧房及建筑物能提供购房发票的，经税务部门确认，购房原始成本金额，可按发票所载金额并从购买年度起至转让年度止每年加计5%计算。每年指以12个月为1年，超1年不满12个月但超6个月可视为1年。契税(有完税凭证)也可扣除(但不得作为加计扣除基数)。

$$扣除额 = 1\,000 \times (1 + 3 \times 5\%) + 30 + 1.67 + 0.71 + 0.75 = 1\,183.13(万元)$$

(4) 计算增值率。

$$增值率 = (1\,476.19 - 1\,183.13) \div 1\,183.13 \times 100\% = 24.77\%$$

(5) 计算应缴纳土地增值税金额。

$$应纳土地增值税 = 293.06 \times 30\% = 87.92(万元)$$

8.3 土地增值税的优惠政策

8.3.1 建造普通标准住宅的税收优惠

《中华人民共和国土地增值税暂行条例》第8条第1款规定，纳税人建造普通标准住宅出售，增值额未超过扣除项目金额20%的免征土地增值税。国务院办公厅转发建设部等部门《关于做好稳定住房价格工作的意见》(国办发〔2005〕26号)对普通标准住宅规定的原则条件是：

(1) 住宅小区建筑容积率在1.0以上。

(2) 单套建筑面积在120平方米以下。

(3) 实际成交价格低于同级别土地上住房平均交易价格1.2倍以下。

允许单套建筑面积和价格标准适当浮动，但向上浮动的比例不得超过上述标准的20%。

经济适用住房建设单位利润要控制在3%以内。

财税〔2006〕141号规定："普通标准住宅"的认定，可在各省级人民政府根据国办发〔2005〕26号制定的"普通住房标准"的范围内从严掌握。

案例分析8.3

金立房地产公司从事普通标准住宅开发，2016年准备出售一栋普通住宅，可以出售面积为12 000平方米，每平方米售价2 000元，预计销售收入总额2 400万元，为建该楼支付的土地出让金324万元，房地产开发成本1 200万元，其中：利息支出100万元，假设金融机构不能提供借款费用证明。可以计入扣除项目的各种税金合计132万元，当地政府规定房地产开发费用允许扣除的比例为10%。该房地产开发公司的税务专家认为住宅定价不合适，应该降低为 1 975 元。税务专家的建议是否合理？为什么？

分析：

房地产企业建造普通标准住宅出售，增值额未超过扣除项目金额 20% 的免征土地增值税。

当房屋售价为 2 000 元时，应缴纳的土地增值税计算过程如下：

(1) 收入总额＝2 000×12 000＝2 400(万元)。

(2) 扣除项目金额。

① 取得土地使用权金额＝324(万元)。

② 不含息房地产开发成本＝1 100(万元)。

③ 房地产开发费用＝(324＋1 100)×10%＝142.4(万元)。

④ 加计 20% 扣除数＝(324＋1 100)×20%＝284.8(万元)。

⑤ 扣除各种税金＝132(万元)。

扣除项目金额合计＝324＋1 100＋142.4＋284.8＋132＝1 983.2(万元)

(3) 增值额＝2 400－1 983.2＝416.8(万元)。

(4) 增值率＝416.8÷1 983.2×100%＝21.02%。

(5) 应缴纳土地增值税＝416.8×30%＝125.04(万元)。

(6) 获利金额＝2 400－324－1 100－100－132－125.04＝618.96(万元)。

由于增值率大于 20%，没有享受到建造普通标准住宅的税收优惠政策。

按照税务专家建议每平方米售价为 1 975 元的情况下，应缴纳的土地增值税计算过程如下：

(1) 收入总额＝1 975×12 000＝2 370(万元)。

(2) 扣除项目金额。

① 取得土地使用权金额＝324(万元)。

② 不含息房地产开发成本＝1 100(万元)。

③ 房地产开发费用＝(324＋1 100)×10%＝142.4(万元)。

④ 加计 20% 扣除数＝(324＋1 100)×20%＝284.8(万元)。

⑤ 扣除各种税金＝125(万元)。

扣除项目金额合计＝324＋1 100＋142.4＋284.8＋125＝1 976.2(万元)

(3) 增值额＝2 370－1 976.2＝393.8(万元)。

(4) 增值率＝393.8÷1 976.2×100%＝19.93%。

由于增值率小于 20%，免征土地增值税。

(5) 获利金额＝2 370－324－1 100－100－125＝721(万元)。

虽然房产售价降低，但由于享受了建造普通标准住宅的税收优惠政策，房地产企业获得了更多利润。故专家的建议合理。

8.3.2　国家征用、收回房地产的税收优惠

《中华人民共和国土地增值税暂行条例》第8条第2款规定因国家建设需要依法征用、收回的房地产免征土地增值税。《中华人民共和国土地增值税暂行条例实施细则》第11条解释，国家建设需要依法征用、收回的房地产是指因城市实施规划、国家建设的需要而被政府批准征用的房产或收回的土地使用权。《关于土地增值税若干问题的通知》(财税〔2006〕21)进一步明确，因"城市实施规划"而搬迁，是指因旧城改造或因企业污染、扰民，而由政府或政府有关主管部门根据已审批通过的城市规划确定进行搬迁的情况；因"国家建设的需要"而搬迁，是指因实施国务院、省级人民政府、国务院有关部委批准的建设项目而进行搬迁的情况。

8.3.3　企业以房地产投资联营的税收优惠

《关于土地增值税若干问题的通知》(财税〔2006〕21号)第1条规定，对于以房地产进行投资联营的(含单位及个人)，投资联营一方以土地(房地产)作价入股，将房地产转让到投资联营的企业中时，暂免征收土地增值税。对投资、联营企业将上述房地产再转让的，应征收土地增值税。财税〔2006〕21号补充指出，对于以土地(房地产)作价入股进行投资或联营的，凡所投资、联营的企业从事房地产开发的，或者房地产企业以其建造的商品房进行投资和联营的，均不适用财税字〔1995〕第48号第1条暂免征收土地增值税的规定。该项规定表明：以土地(房地产)作价入股投资或联营到房地产企业的，要征收土地增值税；房地产企业以其建造的商品房进行投资或联营的，要征收土地增值税。

案例分析8.4

金立房地产开发公司于2015年投资50 000万元在某市的繁华地段取得一项土地使用权，土地出让合同规定，该土地建设大型商场。金立房地产开发公司没有经营大型商场的经验，董事会决定大型商场建成后，将以商场作为投资，成立经营管理公司，将公司扩大为企业集团。公司预计大型商场建设需要投资90 000万元。建设周期为4年。大型商场建成后的价值为210 000万元。公司的税务专家认为董事会的决定不妥，建议金立公司应以土地使用权对经营管理公司投资。请问建议是否合理？为什么？

分析：

税务专家的建议是合理的。金立房地产开发公司如果以建成后的商场对外投

资，不再适用于财税字〔1995〕第48号第1条暂免征收土地增值税的规定，需要上缴土地增值税。但是如果金立公司以土地使用权50 000万元和90 000万元的资金对经营管理公司投资，再由经营管理公司委托金立公司代建，则符合财税〔2006〕第21号文件规定可以免征土地增值税。

8.3.4 合作建房的税收优惠

财政部、国家税务总局《关于土地增值税一些具体问题规定的通知》(财税字〔1995〕第48号)明确指出，对于一方出地，一方出资金，双方合作建房，建成后按比例分房自用的，暂免征收土地增值税；建成后转让的，应征收土地增值税。

案例分析8.5

甲企业属于非房地产企业，2012年通过招拍挂(招标、拍卖或挂牌等方式)受让一块土地使用权，支付土地出让金4 500万元，甲企业没有进行任何开发。2015年3月，甲企业准备将土地使用权转让给金立房地产开发公司，评估价9 500万元，可以扣除的各项税金为300万元，金地房地产开发公司税务专家建议甲企业与金立房地产开发公司合作建房，请问建议是否合理？为什么？

分析：

税务专家建议合作建房可以享受合作建房的税收优惠政策。

如果甲企业转让土地使用权，甲企业为非房地产企业，在计算土地增值税时不能扣除房地产开发费用的10%和20%，土地增值税计算过程如下：

扣除项目金额 = 4 500 + 300 = 4 800(万元)

增值额 = 9 500 − 4 800 = 4 700(万元)

增值率 = 4 700 ÷ 4 800 × 100% = 97.92%

适用税率40%，速算扣除率5%。

应缴纳土地增值税 = 4 700 × 40% − 4 800 × 5% = 1 640(万元)

如果改为合作建房，甲企业变转让土地使用权为合作建房，分得房产后，再转让房产。甲企业以土地与金立房地产开发公司合作建房，金立公司出资9 000万元，在这块土地上建同样面积的两栋写字楼，各分得一栋。假设，甲企业分得的写字楼评估价值为6 500万元。甲公司分得楼房后以9 500万元把分得的房产转让，可以扣除的税金为315万元，计算应交土地增值税过程如下：

扣除项目金额 = 6 500 + 2 250 + 315 = 9 065(万元)

增值额 = 9 500 − 9 065 = 435(万元)

增值率 = 435 ÷ 9 065 × 100% = 4.8%

适用税率为30%，速算扣除率为0。

$$应缴纳土地增值税 = 435 \times 30\% = 130.5(万元)$$

8.3.5 企业兼并的税收优惠

2014年，国务院颁布了《关于进一步优化企业兼并重组市场环境的意见》(国发14号)，明确要求营造良好的市场环境，充分发挥企业在改制重组中的主体作用，抓紧研究完善企业改制重组涉及的土地增值税政策。为落实党中央和国务院有关要求，财政部、国家税务总局联合印发了《关于企业改制重组有关土地增值税政策的通知》(财税〔2015〕5号)对企业在改制重组过程中涉及的土地增值税问题进行了具体说明。

(1) 按照《中华人民共和国公司法》的规定，非公司制企业整体改建为有限责任公司或者股份有限公司，有限责任公司(股份有限公司)整体改建为股份有限公司(有限责任公司)。对改建前的企业将国有土地、房屋权属转移、变更到改建后的企业，暂不征土地增值税。整体改建是指不改变原企业的投资主体，并承继原企业权利、义务的行为。

(2) 按照法律规定或者合同约定，两个或两个以上企业合并为一个企业，且原企业投资主体存续的，对原企业将国有土地、房屋权属转移、变更到合并后的企业，暂不征土地增值税。

(3) 按照法律规定或者合同约定，企业分设为两个或两个以上与原企业投资主体相同的企业，对原企业将国有土地、房屋权属转移、变更到分立后的企业，暂不征土地增值税。

(4) 单位、个人在改制重组时以国有土地、房屋进行投资，对其将国有土地、房屋权属转移、变更到被投资的企业，暂不征土地增值税。

(5) 上述改制重组有关土地增值税政策不适用于房地产企业。

8.3.6 旧房转为廉租住房、经济适用住房的优惠

财政部、国家税务总局印发的《关于廉租住房经济适用住房和住房租赁有关税收政策的通知》(财税〔2008〕24号)第1条3款规定，企事业单位、社会团体以及其他组织转让旧房转作为廉租住房、经济适用住房房源且增值额未超过扣除项目金额20%的，免征土地增值税。

房地产企业在转让闲置的旧房时，可以选择专门从事廉租房、经济适用房的管理部门，把旧房转让给他们，可以享受免征土地增值税的优惠政策。与廉租住房、经济适用住房相关的新的优惠政策自2007年8月1日起执行，文件执行日之前已

征税款在以后应缴税款中抵减。

8.4 土地增值税的清算

土地增值税清算，是指纳税人在符合土地增值税清算条件后，依照税收法律、法规及土地增值税有关政策规定，计算房地产开发项目应缴纳的土地增值税税额，并填写《土地增值税清算申报表》，向主管税务机关提供有关资料，办理土地增值税清算手续，结清该房地产项目应缴纳土地增值税款的行为。纳税人应当如实申报应缴纳的土地增值税税额，保证清算申报的真实性、准确性和完整性。

8.4.1 土地增值税的清算单位

国家税务总局《关于房地产开发企业土地增值税清算管理有关问题的通知》（国税发〔2006〕187 号）规定：土地增值税以国家有关部门审批的房地产开发项目为单位进行清算，对于分期开发的项目，以分期项目为单位清算。开发项目中同时包含普通住宅和非普通住宅的，应分别计算增值额。《土地增值税清算管理规程》（国税发〔2009〕91 号）规定：清算审核时，应审核房地产开发项目是否以国家有关部门审批、备案的项目为单位进行清算；对于分期开发的项目，是否以分期项目为单位清算；对不同类型房地产是否分别计算增值额、增值率，缴纳土地增值税。归纳上述文件，土地增值税的清算单位为：

（1）以国家有关部门审批的房地产开发项目为单位。

（2）对于分期开发的项目，以分期项目为单位进行清算。清算范围应当以企业填报的“土地增值税项目登记表”为准。

（3）对开发项目内不同类型房地产应当分别计算增值额、增值率，缴纳土地增值税。

土地增值税清算应当按照开发项目内的各类房屋分别进行计算，计算增值额、增值率，缴纳土地增值税。房地产企业会计核算应当按房产类别分类计算开发成本。

8.4.2 土地增值税的清算条件

1. 纳税人符合下列条件之一的，应当进行土地增值税的清算

（1）房地产开发项目全部竣工、完成销售的。

（2）整体转让未竣工决算房地产开发项目的。

（3）直接转让土地使用权的。

对于符合上述规定，应当进行土地增值税清算的项目，纳税人应当在满足条件

之日起90日内填报"土地增值税纳税申报表",提出清算申请,到主管税务机关办理清算手续。应进行土地增值税清算的纳税人,在上述规定的期限内拒不清算或不提供清算资料的,主管税务机关可依据《中华人民共和国税收征收管理法》有关规定处理。

2. 主管税务机关可要求纳税人进行土地增值税清算的条件

(1) 已竣工验收的房地产开发项目,已转让的房地产建筑面积占整个项目可售建筑面积的比例在85%以上,或该比例虽未超过85%,但剩余的可售建筑面积已经出租或自用的。

(2) 取得销售(预售)许可证满3年仍未销售完毕的。

(3) 纳税人申请注销税务登记但未办理土地增值税清算手续的,应在办理注销登记前进行土地增值税清算。

(4) 省(自治区、直辖市、计划单列市)税务机关规定的其他情况。

对于符合上述规定税务机关要求纳税人进行土地增值税清算的项目,税务机关应当作出评估,并经分管领导批准,由主管税务机关确定是否进行清算,对于确定需要进行清算的项目,由主管税务机关下达"清算通知书"。纳税人应当在收到清算通知之日起90日内填报"土地增值税纳税申报表",向主管税务机关提出清算申请,办理清算手续。经主管税务机关确定需要进行清算的纳税人,在上述规定的期限内拒不清算或不提供清算资料的,主管税务机关可依据《中华人民共和国税收征收管理法》有关规定处理。

8.4.3 土地增值税清算应报送的资料

(1) 土地增值税清算表及其附表。

(2) 房地产开发项目清算说明,主要内容应包括房地产开发项目立项、用地、开发、销售、关联方交易、融资、税款缴纳等基本情况及主管税务机关需要了解的其他情况。

(3) 项目竣工决算报表、取得土地使用权所支付的地价款凭证、国有土地使用权出让合同、银行贷款利息结算通知单、项目工程合同结算单、商品房购销合同统计表、销售明细表、预售许可证等与转让房地产的收入、成本和费用有关的证明资料。

(4) 纳税人委托税务中介机构审核鉴证的清算项目,还应报送中介机构出具的《土地增值税清算税款鉴证报告》。

8.4.4 房地产企业土地增值税审核要点

1. 清算项目的审查要点

(1) 清算审核时,应审核房地产开发项目是否以国家有关部门审批、备案的项目为单位进行清算。

(2) 对于分期开发的项目,是否以分期项目为单位清算。

(3) 对不同类型房地产是否分别计算增值额、增值率,缴纳土地增值税。

2. 收入情况的审核要点

(1) 重点审核"销售明细表"、房地产销售面积与项目可售面积的数据关联性,以核实计税收入。

(2) 对销售合同所载商品房面积与有关部门实际测量面积不一致,而发生补、退房款的收入调整情况进行审核。

(3) 对销售价格进行评估,审核有无价格明显偏低情况。

(4) 视同销售房产的审查。确认有无将开发产品用于职工福利、奖励、对外投资、分配给股东或投资人、抵偿债务、换取其他单位和个人的非货币性资产等情况。

3. 扣除项目金额的审查

(1) 在土地增值税清算中,扣除项目金额中所归集的各项成本和费用,必须是实际发生的。

(2) 计算扣除项目金额时,其实际发生的支出应当取得但未取得合法凭据的不得扣除。

(3) 扣除项目金额应当准确地在各扣除项目中分别归集,不得混淆。

(4) 扣除项目金额中所归集的各项成本和费用必须是在清算项目开发中直接发生的或应当分摊的,防止人为调节成本。

(5) 纳税人分期开发项目或者同时开发多个项目的,或者同一项目中建造不同类型房地产的,应按照受益对象,采用合理的分配方法,分摊共同的成本费用。

(6) 对同一类事项,应当采取相同的会计政策或处理方法。

扣除项目审核的具体情况,见表 8.2。

表 8.2 扣除项目具体情况表

扣除项目	内容	审核要点
取得土地使用权所支付的金额	支付的土地出让金;支付地价款金额;契税	(1) 是否取得合法有效凭证 (2) 同一宗土地有多个开发项目的,是否予以分摊;分摊办法是否合理、合规,具体金额的计算是否正确 (3) 有无将房地产开发费用记入取得土地使用权支付金额的情形

（续表）

扣除项目	内容	审核要点
土地征用及拆迁补偿费	土地征用费；耕地占用税；劳动力安置费；安置动迁用房支出；拆迁补偿费	(1) 计入开发成本的费用支出是否真实，有无合法有效凭证 (2) 同一宗土地有多个开发项目的，分摊金额的计算是否正确。土地征用及拆迁补偿费属于土地成本，实际操作时，一般采用“占地面积法”进行分摊 (3) 有无将房地产开发费用记入土地征用费的情形 (4) 拆迁补偿费是否实际发生，尤其是支付给个人的拆迁补偿款、拆迁（回迁）合同和签收名册或签收凭证是否一一对应
前期工程费	规划费用；设计费用；项目可行性研究费用；水文费用；地质费用；勘探费用；测绘费用；七通一平支出等	(1) 前期工程费是否真实发生，有无虚列的情形 (2) 有无将房地产开发费用计入前期工程费的情形 (3) 多个（或分期）项目共同发生的前期工程费，是否按项目合理分摊
建筑安装工程费	以出包方式支付给承包单位的建筑安装工程费，或以自营方式发生的建筑安装工程费	(1) 发生的费用是否与决算报告、审计报告、工程结算报告、工程施工合同记载的内容相符 (2) 开发企业自购建筑材料时，自购建材费用是否重复计算扣除项目 (3) 采用自营方式自行施工建设的，应当关注有无虚列、多列施工人工费、材料费、机械使用费等情况 (4) 建筑安装发票是否在项目所在地税务机关开具 (5) 参照当地当期同类开发项目单位平均建筑安装成本，或者当地建设部门公布的单位定额成本，验证建筑安装工程费支出是否存在异常
基础设施费	开发小区内道路支出；供水工程支出；供电工程支出；供气工程支出；排污工程支出；排洪工程支出；通讯工程支出；照明工程支出；环卫工程支出；绿化工程支出；其他设施工程发生的支出	(1) 基础设施费是否真实发生，有无虚列的情形 (2) 有无将房地产开发费用计入基础设施费的情形 (3) 多个（或分期）项目共同发生的基础设施费，是否按项目合理分摊

（续表）

扣除项目	内容	审核要点
公共配套设施费	物业管理用房费用；变电站费用；热力站费用；水厂费用；居委会用房费用；派出所用房费用；幼儿园、托儿所用房费用；学校用房费用；公共厕所费用；自行车棚费用；邮电通讯用房费用；其他非营业性公共设施费用	(1) 公共配套设施的界定是否准确，公共配套设施费是否真实发生，有无预提的公共配套设施费情况 (2) 有无将房地产开发费用计入公共配套设施费的情况 (3) 多个（或分期）项目共同发生的公共配套设施费，是否按项目合理分摊
开发间接费用	管理人员工资；职工福利费；折旧费；修理费；办公费；水电费；劳动保护费；周转房摊销；发生的其他间接费用	(1) 有无将企业行政管理部门（总部）为组织和管理生产经营活动而发生的管理费用计入开发间接费用的情形 (2) 开发间接费用是否真实发生，有无预提开发间接费用的情况，取得的凭证是否合法有效 (3) 在计算扣除项目（开发成本）金额时，是否将企业依照会计准则规定计入开发成本的借款利息支出，按照税法规定从“开发成本”中调出
利息支出		(1) 企业是否按照规定，将“开发成本”（或生产成本）账户中的利息支出调整至“房地产开发费用”项目 (2) 分期开发项目或者同时开发多个项目所发生的一般性贷款利息支出，是否按照开发项目合理分摊（分摊方法：一般采用“直接成本法”或“预算造价法”） (3) 利用闲置专项借款对外投资取得收益，其收益是否冲减利息支出 (4) 利息扣除是否符合规定，超过贷款期限的利息部分和加罚的利息，是否也计入了扣除额
与转让房地产有关的税金	是指在转让房地产时缴纳的增值税、城市维护建设税、教育费附加、印花税。值得注意的是，由于印花税已计入管理费用，体现在“房地产开发费用”中，所以，印花税不在税金项下扣除	(1) 核对可以扣除的增值税 (2) 对照“税金及附加”“应交税费”等账户及相关凭证，进行审查核实

4. 在审核扣除项目金额时应当注意的问题

(1) 代收费用的处理。对于县级以上人民政府要求开发企业在售房时代收的各项费用,要注意代收费用是否计入房价并向购买方一并收取;当代收费用计入房价时,要注意有无将代收费用计入加计扣除,或者作为房地产开发费用计算基数的情形。

(2) 关联方交易行为。在审核收入和扣除项目时,应当重点关注关联企业交易是否按照公允价值和营业常规进行业务往来。

(3) 清算后再转让房地产的处理。在土地增值税清算时未转让的房地产,清算后销售或有偿转让的,纳税人应按规定进行土地增值税的纳税申报,扣除项目金额按清算时的单位建筑面积成本费用乘以销售或转让面积计算。

单位建筑面积成本费用 = 清算时的扣除项目总金额 ÷ 清算的总建筑面积

8.4.5 土地增值税预征与核定征收

1. 土地增值税预征

按照《中华人民共和国土地增值税暂行条例实施细则》(财法字〔1995〕6 号)第16 条规定,"纳税人在项目全部竣工结算前转让房地产取得的收入,由于涉及成本确定或其他原因,而无法据以计算土地增值税的,可以预征土地增值税,待该项目全部竣工、办理结算后再进行清算,多退少补"。在我国现行中央地方财政收支划分中,土地增值税属于地方税种。土地增值税预征率由地方政府决定,各地方土地增值税预征率不同。例如北京市土地增值税预征率 2%～8%;上海市土地增值税预征率 2%～5%;广州市土地增值税预征率 2%～4%。

2. 核定征收

核定征收是核定征收税款的简称,是指由于纳税人的会计账簿不健全,资料残缺难以查账,或者其他原因难以准确确定纳税人应纳税额时,由税务机关采用合理的方法依法核定纳税人应纳税款的一种征收方式,简称核定征收。

《土地增值税清算管理规程》第 34 条规定,在土地增值税清算中符合以下条件之一的,可实行核定征收。

(1) 依照法律、行政法规的规定应当设置但未设置账簿的。

(2) 擅自销毁账簿或者拒不提供纳税资料的。

(3) 虽设置账簿,但账目混乱或者成本资料、收入凭证、费用凭证残缺不全,难以确定转让收入或扣除项目金额的。

(4) 符合土地增值税清算条件,未按照规定的期限办理清算手续,经税务机关责令限期清算,逾期仍不清算的。

(5) 申报的计税依据明显偏低,又无正当理由的。

符合上述核定征收条件的，由主管税务机关发出《核定征收的税务事项告知书》。

国税发〔2010〕53号规定，核定征收必须严格依照税收法律法规规定的条件进行，任何单位和个人不得擅自扩大核定征收范围，严禁在清算中出现"以核定为主、一核了之""求快图省"的做法。凡擅自将核定征收作为本地区土地增值税清算主要方式的，必须立即纠正。对确需核定征收的，要严格按照税收法律法规的要求，从严、从高确定核定征收率。为了规范核定工作，核定征收率原则上不得低于5%，各省级税务机关要结合本地实际，区分不同房地产类型制定核定征收率。

8.4.6 土地增值税的清算补缴及清算后再转让房地产的处理

(1) 纳税人按规定预缴土地增值税后，清算补缴的土地增值税，在主管税务机关规定的期限内补缴的，不加收滞纳金。

(2) 在土地增值税清算时未转让的房地产，清算后销售或有偿转让的，纳税人应按规定进行土地增值税的纳税申报，扣除项目金额按"清算时的单位建筑面积成本费用"乘以销售或转让面积计算。

清算时计算：

单位可售面积成本费用 = 开发总成本费用 ÷ 总可售面积

清算后再销售或转让时计算：

扣除项目的建造成本 = 单位可售面积成本费用 × 销售面积

案例分析 8.6

某房地产企业集团，2010年1月立项开发一住宅小区，各种手续均以本公司名义办理。

(1) 开发总建筑面积21万平方米房屋，其中住宅18万平方米(含别墅楼1万平方米)；小区配套设施房屋含幼儿园、会所、物业楼共计5 000平方米；小学5 000平方米；其他商业用房屋、写字楼等2万平方米。

(2) 取得350亩开发土地的使用权时，支付土地款及相关税费2.1亿元；发生建筑成本2.8亿元(不含项目借款利息)；发生各项费用4 500万元(印花税通过"管理费用"核算)。该项目共缴纳各项税费4 208万元，其中可以作为扣除项目的增值税3 757万元，城市维护建设税263万元，教育费附加150万元，印花税38万元。

(3) 销售房屋取得收入7.5亿元。

(4) 整个项目已经预缴土地增值税1 000万元。

该项目截至2016年年底工程已经全部竣工验收，并取得第一产权。且所建房屋住宅部分和商业部分全部对外销售完毕，已经符合土地增值税清算条件。

地税部门对该项目进行土地所得税清算时，确认：

(1) 所取得的土地有50亩未用于本项目开发，而是用于另一个项目，此项目正在建设中，不具备清算条件。

(2) 销售收入中含普通房屋销售5.9亿元；别墅和商业楼销售1.6亿元(以销售明细账、售房合同为准)。

(3) 其中普通住宅分配给本公司职工20套，2 500平方米，按每平方米2 000元成本价入账，实现收入500万元。

(4) 以分配股利形式分配给5位股东5套别墅，建筑面积1 000平方米，未计收入。

(5) 用新建商业房第一、第二层2 500平方米对外投资，合伙开办一家餐饮公司，产权已经转入餐饮公司。

(6) 小学5 000平方米交给区文教局，文教局拨付补偿费400万元，未计收入。

(7) 收取客户退房违约金4万元，记入“其他应收款”科目。

(8)“应付账款”挂账未付工程款3 000万元(对方科目“开发成本”)，凭据不足，经到对方取证为虚增成本。

(9) 支付煤气公司的煤气工程款共计500万元，付款凭据为行政事业收费收据。

(10) 开发的商业用房有400平方米用于企业办公，并已经转入固定资产，未对外销售。

(11) 幼儿园、会所、物业楼5 000平方米作为配套设施，所有权归全体业主，以后发生经营收益归业主委员会处置。

请计算应缴纳土地增值税。

分析：

(1) 确定收入。

① $$普通住宅对外销售平均价格=\frac{590\ 000\ 000+40\ 000-5\ 000\ 000}{170\ 000-2\ 500}$$

$$=3\ 492.78(元)$$

$$出售给职工住宅应实现收入=3\ 492.78\times 2\ 500=8\ 731\ 950.00(元)$$

出售给职工住房已实现收入5 000 000元。

$$出售给职工住宅少计收入=8\ 731\ 950-5\ 000\ 000=3\ 731\ 950(元)$$

$$普通住宅共计应实现销售收入=590\ 000\ 000+40\ 000+3\ 731\ 950$$

$$=593\ 771\ 950(元)$$

② 其他用房对外销售平均价格＝160 000 000÷(30 000－1 000－2 500－400)
＝6 130(元)

分配给股东别墅和投资餐饮公司商业房应实现收入＝6 130×(1 000＋2 500)
＝21 455 000(元)

其他用房应实现总收入＝160 000 000＋21 455 000＋4 000 000
＝185 455 000(元)

(2) 确定扣除项目金额。

① 应扣除开发成本。

总土地成本＝210 000 000÷350×(350－50)＝180 000 000(元)
总开发成本＝280 000 000－30 000 000(虚列)－5 000 000(白条)＝245 000 000(元)
成本合计＝180 000 000＋245 000 000＝425 000 000(元)
平均单位成本＝425 000 000÷[210 000－5 000(公共配套设施)]＝2 073(元)
用于办公商用房成本＝2 073×400＝829 200(元)
该项目应扣除开发总成本＝425 000 000－829 200＝424 170 800(元)

普通住房、其他用房占总建筑面积的比例：

普通住房面积占总面积百分比＝(18－1)÷(21－0.5)×100%＝83%
其他用房面积占总面积百分比＝[(18－17)＋2＋0.5]÷(21－0.5)×100%＝17%

普通住宅、商业用房的实际应扣除成本：

普通住宅应扣除开发成本＝424 170 800×83%＝352 061 764(元)
其他用房应扣除开发成本＝424 170 800×17%＝72 109 036(元)

② 确定应扣除开发费用。

普通住宅应扣除费用＝352 021 764×10%＝35 202 176(元)
其他用房应扣除费用＝72 109 036×10%＝7 210 904(元)

③ 确定应扣除税金。

假定普通住宅应可以扣除增值税、城市维护建设税和教育费附加为32 954 343.23元，其他用房可以扣除的税款合计为10 292 753元。

④ 确定其他扣除项目。

普通住宅应扣除其他费用＝352 061 764×20%＝70 412 353(元)
其他用房应扣除其他费用＝72 109 036×20%＝14 421 807(元)

⑤ 扣除项目总额。

普通住宅扣除项目总额＝352 061 764＋35 206 176＋32 954 343.23＋70 412 353
＝490 634 636.23(元)

其他用房扣除项目总额＝72 109 036＋7 210 904＋10 292 753＋14 421 807
＝104 034 500(元)

(3) 确定增值额。

普通住宅增值额＝593 771 950－490 634 636.23＝103 137 313.77(元)
其他用房增值额＝185 455 000－104 034 500＝81 420 500(元)

(4) 确定增值率。

普通住宅增值率＝103 137 313.77÷490 634 636.23×100%＝21.02%
其他用房增值率＝81 420 500÷104 034 499×100%＝78%

(5) 计算应纳增值税额。

普通住宅应纳增值税额＝103 137 313.77×30%＝30 941 194.13(元)
其他用房应纳增值税额＝81 420 500×40%－104 034 500×5%＝27 366 475(元)
总共应缴土地增值税＝30 941 194.13＋27 366 475＝58 307 669.13(元)
总共已缴土地增值税＝10 000 000(元)
总共应补缴土地增值税＝58 307 669.13－10 000 000＝48 307 669.13(元)

第9章 所 得 税

9.1 所得税概述

9.1.1 所得税的定义

企业所得税是指对取得应税所得、实行独立经济核算的境内企业或者组织，就其生产、经营的纯收益、所得额和其他所得额征收的一种税。《中华人民共和国企业所得税法》第1条规定："在中华人民共和国境内，企业和其他取得收入的组织（以下统称企业）为企业所得税的纳税人，依照本法的规定缴纳企业所得税。"

9.1.2 居民企业和非居民企业

1. 居民企业

《中华人民共和国企业所得税法》第2条规定："本法所称居民企业，是指依法在中国境内成立，或者依照外国（地区）法律成立但实际管理机构在中国境内的企业。"这里的企业包括国有企业、集体企业、私营企业、联营企业、股份制企业、外商投资企业、外国企业以及有生产、经营所得和其他所得的其他组织。其中，有生产、经营所得和其他所得的其他组织，是指经国家有关部门批准，依法注册、登记的事业单位、社会团体等组织。由于我国的一些社会团体组织、事业单位在完成国家事业计划的过程中，开展多种经营和有偿服务活动，取得除财政部门各项拨款、财政部和国家物价部门批准的各项规费收入以外的经营收入，具有了经营的特点，应纳入征税范围。其中，实际管理机构，是指对企业的生产经营、人员、账务、财产等实施实质性全面管理和控制的机构。

2. 非居民企业

《中华人民共和国企业所得税法》第2条规定："本法所称非居民企业，是指依照外国（地区）法律成立且实际管理机构不在中国境内，但在中国境内设立机构、场所的，或者在中国境内未设立机构、场所，但有来源于中国境内所得的企业。"上述所称机构、场所，是指在中国境内从事生产经营活动的机构、场所，包括以下几种：

(1) 管理机构、营业机构、办事机构。

(2) 工厂、农场、开采自然资源的场所。

(3) 提供劳务的场所。

(4) 从事建筑、安装、装配、修理、勘探等工程作业的场所。

(5) 其他从事生产经营活动的机构、场所。

非居民企业委托营业代理人在中国境内从事生产经营活动的,包括委托单位或者个人经常代其签订合同,或者储存、交付货物等,该营业代理人被视为非居民企业在中国境内设立的机构、场所。

根据上述规定,房地产居民企业是指依照中国法律、法规在中国境内成立,或是实际管理机构在中国境内,从事房地产开发、经营、管理和服务活动,并以营利为目的进行自主经营、独立核算的经济组织。房地产非居民企业是指依照外国(地区)法律成立且实际管理机构不在中国境内,但是在中国设立机构场所,或在中国境内未设立机构,但有来源于中国境内所得的从事房地产开发、经营、管理和服务活动,并以营利为目的进行自主经营、独立核算的经济组织。

9.1.3 所得税征税对象

企业所得税的征税对象是指企业取得的生产经营所得、其他所得和清算所得。

1. 居民企业的征税对象

居民企业应就来源于中国境内、境外的所得作为征税对象。所得,包括销售货物所得、提供劳务所得、转让财产所得、股息红利等权益性投资所得、利息所得、租金所得、特许权使用费所得、接受捐赠所得和其他所得。

2. 非居民企业的征税对象

非居民企业在中国境内设立机构、场所的,应当就其所设机构、场所取得的来源于中国境内的所得,以及发生在中国境外但与其所设机构、场所有实际联系的所得,缴纳企业所得税。非居民企业在中国境内未设立机构、场所,或者虽设立机构、场所,但取得的所得与所设机构、场所没有实际联系的,应当就其来源于中国境内的所得缴纳企业所得税。

上述所称实际联系,是指非居民企业在中国境内设立的机构、场所拥有的据以取得所得的股权、债权,以及拥有、管理、控制据以取得所得的财产。

3. 所得来源地的确定

依据《中华人民共和国企业所得税法》及其实施条例的规定,所得来源地的确定有如下方法:

(1) 销售货物所得,按照交易活动发生地确定。

(2) 提供劳务所得,按照劳务发生地确定。

(3) 转让财产所得,所得来源地的确定有以下三种情况:

① 不动产转让所得按照不动产所在地确定。

② 动产转让所得按照转让动产的企业或者机构、场所所在地确定。

③ 权益性投资资产转让所得按照被投资企业所在地确定。

(4) 股息、红利等权益性投资所得,按照分配所得的企业所在地确定。

(5) 利息所得、租金所得、特许权使用费所得,按照负担、支付所得的企业或者机构、场所所在地确定,或者按照负担、支付所得的个人的住所地确定。

(6) 其他所得,由国务院财政、税务主管部门确定。

9.1.4 企业所得税税率

我国企业所得税实行比例税率。基本税率为25%,适用于居民企业和在中国境内设有机构、场所且所得与机构、场所有关联的非居民企业(认定为境内常设机构)。低税率为20%,适用于符合条件的小型微利企业。《中华人民共和国企业所得税法》第28条第1款所称符合条件的小型微利企业,是指从事国家非限制和禁止行业,并符合下列条件的企业:

(1) 工业企业,年度应纳税所得额不超过30万元,从业人数不超过100人,资产总额不超过3 000万元。

(2) 其他企业,年度应纳税所得额不超过30万元,从业人数不超过80人,资产总额不超过1 000万元。

非居民企业取得收入减按10%的税率征收企业所得税。

因此,房地产居民企业所得税税率为25%,符合小型微利企业条件的房地产企业所得税税率为20%,非居民房地产企业减按10%的税率征收企业所得税。

9.2 房地产企业收入的税务处理

9.2.1 房地产企业收入范围的确定

依据国家税务总局《关于印发〈房地产开发经营业务企业所得税处理办法〉的通知》(国税发〔2009〕31号),企业房地产开发经营业务是指包括土地的开发,建造、销售住宅、商业用房,以及其他建筑物、附着物、配套设施等开发产品的一系列经营活动。

在中国境内从事房地产开发经营业务的企业,除土地开发之外,其他开发产品符合下列条件之一的,应视为已经完工:

(1) 开发产品竣工证明材料已报房地产管理部门备案。

(2) 开发产品已开始投入使用。

(3) 开发产品已取得了初始产权证明。

房地产企业销售收入的范围为销售开发产品过程中取得的全部价款,包括现金、现金等价物及其他经济利益。企业代有关部门、单位和企业收取的各种基金、费用和附加等,凡纳入开发产品价内或由企业开具发票的,应按规定全部确认为销售收入;未纳入开发产品价内并由企业之外的其他收取部门、单位开具发票的,可作为代收代缴款项进行管理。

企业出现《中华人民共和国税收征收管理法》第 35 条规定的情形,税务机关可对其以往应缴的企业所得税按核定征收方式进行征收管理,并逐步规范,同时按《中华人民共和国税收征收管理法》等税收法律、行政法规的规定进行处理,但不得事先确定企业的所得税按核定征收方式进行征收、管理。

9.2.2 销售收入确认条件

国税发〔2009〕31 号第 6 条规定,房地产企业通过正式签订"房地产销售合同"或"房地产预售合同"所取得的收入,应确认为销售收入的实现,具体按以下规定确认:

(1) 采取一次性全额收款方式销售开发产品的,应于实际收讫价款或取得索取价款凭据(权利)之日,确认收入的实现。

(2) 采取分期收款方式销售开发产品的,应按销售合同或协议约定的价款和付款日确认收入的实现。付款方提前付款的,在实际付款日确认收入的实现。

(3) 采取银行按揭方式销售开发产品的,应按销售合同或协议约定的价款确定收入额,首付款应于实际收到日确认收入的实现,余款在银行按揭贷款办理转账之日确认收入的实现。

企业采取银行按揭方式销售开发产品的,凡约定企业为购买方的按揭贷款提供担保的,其销售开发产品时向银行提供的保证金(担保金)不得从销售收入中减除,也不得作为费用在当期税前扣除,但实际发生损失时可据实扣除。

(4) 采取委托方式销售开发产品的,应按以下原则确认收入的实现:

① 采取支付手续费方式委托销售开发产品的,应按销售合同或协议中约定的价款于收到受托方已销开发产品清单之日确认收入的实现。

② 采取视同买断方式委托销售开发产品的,属于企业与购买方签订销售合同或协议,或企业、受托方、购买方三方共同签订销售合同或协议的,如果销售合同或协议中约定的价格高于买断价格,则应按销售合同或协议中约定的价格计算价款于收到受托方已销开发产品清单之日确认收入的实现;如果属于前两种情况中销售合同或协议中约定的价格低于买断价格,以及属于受托方与购买方签订销售合

同或协议的,则应按买断价格计算的价款于收到受托方已销开发产品清单之日确认收入的实现。

③ 采取基价(保底价)并实行超基价双方分成方式委托销售开发产品的,属于由企业与购买方签订销售合同或协议,或企业、受托方、购买方三方共同签订销售合同或协议的,如果销售合同或协议中约定的价格高于基价,则应按销售合同或协议中约定的价格计算的价款于收到受托方已销开发产品清单之日确认收入的实现,企业按规定支付受托方的分成额,不得直接从销售收入中减除;如果销售合同或协议约定的价格低于基价,则应按基价计算的价款于收到受托方已销开发产品清单之日确认收入的实现。属于由受托方与购买方直接签订销售合同的,则应按基价加上按规定取得的分成额于收到受托方已销开发产品清单之日确认收入的实现。

④ 采取包销方式委托销售开发产品的,包销期内可根据包销合同的有关约定,参照上述①~③项规定确认收入的实现;包销期满后尚未出售的开发产品,企业应根据包销合同或协议约定的价款和付款方式确认收入的实现。

案例分析 9.1

甲房地产公司 2015 年开发住宅小区,公司分别与 A、B、C、D 四家房屋销售公司签订代理销售合同。由于销售公司情况各异,代理方式均有所不同。请分析甲房地产公司收入确认是否正确。

与 A 房屋销售公司签订代理销售合同,A 公司按销售额 5% 收取手续费。2016 年 3 月销售房屋 2 000 平方米,每平方米 6 000 元。A 公司将销售清单提交甲公司,并按合同约定转交售房款 1 200 万元。甲公司确认收入 1 140 万元。

与 B 房屋销售公司采取买断方式代理销售,买断价为每平方米 5 000 元,销售时由委托方、受托方、买方共同签订协议。2016 年 3 月 B 公司将开发产品销售清单提交甲公司时,销售房屋 2 000 平方米,实现销售收入 1 200 万元,平均售价 6 000元。甲公司确认收入 1 000 万元。

与 C 房屋销售公司采取基价(保底价)并实行超基价双方分成方式委托销售开发产品。合同约定销售保底价 5 000 元,并由 C 公司直接与客户签订销售合同,超过保底价部分受托方和委托方按三、七分成。2009 年 9 月 C 公司提交销售清单时,销售房屋 2 000 平方米,实现销售收入 1 200 万元,平均售价 6 000 元。甲公司确认收入 1 000 万元。

与 D 房屋销售公司采取包销方式。合同约定:D 公司包销甲公司 2 000 平方米房屋,以每平方米销售价 5 000 元向甲房地产公司结账;如果截至 2016 年 3 月 15 日销售不完,房屋归 D 公司,并由 D 公司于期满日起 10 日内付清房款。合同规定，由受托方与客户签订售房合同。截至2016年3月底，D公司提交销售清单时，当月销售房屋1 700平方米，还有300平方米未售出。甲公司确认收入850万元。

分析：

与A房屋销售公司签订代理销售合同应按销售合同或协议中约定的价款于收到受托方已销开发产品清单之日确认收入的实现。支付的代理手续费60万元不能扣除，应由A房屋销售公司开据服务业发票60万元，作为费用列支。甲房地产公司应确认收入1 200万元。

与B房屋销售公司销售合同或协议中约定的价格高于买断价格，则应按销售合同或协议中约定的价格计算价款于收到受托方已销开发产品清单之日确认收入的实现。B公司代理业务营业额应为1 200万元，按照合同价1 200万元确认收入。

与C房屋销售公司采取基价（保底价）并实行超基价双方分成方式委托销售开发产品，销售合同或协议中约定的价格高于基价，则应按销售合同或协议中约定的价格计算的价款于收到受托方已销开发产品清单之日确认收入的实现，企业按规定支付受托方的分成额，不得直接从销售收入中减除；C公司代理业务营业额为2 000×5 000＋(6 000－5 000)×2 000×100％＝1 200(万元)，开发商支付给受托方的分成额(6 000－5 000)×2 000×30％＝60(万元)不得直接从收入中扣除，将来支付时根据发票作为销售费用列支，因此甲公司应确认收入1 200万元。

与D房屋销售公司采取包销方式，合同包销期满后尚未出售的开发产品，企业应根据包销合同或协议约定的价款和付款方式确认收入的实现。甲公司包销合同规定销售期满后尚未出售的开发产品归D公司所有，因此甲公司应按照2 000平方米确认1 000万元收入。

9.2.3 未完工开发产品取得的收入的确定

1. 未完工开发产品取得的收入会计与税法处理的区别

国税发〔2009〕3号第9条规定企业销售未完工开发产品取得的收入，应该按预计计税毛利率分季(月)计算出预计毛利额，计入当期应纳税所得额。开发产品完工后，企业应及时结算其计税成本并计算此前销售收入的实际毛利额，同时将其实际毛利额与其对应的预计毛利额之间的差额，计入当年度企业本项目与其他项目合并计算的应纳税的所得额。

企业销售未完工开发产品的计税毛利率由各省、自治区、直辖市国家税务局、地方税务局按下列规定进行确定：

(1) 开发项目位于省、自治区、直辖市和计划单列市人民政府所在地城市城区和郊区的，不得低于15％。

(2) 开发项目位于地级市城区及郊区的,不得低于10%。

(3) 开发项目位于其他地区的,不得低于5%。

(4) 属于经济适用房,限价房和危改房的,不得低于3%。

《企业会计准则第14号——收入》对收入确认条件、金额确定,以及折扣、折让、退回的处理等均作了明确的规定。其中第4条规定,销售商品收入同时满足下列条件的,才予以确认:

① 企业已将商品所有权上的主要风险和报酬转移给购货方。

② 企业既没有保留通常与所有权相联系的继续管理权,也没有对已售出的商品实施有效控制。

③ 收入的金额能够可靠地计量。

④ 相关的经济利益很可能流入企业。

⑤ 相关的已发生或将发生的成本能够可靠地计量。

比较会计与税法关于收入确认条件,会计确认收入时要考虑企业已将商品所有权上的主要风险和报酬转移给购货方,而税法只强调签订合同,不强调商品所有权上的主要风险和报酬转移给购货方。所以企业的预售房收入会计计入预收账款,不确认收入,而按税法将会计上的"预收账款"提前确认为收入。也就是说,从企业所得税的角度,不再存在"预收账款"的概念,只要签订了"销售合同""预售合同"并收取款项,不管产品是否完工,全部确认为收入。房地产企业所得税汇算清缴时,要按税法的规定把"预收账款"提前确认为收入。

2. 未完工开发产品取得的收入税务处理需要注意问题

1) 收入确认的方式

未完工开发产品取得的收入应按照取得方式确认,并不是一次性确认。例如如果以银行按揭方式取得,可以分两次确认,首付款应于实际收到日确认收入的实现,余款在银行按揭贷款办理转账之日确认收入的实现。

2) 成本配比

企业销售未完工开发产品取得的收入,应该按预计计税毛利率分季(月)计算出预计毛利额,计入当期应纳税所得额。开发产品完工后,企业应及时结算其计税成本并计算此前销售收入的实际毛利额,同时将其实际毛利额与其对应的预计毛利额之间的差额,计入当年度企业本项目与其他项目合并计算的应纳税的所得额。计入当期应纳税所得额是实际征收而非预征的意思,不是预征就没有多退少补的过程。因此,当未完工开发产品取得的收入未来结转成为完工开发产品收入的时候,减的是预计毛利,而不是减预缴税款。在年度纳税申报时,企业须出具对该项开发产品实际毛利额与预计毛利额之间差异调整情况的报告,以及税务机关需要的其他相关资料。

房地产企业销售未完工开发产品取得的预售款，如果正式签订“房地产销售合同”或者“房地产预售合同”，属于未完工开发产品销售收入，可以作为计提业务招待费等三费的基数。

3）预收的定金、订金的处理

(1) 定金要预征企业所得税。定金属于已经签了合同的预收账款，其法律定义是指合同当事人为保证合同履行，由一方当事人预先向对方缴纳一定数额的钱款，即有合同为前提，没有合同即不可定义为“定金”。合同上是“定金”的，依据《中华人民共和国合同法》相关规定，一方违约时，双方有约定的按照约定执行；如果无约定，销售者违约时，“定金”双倍返还；消费者违约时，“定金”不返还。“定金”的总额不得超过合同标的的20%。定金具有担保性质。

(2) 订金不需要预征企业所得税。订金并不是一个规范的概念，在法律上仅作为预付款的性质，是预付款的一部分，是当事人的一种支付手段，不具有担保性质，如果合同履行可抵充房款，不履行也不能适用“定金”双倍返还罚则。订金只是单方行为，不具有担保性质。根据新会计准则，“预收账款”科目指核算企业按照合同规定向购货单位预收的款项，即预收账款是建立在购货合同基础上的。订金、诚意金均不具有建立在购房合同上的预收款性质，在合同签订日之前，此时企业所得税应税行为尚未成立，不应对预收账款征收企业所得税。诚意金、保证金、内部认购会员卡或会员费也同预收的订金一样处理，暂时不用征企业所得税。

9.2.4 预租和租金收入的确定

国税发〔2009〕3号第10条规定，企业新建的开发产品在尚未完工或办理房地产初始登记、取得产权证前，与承租人签订租赁预约协议的，自开发产品交付承租人使用之日起，出租方取得的预租价款按租金确认收入的实现。

根据《中华人民共和国企业所得税法实施条例》第19条的规定，企业提供固定资产、包装物或者其他有形资产的使用权取得的租金收入，应按交易合同或协议规定的承租人应付租金的日期确认收入的实现。其中，如果交易合同或协议中规定租赁期限跨年度，且租金提前一次性支付的，根据该实施条例第9条规定的收入与费用配比原则，出租人可对上述已确认的收入，在租赁期内，分期均匀计入相关年度收入。

案例分析 9.2

2016年A企业租赁房屋给B企业，租赁期3年，每年租金100万元，2016年一次收取了3年的租金300万元。如何进行税务处理？

分析：

税法处理可以有两种选择：

(1) 根据国税函〔2010〕79号的规定，企业可以在2016年纳税申报表时，确认100万元租金收入，这种做法税法同会计就没有差异了。

(2) 根据《中华人民共和国企业所得税法实施条例》第19条的规定，确认300万元租金收入，这时税法同会计就存在差异了，企业应在2016年纳税申报表调增应纳税所得额200万元。2017年、2018年两个年度应该调减应纳税所得额100万元。

9.2.5 视同销售收入确认

(1) 国税发〔2009〕第3号第7条规定，企业将开发产品用于捐赠、赞助、职工福利、奖励、对外投资、分配给股东或投资人、抵偿债务、换取其他企事业单位和个人的非货币资产等行为，应视同销售，于开发产品所有权或使用权转移，或于实际取得利益权利时确认收入(利润)的实现，确认收入(利润)的方法和顺序为：

① 按本企业近期或本年度最近月份同类开发产品市场销售价格确定。

② 由主管税务机关参照当地同类开发产品市场公允价值确定。

③ 按开发产品的成本利润率确定。开发产品的成本利润率不得低于15%，具体比例由主管税务机关确定。

(2) 根据国家税务总局《关于确认企业所得税收入若干问题的通知》(国税函〔2008〕875号)的规定，企业以买一赠一等方式组合销售本企业商品的，不属于捐赠，应将总的销售金额按各项商品的公允价值的比例来分摊确认各项的销售收入。

① 随房赠送物业管理费。买房送物业管理费视同销售，按市场公允价，确定销售额征税。

② 销售房屋的同时，无偿提供家具、家电等货物。房地产企业销售不动产，将不动产与货物一并销售，且货物包含在不动产价格以内的，不单独对货物按照适用税率征收增值税。例如，随精装房一并销售的家具、家电等货物，不单独对货物按17%税率征收增值税。

③ 销售商品房时，为促销举办抽奖。活动赠送应视同销售货物，按货物适用税率征收增值税。房地产企业销售不动产时，在房价以外单独无偿提供的货物，应视同销售货物，按货物适用税率征收增值税。例如，房地产企业销售商品房时，为促销举办抽奖活动赠送的家电，应视同销售货物，按货物适用税率征收增值税。

案例分析9.3

A房地产公司为了促销，打出“买一赠一”的广告，售出别墅一栋，300平方米，售价540万元，赠送中华汽车一辆，价格12万元，增值税税率17%，增值税专用发票注明税款20 400元。如何进行纳税处理？

分析：

(1) 计算别墅和汽车实际售价：

汽车含税价 ＝ 120 000 ＋ 20 400 ＝ 140 400(元)

别墅实际售价 ＝ 5 400 000 ÷ (5 400 000 ＋ 140 400) × 5 400 000 ＝ 5 263 158(元)

汽车实际售价 ＝ 5 400 000 ÷ (5 400 000 ＋ 140 400) × 140 400 ＝ 136 842(元)

(2) 增值税计算：

别墅 ＝ 5 263 158 ÷ (1 ＋ 11%) × 11% ＝ 521 574.22(元)

汽车 ＝ 136 842 ÷ (1 ＋ 17%) × 17% ＝ 19 883.03(元)

9.3 房地产企业成本、费用扣除的处理

9.3.1 开发产品成本对象确定原则

计税成本是指企业在开发、建造开发产品(包括固定资产，下同)过程中所发生的按照税收规定进行核算与计量的应归入某项成本对象的各项费用。成本对象是指为归集和分配开发产品开发、建造过程中的各项耗费而确定的费用承担项目。计税成本对象的确定原则如下：

(1) 可否销售原则。开发产品能够对外经营销售的，应作为独立的计税成本对象进行成本核算；不能对外经营销售的，可先作为过渡性成本对象进行归集，然后再将其相关成本摊入能够对外经营销售的成本对象。

(2) 功能区分原则。开发项目某组成部分相对独立，且具有不同使用功能时，可以作为独立的成本对象进行核算。

(3) 定价差异原则。开发产品因其产品类型或功能等不同而导致其预期售价存在较大差异的，应分别作为成本对象进行核算。

(4) 成本差异原则。开发产品因建筑上存在明显差异可能导致其建造成本出现较大差异的，要分别作为成本对象进行核算。

(5) 权益区分原则。开发项目属于受托代建的或多方合作开发的，应结合上述原则分别划分成本对象进行核算。

国务院发布《关于取消和下放一批行政审批项目的决定》(国发〔2014〕5 号)规定，房地产企业应依据计税成本对象确定原则确定已完工开发产品的成本对象，并就确定原则、依据，共同成本分配原则、方法，以及开发项目基本情况、开发计划等出具专项报告，在开发产品完工当年企业所得税年度纳税申报时，随同“企业所得税年度纳税申报表”一并报送主管税务机关。

房地产企业将已确定的成本对象报送主管税务机关后，不得随意调整或相互混淆。如确需调整成本对象的，应就调整的原因、依据和调整前后成本变化情况等出具专项报告，在调整当年企业所得税年度纳税申报时报送主管税务机关。

9.3.2 开发产品的计税成本

企业在进行成本、费用的核算与扣除时必须按规定区分期间费用和开发产品计税成本、已销开发产品计税成本与未销开发产品计税成本。企业发生的期间费用、已销开发产品计税成本、税金及附加、土地增值税准予当期按规定扣除。

国税发〔2009〕31 号第 14 条规定已销开发产品的计税成本按当期已实现销售的可售面积和可售面积单位工程成本确认。可售面积单位工程成本和已销开发产品的计税成本按下列公式计算确定：

可售面积单位工程成本 = 成本对象总成本 ÷ 成本对象总可售面积

已销开发产品的计税成本 = 已实现销售的可售面积 × 可售面积单位工程成本

成本对象总成本 = 直接成本 + 共同成本 + 间接费用

直接成本 = 土地成本 + 土地拆迁 + 前期工程费用 + 建筑安装成本

共同成本 = 基础设施建设费 + 公共配套设施

成本对象总可售面积 = 建筑面积 − 不可出售的独立公共配套设施

企业对尚未出售的已完工开发产品和按照有关法律、法规或合同规定对已售开发产品(包括共用部位、共用设施设备)进行日常维护、保养、修理等实际发生的维修费用售后部分，准予在当期据实扣除。企业将已计入销售收入的共用部位、共用设施设备维修基金按规定移交给有关部门、单位的应于移交时扣除。

1. 土地成本确定

1) 招、拍、挂拿地方式土地成本的确定

所谓“招、拍、挂”程序，是指招标、拍卖和挂牌出让的简称。出让土地一方为国家，没有任何税费，拿地一方，以支付的所有款项计入企业所得税和土地增值税成本。企业招标、拍卖土地后，政府给予的土地返还款不得冲减土地成本，而应当并入当期收入总额缴纳企业所得税。

2) 购买转让土地方式取得土地成本的确定

买方直接按照支出款项作为成本费用。买方必须要求卖方出具发票，不能自己去开发票回来。

案例分析 9.4

甲公司以 8 000 万元从乙公司取得了一块坐落于 A 区的土地，但乙公司未提供发票。后甲公司从 B 区的税务局代开了 8 000 万元的发票，并缴纳了 400 万元的税费。这8 400万元能进土地成本吗?

分析:

甲公司有两个行为违反了规定:

(1) 未按规定取得发票,导致对方少缴税款。

(2) 虚开发票,虚开发票8 000万元不可以税前扣除。

3) 购买股权方式取得土地成本的确定

国税发〔2009〕31号第31条规定,企业、单位以股权的形式,将土地使用权投资房地产企业的,接受投资的企业应在投资交易发生时,按该项土地使用权的市场公允价值和土地使用权转移过程中应支付的相关税费计算确认该项土地使用权的取得成本。如涉及补价,土地使用权的取得成本还应加上应支付的补价款或减除应收到的补价款。但是股权溢价不允许在企业所得税和土地增值税税前扣除。

案例分析 9.5

乙企业以土地使用权对甲房地产公司进行投资,土地使用权账面价值为15 000万元,经国家批准的评估公司评估,土地公允价值为20 000万元,甲企业在接受土地使用权办理过户手续过程中支付了契税,税率为3%。请问,甲公司如何确认土地使用权成本?

分析:

根据国税发〔2009〕31号第31条规定:

$$\text{土地成本} = 20\,000 + 20\,000 \times 3\% = 20\,600(\text{万元})$$

4) 以拆迁安置方式取得土地成本的确定

房地产企业的拆迁补偿形式可归纳为以下两种:

(1) 作价补偿形式。拆迁人将被拆除房屋的价值,以货币结算方式补偿给被拆除房屋的所有人,这是一种货币补偿形式。这里房地产企业支付给被拆迁人的拆迁补偿费是不需要取得发票的。

对于拆迁补偿费,房地产企业出具下列凭证可以税前扣除:

① 政府规定的拆迁补偿费标准的文件。

② 被拆迁人签字的收款收据或收条。

③ 被拆迁户的门牌号码。

④ 被拆迁人与房地产企业签订的拆迁补偿费协议。

(2) 产权调换形式。拆迁人以易地建设或原地建设的房屋补偿给被拆除房屋的所有人,使原所有人继续保持其对房屋的所有权,是通常所说的"拆一还一"实物补偿形式。如果被拆迁户选择就地安置房屋补偿方式,需要从两个方面考虑:一方面，按照国税发〔2009〕31 号文件规定确认视同销售所得，对补偿的房屋按照公允价值或参照同期同类房屋的市场价格确定视同销售收入，同时按照税收规定计算确认拆迁安置房屋的视同销售成本；另一方面，需要确认土地成本中的“拆迁补偿费支出”。因为房屋补偿方式相当于房地产企业向被拆迁户支付货币补偿资金，然后被拆迁户再用这笔货币补偿资金向房地产企业购入房屋，因此应按公允价值或同期同类房屋市场价格计算的金额作为“拆迁补偿费”计入开发成本的土地成本中。回迁房和其他的商品房一样，成本也分为两个方面：一是建筑成本等，二是以房换地按房屋公允价值计算的土地成本，这里以房换地要按公允价值计算。

案例分析 9.6

某房地产企业就地安置拆迁户 5 000 平方米，市场售价 8 000 元，土地成本(土地出让金)2 亿元，建筑施工等其他开发成本 1 亿元，总可售面积 8 万平方米。计算销售成本和销售收入。

分析：

计算销售成本：

支付建筑施工等其他开发成本 1 亿元。

$$拆迁补偿费支出 = 5\,000 \times 8\,000 = 4\,000(万元)$$

注意：这里的拆迁补偿费不是拆迁户 5 000 平方米的，而是整个楼盘的，拆迁补偿费支出要按总可售面积计算分摊。

$$\begin{aligned}\text{单位可售面积计税成本} &= \frac{\text{土地出让金}+\text{拆迁补偿费}+\text{建筑施工等其他开发成本}}{\text{总可售面积}} \\ &= (20\,000+4\,000+10\,000)\div 80\,000 = 4\,250(\text{元}/\text{平方米})\end{aligned}$$

$$视同销售成本 = 4\,250 \times 5\,000 = 2\,125(万元)$$

$$视同销售所得 = 4\,000 - 2\,125 = 1\,875(万元)$$

5）以土地使用权投资入股方式取得土地成本的确定

企业、单位以股权的形式将土地使用权投资企业的，接受投资的企业应在投资交易发生时按该项土地使用权的市场公允价值和土地使用权转移过程中应支付的相关税费计算确认该项土地使用权的取得成本。如涉及补价的土地使用权的取得成本还应加上应支付的补价款或减除应收到的补价款。即以土地投资入股，其计税基础是办理土地过户时土地的公允价格、相关税费、补价。

因此对外投资的土地，对于投资的法人企业应当视同销售，对外投资的土地按照公允价值确认视同销售收入，对其计税基础确认视同销售成本，差额调增应纳税所得额；对于接受土地使用权投资入股法人企业的好处是投资的溢价可以作为土地成本在企业所得税前扣除。

6）以合作建房方式取得土地成本的确定

合作建房主要有两种方式。第一种方式：甲方拥有土地，乙方拥有资金及资质，合作建房，然后分房子，此种合作建房，必须是联合立项，或者乙方立项。第二种方式：甲方拥有土地，也拥有开发资质，乙方拥有资金，合作建房，然后分房子。

(1) 第一种方式的处理。

① 在分配产品环节确认土地成本。国税发〔2009〕31号第31条规定：企业以非货币交易方式取得土地使用权的，应按下列规定确定其成本：企业、单位以换取开发产品为目的，将土地使用权投资企业的，按下列规定进行处理：换取的开发产品如为该项土地开发、建造的，接受投资的企业在接受土地使用权时暂不确认其成本，待首次分出开发产品时，再按应分出开发产品（包括首次分出的和以后应分出的）的市场公允价值和土地使用权转移过程中应支付的相关税费计算确认该项土地使用权的成本。如涉及补价，土地使用权的取得成本还应加上应支付的补价款或减除应收到的补价款。这里主要是考虑收入与成本的配比。

案例分析 9.7

某公司与甲房地产公司签订协议，将其名下200亩土地（按评估价每亩100万元，总价20 000万元转让）用于与甲房地产公司合作开发，待项目开发完毕后，分得该项目40 000平方米房屋，甲房地产公司取得该项土地时支付各项税费600万元，分配开发产品时，房屋的单位成本价为每平方米5 000元，公允价值为每平方米6 500元。计算该项土地的成本。

分析：

(1) 不能按照土地转让价作为成本。

(2) 不能按照开发产品的成本价作为成本。

$$该土地的成本 = 6\,500 \times 40\,000 + 600 = 26\,600(万元)$$

② 在接受土地环节确认其他土地成本。换取的开发产品如为其他土地开发、建造的，接受投资的企业在投资交易发生时，按应付出开发产品市场公允价值和土地使用权转移过程中应支付的相关税费计算确认该项土地使用权的成本。如涉及补价，土地使用权的取得成本还应加上应支付的补价款或减除应收到的补价款。

这样规定主要是考虑换出的开发产品并非在该土地上建造的，可能会存在换入土地使用权的同时就交付开发产品的情况，两者可能是同步的。

案例分析 9.8

某公司与甲房地产公司签订协议，用其名下100亩土地（按评估价每亩100万元，总价10 000万元转让)换取甲房地产公司名下一处房产。交换业务发生时，被交换房产的市场公允价值为6 000万元。在土地转让过程中，房屋开发公司支付相关税费200万元。

分析：

以上两种情况，都是以换出产品的公允价值加上取得土地时的相关税费为土地成本价的；其区别是成本确认时间不同，前者是在分配产品环节，后者是在接受土地环节。

土地的成本＝6 000＋200＝6 200(万元)

(2) 第二种方式的处理。

① 分配开发产品。国税发〔2009〕31号第36条规定企业以本企业为主体联合其他企业、单位、个人合作或合资开发房地产项目，且该项目未成立独立法人公司的，按下列规定进行处理：

凡开发合同或协议中约定向投资各方(即合作、合资方，下同)分配开发产品的，企业在首次分配开发产品时，如该项目已经结算计税成本，其应分配给投资方开发产品的计税成本与其投资额之间的差额计入当期应纳税所得额；如未结算计税成本，则将投资方的投资额视同销售收入进行相关的税务处理。

在分配开发产品的情况下，如果“分配给投资方开发产品的计税成本与其投资额之间的差额”为正数，调减应纳税所得额；为负数，调增应纳税所得额。

案例分析9.9

B房地产开发公司与A公司合作(合资)开发房地产项目，合同约定投资各方分配开发产品，A公司投资额为1 000万元，该项目于2010年12月完工，按约定A公司分得销售成本为1 200万元的房屋。问B房地产开发公司如何进行企业所得税处理？假如未结算计税成本分得房屋又应如何进行企业所得税处理？

分析：

(1) 在已结算计税成本的情况下：

计税成本与投资额的差额＝1 000－800＝200(万元)，应调减应纳税所得额200万元。

如果投资额为1 800万元，销售成本为1 200万元，计税成本与投资额的差额＝1 200－1 800＝－600(万元)，应调增应纳税所得额600万元。

如果投资额为1 800万元，销售成本为1 200万元，负数调增600万元的原因主要是为规避房地产企业将售房款以接受投资的名义规避纳税。

(2) 在未结算计税成本的情况下：

将投资方的投资额视同销售收入进行相关的税务处理，应将投资额1 000万元按规定的预计计税毛利率计算调整应纳税所得额，只调增1 000×25%＝250(万元)。

注意：不是1 000万元全额调增，1 000万元只是视同销售收入，不是应纳税所得额。

② 约定分配项目利润。凡开发合同或协议中约定分配项目利润的，应按以下规定进行处理：

第一，企业应将该项目形成的营业利润额并入当期应纳税所得额统一申报缴纳企业所得税，不得在税前分配该项目的利润。同时不能因接受投资方投资额而在成本中摊销或在税前扣除相关的利息支出。

第二，投资方取得该项目的营业利润应视同股息、红利进行相关的税务处理。

虽然没有成立法人公司，但是如果协议中规定分配利润的，还是要视同股息红利所得，是免税的，对于投资方比较有利。

7) 以分立方式和并购方式取得土地成本的确定

以分立方式和并购方式取得土地成本，如果符合特殊性税务处理的条件，并且已经去税务部门备案的，可以用原被分立企业或持有的被合并企业股权的计税基础入账；如果只符合一般性税务处理的条件，清算后可以按公允价值入账。国家税务总局公告2015年第48号和财税〔2009〕59号文件规定，同时符合下列条件的，适用特殊性税务处理，除此以外按一般税务处理：

(1) 具有合理的商业目的，且不以减少、免除或者推迟缴纳税款为主要目的。

(2) 被收购、合并或分立部分的资产或股权比例符合本通知规定的比例。

(3) 企业重组后的连续12个月内不改变重组资产原来的实质性经营活动。

(4) 重组交易对价中涉及股权支付金额符合本通知规定比例。

(5) 企业重组中取得股权支付的原主要股东，在重组后连续12个月内，不得转让所取得的股权。

8) 以划拨方式取得土地成本的确定

目前，在税收上没有无偿划拨的概念。根据《中华人民共和国企业所得税法实施条例》第25条以及国家税务总局《关于企业处置资产所得税处理问题的通知》(国税函〔2008〕828号)文件规定，凡是资产所有权属发生改变的应按规定视同销售确认收入。因此无偿划拨的土地，对于划出土地的法人企业应当视同销售，对划拨的土地按照公允价值确认视同销售收入，对其计税基础确认视同销售成本，差额调增应纳税所得额；根据税法及条例规定，企业接受的来自其他企业、组织或者个人无偿给予的货币性资产、非货币性资产属于捐赠收入应确认所得。因此对于无偿接受划拨土地的法人企业，应作为接受捐赠处理，按照公允价值计入应纳税所得额，同时以公允价值入账。

无论采取哪种方式，取得土地后，如果分期开发的，要注意期内全部成本对象应负担的占地面积为期内开发用地占地面积减除应由各期成本对象共同负担的占地面积。

案例分析 9.10

某房地产开发项目，土地面积为 10 000 平方米，分三期开发，一期基座占地为 2 500 平方米，二期基座占地为 3 000 平方米，三期占地为 1 800 平方米。土地成本为 8 000 万元。如何分配土地成本？

分析：

根据国税发〔2009〕31 号文件，应计入开发产品中的费用包括两部分，一部分是属于直接成本和能够分清成本对象的间接成本，直接计入成本对象；另一部分是共同成本和不能分清负担对象的间接成本，应按受益和配比的原则分配至各成本对象。

一期基座占地 2 500 平方米，二期基座占地 3 000 平方米和三期占地为 1 800 平方米属于直接成本和能够分清成本对象的间接成本，可以直接计入成本对象；剩余部分面积对应的成本属于共同成本和不能分清负担对象的间接成本，应按三期面积比例配比分入各期成本中去。

共同成本按面积配比分入第一期的比例 = 2 500 ÷ 7 300 × 100% = 34.2%

共同成本按面积配比分入第二期的比例 = 3 000 ÷ 7 300 × 100% = 41.1%

共同成本按面积配比分入第三期的比例 = 1 800 ÷ 7 300 × 100% = 24.7%

计入第一期的成本 = 8 000 ×（2 500 + 2 700 × 34.2%）÷ 100 000 = 2 740（万元）

计入第二期的成本 = 8 000 ×（3 000 + 2 700 × 41.1%）÷ 100 000 = 3 288（万元）

计入第三期的成本 = 8 000 ×（1 800 + 2 700 × 24.7%）÷ 100 000 = 1 972（万元）

2. 前期工程费

前期工程费是指项目开发前期发生的水文地质勘察、测绘、规划、设计、可行性研究、筹建、场地通平等前期费用。主要包括以下内容：

(1) 项目整体性报批报建费：项目报建时按规定向政府有关部门缴纳的报批费。

例如：人防工程建设费、规划管理费、新材料基金（或墙改专项基金）、教师住宅基金（或中小学教师住宅补贴费）、拆迁管理费、招投标管理费等。

(2) 规划设计费：项目立项后的总体规划设计、单体设计费、管线设计费、改造设计费、可行性研究费（含支付社会中介服务机构的市场调研费），制图、晒图费，规划设计模型制作费，方案评审费。

（3）勘测丈量费：水文、地质、文物和地基勘察费，沉降观测费，日照测试费、拨地钉桩验线费、复线费、定线费、放线费、建筑面积丈量费等。

（4）“三通一平”费：接通红线外施工用临时给排水（含地下排水管、沟开挖铺设费用）、供电、道路（含按规定应交的占道费、道路挖掘费）等设施的设计、建造、装饰和进行场地平整发生的费用（包括开工前垃圾清运费）等。

（5）临时设施费：工地甲方临时办公室，临时场地占用费，临时借用空地租费，以及沿红线周围设置的临时围墙、围栏等设施的设计、建造、装饰等费用。临时设施内的资产，如空调、电视机、家具等不属于临时设施费。

（6）预算编、审费：支付给社会中介服务机构受聘为项目编制或审查预算而发生的费用。

（7）其他：包括挡光费、危房补偿鉴定费、危房补偿鉴定技术咨询费等。

3. 建筑安装工程费

开发项目开发过程中发生的各项建筑安装费用。主要包括开发项目建筑工程费和开发项目安装工程费等。建筑安装工程费税务处理应注意以下几个问题。

1）发票取得问题

在“营改增”之前，建筑安装工程费必须取得施工所在地发票，不能取得外地发票。“营改增”之后，国家税务总局《关于全面推开营业税改征增值税试点有关税收征收管理事项的公告》（国家税务总局公告2016年第23号）规定，应在发票的备注栏注明建筑服务发生地县（市、区）名称及项目名称。国家税务总局《关于营改增后土地增值税若干征管规定的公告》（国家税务总局公告2016年第70号）指出土地增值税纳税人接受建筑安装服务取得的增值税专用发票，应在发票的备注栏注明建筑服务发生地县（市、区）名称及项目名称，否则不得计入土地增值税扣除项目金额。因此，房地产企业所得税对增值税专用发票的管理应等同土地增值税。

2）未取得全额发票问题

国税发〔2009〕31号文件规定出包工程未最终办理结算而未取得全额发票的，在证明资料充分的前提下，其发票不足金额可以预提，但最高不得超过合同总金额的10%。

如某公司某项目（属于同一成本核算对象）有两个出包合同，一个合同为500万元，另外一个合同为400万元，其中500万元的合同已经取得全额发票，400万元的合同未取得发票。在计算计税成本时，可以按照400万元在税前扣除，即按照总合同金额900万元预提90万元。

3）“甲供材料”问题

“甲供材料”问题主要是如何缴纳营业税问题，“营改增”后“甲供材料”问题对企业所得税计算没有影响，相关问题见增值税业务处理内容。

4. 基础设施建设费

基础设施建设费是指开发项目在开发过程中所发生的各项基础设施支出，主要包括开发项目内道路、供水、供电、供气、排污、排洪、通讯、照明等社区管网工程费和环境卫生、园林绿化等园林环境工程费。

需要注意的是，园林绿化等园林环境工程费不属于配套设施，国税发〔2009〕31号文件规定，公共配套设施尚未建造或尚未完工的，按预算造价合理预提建造费用。但是，国税发〔2009〕31号文件第27条明确规定，园林绿化等环境工程费属于开发产品计税成本中的基础设施建设费，而不属于公共配套设施费。因此，园林绿化费用不允许预提税前扣除。

园林绿化等园林环境工程费税法没有规定必须按照建筑面积对园林进行分摊，企业可以自行按照占地面积法、建筑面积法、工程概算法等办法进行分摊扣除。

5. 公共配套设施费

公共配套设施费指开发项目内发生的、独立的、非营利性的，且产权属于全体业主的，或无偿赠与地方政府、政府公用事业单位的公共配套设施支出。

1）公共配套设施分类

（1）开发项目内直接为商品房和商品性建设场地服务的非营业性配套设施，如锅炉房、水塔、停车场、自行车棚、消防设施、居委会、公厕等。该类配套设施是附属于商品房和商品性建设场地，与商品房和商品性建设场地一并发挥效益的，其支出应当摊入商品房等的开发成本。

（2）城市建设规划中的大型配套项目，包括开发项目外为居民居住服务的给排水、供电、供气的增容增压、交通道路。开发小区内属营业性公共配套设施，如商店、银行、邮局等。开发小区内非营业性设施如中小学、文化站、医院等。

如果与商品房和商品性建设场地同步建设且仅为一个房屋或土地开发项目服务的，应将其发生的各项费用直接计入房屋或土地开发成本的“公共配套设施费”成本项目，不必作为独立的成本计算对象。如果与商品房和商品性建设场地非同步建设或者虽然同步建设，但是其支出需要由两个以上的房屋或土地开发项目成本负担，如果工程规模较大，可以将各配套设施作为独立的成本核算对象。

2）公共配套设施费的纳税处理

（1）产权归开发商所有的配套设施，要单独核算成本。国税发〔2009〕31号第17条规定，企业在开发区内建造的会所、物业管理场所、电站、热力站、水厂、文体场馆、幼儿园等配套设施，按以下规定进行处理：

① 属于非营利且产权属于全体业主的，或无偿赠与地方政府、公用事业单位的，可将其视为公共配套设施，其建造费用按公共配套设施费的有关规定进行

处理。

纯公益性的按公共配套设施费处理，分配计入开发产品成本但是企业应当出具该开发项目公共配套设施的权属证明。

② 属于营利性的，或产权归企业所有的，或未明确产权归属的，或无偿赠与地方政府、公用事业单位以外其他单位的，应当单独核算其成本。除企业自用应按建造固定资产进行处理外，其他一律按建造开发产品进行处理。

视为开发产品，即单独核算成本，而不能分配到其他产品的成本中去，随着开发产品的销售或视同销售而结转其计税成本。

(2) 企业在开发区内建造的邮电通讯、学校、医疗设施应单独核算成本。国税发〔2009〕31 号第 18 条规定，企业在开发区内建造的邮电通讯、学校、医疗设施应单独核算成本，其中，由企业与国家有关业务管理部门、单位合资建设，完工后有偿移交的，国家有关业务管理部门、单位给予的经济补偿可直接抵扣该项目的建造成本，抵扣后的差额应调整当期应纳税所得额。

案例分析 9.11

甲房地产公司开发的某新建小区地处郊区，城市配套设施较差，为提高小区的服务功能，规划建设一所小学，建设总投资 6 000 万元，市财政局同意用教育经费给予补偿 5 000 万元，补偿款已存入银行，其余由甲公司自行解决。请问，甲公司建设的小学是作捐赠处理还是分配计入开发产品成本?

分析:

根据国税发〔2009〕31 号文件，甲公司建设的小学应当在“开发成本”核算，建成验收之后转入“开发产品”，当地政府给予的经济补贴冲减开发成本，其余额计入当期损益。

需要注意的是，计算土地增值税时，可以分配计入有关可售面积成本中，享受计算土地增值税 30%的附加扣除，否则会造成多交土地增值税。

(3) 停车场计税成本核算。国税发〔2009〕31 号第 33 条规定，企业单独建造的停车场所，应作为成本对象单独核算。利用地下基础设施形成的停车场所，作为公共配套设施进行处理。

由于对地下基础设施建造的停车场其成本很难估计，地下基础设施无论是否对外销售、无论是否已经对外销售均作为公共配套设施一次性进入开发成本。因为公共基础设施的产权属于全体业主，个人无法得到产权而开发商对利用地下基础设施形成的停车场所在法理上应当没有处置权即不能出售。正确的处理应当是由业主委员会处理，其收益归全体业主按份额享有，其收入应当是获得额外的收益一次性计入收入总额，而不能按照租金收入，分期进入收益。

地下基础设施无论是否对外销售、无论是否已经对外销售，均作为公共配套设施一次性进入开发成本。等到停车场所以后出租或者出售的时候，一次性作为收入处理，但是，不能再次结转成本，即无成本同其配比。

(4) 公共配套设施费用可以预提。国税发〔2009〕31 号第 32 条规定公共配套设施尚未建造或尚未完工的，可按预算造价合理预提建造费用。此类公共配套设施必须符合已在售房合同、协议或广告、模型中明确承诺建造且不可撤销，或按照法律法规规定必须配套建造的条件。

需要注意的有两个问题：

① 对售房合同、协议、广告或按照法律法规及政府相关文件等规定建造期限而逾期未建造的，其预提的公共配套设施建造费用在规定建造期满之日起一次性计入应纳税所得额。

② 未明确建造期限的，在该开发项目最后一个可供销售的成本对象达到完工产品条件时仍未建造的，其以前年度已预提的该项费用应并入当期应纳税所得额，以后年度实际发生公共配套设施建造费用时，按规定在税前扣除。在企业未履行配套设施建造承诺的情况下，其预提的配套费用，不再允许税前扣除，转而按照税法实际发生原则进行处理。

6. 开发间接费

开发间接费是指企业为直接组织和管理开发项目所发生的，且不能将其归属于特定成本对象的成本费用性支出。它主要包括管理人员工资、职工福利费、折旧费、修理费、办公费、水电费、劳动保护费、工程管理费、周转房摊销，以及项目营销设施建造费等。

1) 开发间接费的含义分析

开发费是指不能将其归属于特定成本对象的成本费用性支出。可以理解为如果能够分清楚计税成本对象的开发间接费用性质的支出，就没有必要在开发间接费用核算。另外，对开发项目服务的理解，应该与工业的制造费用一样，是指产品(开发项目)实体形成的必要(直接)支出，不包括采购、销售、人事、财务、总务等管理人员的间接支出，否则就不是制造成本法了。开发间接费是指企业为直接组织和管理开发项目所发生的费用，即使房地产公司只有一个开发项目，总经理、会计等公司管理人员的工资也不可以作为“开发间接费用”。因为总经理和会计属于公司管理人员，其合理的工资薪金应作为期间费用，在企业所得税前据实扣除。

2) 营销设施的建造费要计入开发间接费用

单独设立的营销设施建造费要计入开发间接费用，既然没有计入固定资产，也就不需要计提折旧了，也就是说所得税不允许将营销设施的建造费通过计提折旧的形式转入销售费用，而是要计入开发成本。

（1）利用开发完成或部分完成的楼宇内的商品房装修、装饰后作为项目营销设施使用，项目销售完毕，作为开发产品销售处理。这类房产先在“开发成本”核算，包括装修费用，建成后转为“开发产品”。

（2）利用开发小区内楼宇之外的引人瞩目的位置，建造临时设施，例如售楼部、样板间作为项目营销设施使用，项目销售完毕转为企业自用。这类房产先在“开发成本”核算，包括装修费用，建成后转为“开发产品”，开始作为营销设施时转为固定资产，次月开始计提折旧，折旧费用计入“开发间接费”。

（3）利用开发小区内的配套设施（如会所）装修、装饰后，作为项目营销设施临时使用；项目销售完毕，产权归全体业主所有。这类房产先在“开发成本——建筑安装工程费”核算，包括装修费用，建成后转为“开发成本——公共配套设施费”，作为售楼处或样板房使用，小区竣工后计算成本，分配计入可销售面积成本中。

（4）不可以对外出售的临时建筑作为营销设施，这种房产在规划之外的临时建筑，全部建筑成本，包括装修费计入“开发间接费”。小区售完后，该临时建筑要拆除，其变价收入冲减“开发间接费”。

9.3.3 计税成本计算步骤

按国税发〔2009〕第31号第31条，成本对象是指为归集和分配开发产品开发、建造过程中的各项耗费而确定的费用承担项目。

1. 确定成本对象

成本对象由企业在开工之前合理确定，并报主管税务机关备案。成本对象一经确定，不能随意更改或互相混淆，如果需要改变成本对象，应征得主管税务机关同意。

成本对象的确定是房地产企业成本管理的核心内容，一般来讲，在确定成本核算对象时，应结合开发工程的特点、用途、结构、装修、层高、施工队伍等因素，分别作如下处理：

（1）一般开发项目，应以每一独立编制的设计概算，或每一独立的施工图预算所列的单项开发工程作为一个成本核算对象。

（2）同一开发地点，结构类型相同的群开发项目，如果开竣工时间相近，又由同一施工队伍施工，可以合并为一个成本核算对象。

（3）对于个别规模较大、工期较长的开发项目，按开发项目的一定区域和部位，划分成本核算对象。

2. 开发产品完工后，企业结算其计税成本

国税发〔2009〕31号第9条规定，企业销售未完工开发产品取得的收入，应先按预计计税毛利率分季（月）计算出预计毛利额，计入当期应纳税所得额。开发产品完工后，企业应及时结算其计税成本并计算此前销售收入的实际毛利额，同时将

其实际毛利额与其对应的预计毛利额之间的差额，计入当年度企业本项目与其他项目合并计算的应纳税所得额。完工以后，企业可计税成本核算的终止日，不得滞后。凡已完工开发产品在完工年度未按规定结算计税成本，主管税务机关有权确定或核定其计税成本，据此进行纳税调整，并按《中华人民共和国税收征收管理法》的有关规定对其进行处理。

1）关于开发产品完工时点的确认

国税发〔2009〕31号第3条规定，企业房地产开发经营业务包括土地的开发，建造、销售住宅、商业用房以及其他建筑物、附着物、配套设施等开发产品。除土地开发之外，其他开发产品符合下列条件之一的，应视为已经完工：

(1) 开发产品竣工证明材料已报房地产管理部门备案。

(2) 开发产品已开始投入使用。

(3) 开发产品已取得了初始产权证明。

根据国家税务总局《关于房地产开发经营业务征收企业所得税问题的通知》（国税发〔2006〕31号）规定精神和《关于印发〈房地产开发经营业务企业所得税处理办法〉的通知》（国税发〔2009〕31号）第3条规定，房地产企业建造、开发的开发产品，无论工程质量是否通过验收合格，或是否办理完工（竣工）备案手续以及会计决算手续，当企业开始办理开发产品交付手续（包括入住手续），或已开始实际投入使用时，为开发产品开始投入使用，应视为开发产品已经完工。房地产企业应按规定及时结算开发产品计税成本，并计算企业当年度应纳税所得额。

根据上述规定，可以从以下两个方面判定开发产品是否开始投入使用：

① 开始办理了入住手续：也就是业主拿到了钥匙，只要拿到了钥匙，就算是办理了入住手续。

② 实际入住：就是在房子里生活和居住。

2）结转计税成本的时点

结转计税成本的时点并不是当月达到完工标准，当月就要必须结转收入和成本，而是在第2年汇算清缴结束前结转成本就可以。

国税发〔2009〕31号第34条规定，企业在结算计税成本时，其实际发生的支出应当取得但未取得合法凭据的，不得计入计税成本，待实际取得合法凭据时，再按规定计入计税成本。

第35条规定开发产品完工以后，企业可在完工年度企业所得税汇算清缴前选择确定计税成本核算的终止日，不得滞后。

因此，房地产企业在计算成本核算终止日前取得的发票均可以计入汇算年度计税成本。

房地产企业当年建筑安装工程已经发生（房屋当年已竣工，部分已出售），但当年年底前未取得建筑安装发票，次年汇算清缴期内取得发票，是可以计入汇算年度的建筑安装成本的。

3）房地产企业会计确认收入、结转成本的时点与税法的差异

(1)《企业会计准则 14 号——收入》规定，销售商品收入同时满足下列条件的，才能予以确认：

① 企业已将商品所有权上的主要风险和报酬转移给购货方。

② 企业既没有保留通常与所有权相联系的继续管理权，也没有对已售出的商品实施有效控制。

③ 收入的金额能够可靠地计量。

④ 相关的经济利益很可能流入企业。

⑤ 相关的已发生或将发生的成本能够可靠地计量。

一般来说，会计都是在确认收入的同时结转成本的。

(2) 国税函〔2008〕875 号文件规定，企业销售商品同时满足下列条件的，应确认收入的实现：

① 商品销售合同已经签订，企业已将商品所有权相关的主要风险和报酬转移给购货方。

② 企业对已售出的商品既没有保留通常与所有权相联系的继续管理权，也没有实施有效控制。

③ 收入的金额能够可靠地计量。

④ 已发生或将发生的销售方的成本能够可靠地核算。

比较会计与税法关于收入确认的条件，会计上确认收入时要考虑"经济利益很可能流入企业"这个条件，而在税法上无此条件。这是因为税法不考虑企业的经营风险，具有强制性。无论是确认收入还结转成本，会计都比税法慢。因此，房地产在做汇算清缴时，一定要按税法的规定提前确认收入和结转成本，否则，如果完工了也不结转成本，仍然按预计毛利率征税，未来将面临补税、滞纳金、处罚的风险。

3. 计算当期开发成本对象的成本和期间费用

对当期实际发生的各项支出，按其性质、经济用途及发生的地点、时间进行整理、归类，并将其区分为应计入开发产品计税成本对象的成本和应在当期税前扣除的期间费用。同时还应对当期尚未发生但应由当期负担的预提费用和当期已经发生但应按受益期分摊的待摊费用，按税法规定进行确认。

4. 对当期应计入开发产品成本中的各项实际支出、预提费用、待摊费用等合理地划分为直接成本、间接成本和共同成本

1）直接成本

直接成本可以直接计入该成本计算对象，如：某一项目支付的地价款，建筑安

装成本,以及能分别核算可资本化的利息费用等。

2）间接成本

间接成本是与生产产品和服务难以形成直接量化关系的资源投入,如多个项目同时开发或先后滚动开发而不能分清对象的公共配套设施费(有小区内的幼儿园,医院等),需要按发生地点或者用途加以归集,待结转时选择一定的方法分配后计入有关成本计算对象的费用。分配方法包括:占地面积法、建筑面积法、直接成本法、预算造价法。

(1) 占地面积法。占地面积法指按已动工开发成本对象占地面积占开发用地总面积的比例进行分配。一次性开发的,按某一成本对象占地面积占全部成本对象占地总面积的比例进行分配。分期开发的,首先按照本期全部成本对象占地面积占开发用地总面积的比例进行分配,然后再按某一成本对象占地面积占期内全部成本对象占地总面积的比例进行分配。期内全部成本对象应负担的占地面积为期内开发用地占地面积减除应由各期成本对象共同负担的占地面积。

案例分析 9.12

某一块地为 30 万平方米,分为两期开发。第一期 5 栋楼的楼座占地面积为 5 万平方米,第二期 10 栋楼的楼座占地面积为 10 万平方米,另外 5 万平方米为会所用地。土地成本为 4 500 万元。试问:如何分配土地成本?

分析:

方法一:

$$一期土地成本 = 4\,500 \div (5+10+5) \times 5 = 1\,125(万元)$$
$$二期土地成本 = 4\,500 \div (5+10+5) \times 10 = 2\,250(万元)$$
$$会所占地成本 = 4\,500 \div (5+10+5) \times 5 = 1\,125(万元)$$

方法二:

$$单位成本 = 4\,500 \div 30 = 150(元/平方米)$$
$$\begin{array}{l}分配率(建筑物每平方米占地\\面积应分摊的土地总面积)\end{array} = \frac{土地总面积}{建筑物占地面积} = 30 \div 20 = 1.5$$
$$一期土地成本 = 5 \times 1.5 \times 150 = 1\,125(万元)$$
$$二期土地成本 = 10 \times 1.5 \times 150 = 2\,250(万元)$$
$$会所占地成本 = 5 \times 1.5 \times 150 = 1\,125(万元)$$

公共用地不需分配土地成本。公共用地主要包括小区中的户外休闲场所、假山湖泊、景观水道等用地和不可出售建筑物用地。公共用地是为全体小区业主共有或服务的,其土地成本最终要分配到可售建筑面积土地成本之中。

(2) 建筑面积法。建筑面积法是指按已动工开发成本对象建筑面积占开发用地总建筑面积的比例进行分配。

一次性开发的,按某一成本对象建筑面积占全部成本对象建筑面积的比例进行分配。

$$\text{某一成本对象应分摊的公共配套设施成本}=\frac{\text{某一成本对象建筑面积}}{\text{全部成本对象建筑面积}}\times\text{公共配套设施成本}$$

分期开发的,首先按期内成本对象建筑面积占开发用地计划建筑面积的比例进行分配,然后再按某一成本对象建筑面积占期内成本对象总建筑面积的比例进行分配。

$$\text{本期内全部成本对象应分摊的公共配套设施成本}=\frac{\text{本期内成本对象建筑面积}}{\text{开发用地计划建筑面积}}\times\text{公共配套设施成本}$$

$$\text{某一成本对象应分摊的公共配套设施成本}=\frac{\text{某一成本对象建筑面积}}{\text{本期内成本对象总建筑面积}}\times\text{本期内全部成本对象应分摊的公共配套设施成本}$$

(3) 直接成本法。直接成本法是指按期内某一成本对象的直接开发成本占期内全部成本对象直接开发成本的比例进行分配。

(4) 预算造价法。预算造价法是指按期内某一成本对象预算造价占期内全部成本对象预算造价的比例进行分配。

$$\text{某一成本对象应分摊的借款费用}=\frac{\text{某一成本对象预算造价}}{\text{期内全部成本对象预算造价}}\times\text{本期借款总费用}$$

土地成本一般按占地面积法进行分配。如果的确需要结合其他方法进行分配的,应经税务机关同意。土地开发同时联结房地产开发的,属于一次性取得土地分期开发房地产的情况,其土地开发成本经税务机关同意后可先按土地整体预算成本进行分配,待土地整体开发完毕再进行调整。单独作为过渡性成本对象核算的公共配套设施开发成本应按建筑面积法进行分配。借款费用属于不同成本对象共同负担的,按直接成本法或按预算造价法进行分配。

其他成本项目的分配法由企业自行确定。

3) 共同成本

共同成本是主要由多个成本对象共同负担并按一定比例进行分摊的成本,如分期开发一次购入的土地所支付的价款。

5. 对当期已完工成本对象的计税成本进行结算,并按房地产主管部门核定的可售面积计算其单位工程成本

$$\text{可售面积单位工程成本}=\text{成本对象总成本}\div\text{总可售面积}$$

可售面积单位工程成本包括开发产品计税成本与未销开发产品的计税成本,

暂时不要配比结转成本。

建房〔1995〕第517号文件规定了商品房销售面积测算的一般标准，在实践中要看房管局测绘大队的测绘面积，销售面积以测绘面积为准。国税发〔2001〕142号规定，总可销售面积是指国家规定的房屋测绘部门出具的确定房地产项目可售面积证书中明确的面积。国税发〔2005〕172号规定，面积计算，不按套内面积。注意：可售面积要同销售部门进行核对。还需要注意的是，计算单位工程成本时，不能人为扣除拆一还一的销售面积，致使单位工程成本加大。

开发成本在各期之间一般都是按照建筑面积分摊为主，转入开发产品再转入主营业务成本时是按照可售面积来进行分摊的，可售面积是可以销售的房产，建筑面积含不可销售的配套的公共建筑。

不应分摊的共有建筑面积包括：

(1) 从属于人防工程的地下室、半地下室。

(2) 供出租或出售的固定车位或专用车库。

(3) 幢外的用做公共休憩的设施或架空层。

6. 计算销售成本

对当期已实现销售的可售面积，按其单位工程成本计算出已销开发产品的计税成本，并在当期纳税申报时进行扣除。

已销开发产品的计税成本 = 已实现销售的可售面积 × 可售面积单位工程成本

7. 成本费用分配

对前期已完工开发产品本期应负担的成本费用按已销开发产品和未销开发产品进行分配，其中应由已销开发产品负担的部分，在当期纳税申报时进行扣除。

8. 成本调整(二次分摊)

属于成本对象完工后发生的开发成本，应按计税成本结算的规定和其他有关规定，首先在已完工成本对象和未完工成本对象之间进行分摊，然后再将由已完工成本对象负担的部分，在已销开发产品和未销开发产品之间进行分摊。

开发企业发生的应计入开发产品成本中的费用，其直接成本和能够分清成本负担对象的间接成本，直接计入成本对象。共同成本和不能分清负担对象的间接成本，应按受益的原则和配比的原则分配至各成本对象。

9.3.4 期间费用的扣除

1. 工资薪金

1) 关于工资薪金总额问题

企业发生的合理的工资薪金支出准予据实扣除。工资薪金支出是企业每一纳税年度支付给本企业任职或与其有雇佣关系的员工的所有现金或非现金形式的劳动报酬，包括基本工资、奖金、津贴、补贴、年终加薪、加班工资，以及与任职或者是受雇有关的其他支出。

合理的工资薪金是指企业按照股东大会、董事会、薪酬委员会或相关管理机构制定的工资薪金制度规定实际发放给员工的工资薪金。属于国有性质的企业，其工资薪金，不得超过政府有关部门给予的限定数额；超过部分，不得计入企业工资薪金总额，也不得在计算企业应纳税所得额时扣除。

企业因雇佣季节工、临时工、实习生、返聘离退休人员，以及接受外部劳务派遣用工所实际发生的费用，应区分为工资薪金支出和职工福利费支出，并按《中华人民共和国企业所得税法》规定在企业所得税税前扣除。其中属于工资薪金支出的，准予计入企业工资薪金总额的基数，作为计算其他各项相关费用扣除的依据。企业接受外部劳务派遣用工所实际发生的费用，应分两种情况按规定在税前扣除：按照协议(合同)约定直接支付给劳务派遣公司的费用，应作为劳务费支出；直接支付给员工个人的费用，应作为工资薪金支出和职工福利费支出。其中属于工资薪金支出的费用，准予计入企业工资薪金总额的基数，作为计算其他各项相关费用扣除的依据。

2) 职工福利费、工会经费、职工教育经费

企业发生的职工福利费、工会经费、职工教育经费按标准扣除，未超过标准的按实际数扣除，超过标准的只能按标准扣除，超出标准的部分不得扣除，也不得在以后年度结转扣除。

(1) 企业发生的职工福利费支出，不超过工资薪金总额14%的部分准予扣除。企业职工福利费是指企业为职工提供的除职工工资、奖金、津贴、纳入工资总额管理的补贴、职工教育经费、社会保险费和补充养老保险费(年金)、补充医疗保险费及住房公积金以外的福利待遇支出，包括发放给职工或为职工支付的各项现金补贴和非货币性集体福利。

值得注意的是，企业发生的职工福利费，应该单独设置账册，进行准确核算。没有单独设置账册准确核算的，税务机关应责令企业在规定的期限内进行改正。逾期仍未改正的，税务机关可对企业发生的职工福利费进行合理的核定。

(2) 企业拨缴的工会经费，不超过工资薪金总额2%的部分准予扣除。自2010年1月1日起，在委托税务机关代收工会经费的地区，企业拨缴的工会经费，也可凭合法、有效的工会经费代收凭据依法在税前扣除。

(3) 除国务院财政、税务主管部门另有规定外，企业发生的职工教育经费支出，不超过工资薪金总额2.5%的部分准予扣除，超过部分准予结转以后纳税年度扣除。

上述计算职工福利费、工会经费、职工教育经费的“工资薪金总额”，是指企业按照符合规定的实际发放的工资薪金总和，不包括企业的职工福利费、职工教育经费、工会经费，以及养老保险费、医疗保险费、失业保险费、工伤保险费、生育保险费等社会保险费和住房公积金。

3）社会保险费

企业依照国务院有关主管部门或者省级人民政府规定的范围和标准为职工缴纳的“五险一金”，即基本养老保险费、基本医疗保险费、失业保险费、工伤保险费、生育保险费等基本社会保险费和住房公积金，准予扣除。企业为在本企业任职或受雇的全体员工支付的补充养老保险费、补充医疗保险费，分别在不超过职工工资总额5%标准内的部分，准予扣除。超过部分，不得扣除。企业依照国家有关规定为特殊工种职工支付的人身安全保险费和符合国务院财政、税务主管部门规定可以扣除的商业保险费准予扣除。企业参加财产保险，按照规定缴纳的保险费，准予扣除。企业为投资者或者职工支付的商业保险费，不得扣除。

在会计处理上，预提的工资计入成本费用，因此，税前扣除工资与会计核算有差异，税务上采取了收付实现制，会计上采取的是权责发生制。企业在汇算清缴期间实际发放的工资，不得计入上年的工资支出予以扣除，而应于计入实际发放的当年在税前扣除。例如，2015年12月的工资如在2016年1月发放，不能在2015年度汇算清缴时扣除，而应在实际发放的年度即2016年扣除。目前，在实务操作过程中，汇算清缴结束前发放的工资及预提费用有明确依据的一般均予认可。

2. 利息费用的扣除

利息费用在开发产品完工前，应计入有关房地产的开发成本。在开发产品完工后，应计入财务费用。

1）税前扣除的基本规定

根据《中华人民共和国企业所得税法实施条例》的相关规定，企业在生产经营过程中发生下列合理的不需要资本化的利息支出准予在所得税前扣除：

（1）非金融企业向金融企业借款的利息支出。

（2）金融企业发生的各项存款利息支出和同业拆借利息支出。

（3）企业经批准发行债券的利息支出。

（4）非金融企业向非金融企业借款不超过按照金融企业同期同类贷款利率计算的利息支出。

但按照国家税务总局《关于企业所得税若干问题的公告》（国家税务总局公告2011年第34号）规定：在非金融企业向非金融企业借款按照合同要求首次支付利息并进行税前扣除时，应提供“金融企业的同期同类贷款利率情况说明”，以证明其利息支出的合理性。其内容应包括在签订该借款合同当时，本省任何一家金融企业提供同期同类贷款利率情况。其金融企业应该是经政府有关部门批准成立的可以从事贷款业务的企业，包括银行、财务公司、信托公司等金融机构；其“同期同类贷款利率”是指在贷款期限、贷款金额、贷款担保，以及企业信誉等条件基本相同情况下由金融企业提供贷款的利率；其“利率”既可以是金融企业公布的同期同类平均利率，也可以是金融企业对某些企业提供的实际贷款利率。同时，在实际工作中，由于各金融机构执行的同期同类贷款利率不同，如某地区中国银行 1 年期流动资金贷款利率为 4.425%；而农村信用合作社 1 年期流动资金贷款利率执行的是在基准利率的基础上再上浮 130%，即执行的是 5.752 5%，因此，在国家及其财政、税务主管部门没有明确前可以按当地金融机构同期同类贷款最高利率标准扣除。

2）税前扣除涉及的具体问题

(1) 借款费用资本化问题。国税发〔2009〕31 号第 22 条规定，企业为建造开发产品借入资金而发生的符合税收规定的借款费用，可按企业会计准则的规定进行归集和分配，其中属于财务费用性质的借款费用，可直接在税前扣除。

根据《企业会计准则第 17 号——借款费用》的规定，符合借款费用资本化条件的存货，主要包括房地产企业开发的用于对外出售的房地产开发产品、企业制造的用于对外出售的大型机器设备等。这类存货通常需要经过相当长时间的建造或者生产过程，才能达到预定可销售状态。其中“相当长时间”，是指为资产的购建或者生产所必需的时间，通常为 1 年以上(含 1 年)。从事房地产开发业务的企业为开发房地产而借入资金所发生的借款费用，在开发产品完工前，应计入有关房地产的开发成本。在开发产品完工后，应计入财务费用。

(2) 企业关联方利息支出税前扣除问题。财政部、国家税务总局《关于企业关联方利息支出税前扣除标准有关税收政策问题的通知》(财税〔2008〕121 号)规定，如果企业能够按照税法及其实施条例的有关规定提供相关资料，并证明相关交易活动符合独立交易原则，或者该企业的实际税负不高于境内关联方时，其实际支付给境内关联方的利息支出可不受债权性投资与权益性投资的比例(金融企业超过 5∶1、其他企业超过 2∶1)的影响，准予在计算应纳税所得额时扣除。

《中华人民共和国企业所得税法》第 41 条规定，企业与其关联方之间的业务往来，不符合独立交易原则而减少企业或者其关联方应纳税收入或者所得额的，税务机关有权按照合理方法调整。

《中华人民共和国企业所得税法实施条例》第 109 条规定，关联方是指与企业有下列关联关系之一的企业、其他组织或者个人：

① 在资金、经营、购销等方面存在直接或者间接的控制关系。

② 直接或者间接地同为第三者控制。

③ 在利益上具有相关联的其他关系。

(3) 企业向个人支付利息支出的税前扣除问题。国家税务总局《关于企业向自然人借款的利息支出企业所得税税前扣除问题的通知》(国税函〔2009〕777号)规定,企业向股东或其他与企业有关联关系以外的内部职工或其他自然人借款的利息支出,同时符合以下条件的,其利息支出在不超过按照金融企业同期同类贷款利率计算的数额的部分,准予在所得税前扣除。

① 企业与个人之间的借贷是真实、合法、有效的,并且不具有非法集资目的或其他违反法律、法规的行为。

② 企业与个人之间签订了借款合同。

企业向个人支付利息支出必须取得合法的凭证依据。《发票管理办法》第21条规定,所有单位和从事生产、经营活动的个人在购买商品、接受服务以及从事其他经营活动支付的款项,应当向收款方取得发票。同时,第22条规定,不符合规定的发票,不得作为财务报销凭证,任何单位和个人有权拒收。

(4) 集团统借统还问题。《房地产开发经营业务企业所得税处理办法》(国税发〔2009〕31号)第21条规定:"企业集团或其成员企业统一向金融机构借款分摊集团内部其他成员企业使用的,借入方凡能出具从金融机构取得借款的证明文件,可以在使用借款的企业间合理地分摊利息费用,使用借款的企业分摊的合理利息准予在税前扣除。"

(5) 售后回租产生的利息问题。国家税务总局《关于融资性售后回租业务中承租方出售资产行为有关税收问题的公告》(国家税务总局公告2010年第13号)规定,融资性售后回租业务是指承租方以融资为目的将资产出售给经批准从事融资租赁业务的企业后,又将该项资产从该融资租赁企业租回的行为。融资性售后回租业务中,承租人出售资产的行为,不确认为销售收入,对融资性租赁的资产,仍按承租人出售前原账面价值作为计税基础计提折旧。租赁期间,承租人支付的属于融资利息部分,作为企业财务费用在税前扣除。

国家税务总局公告2010年第13号规定售后回租不征税是有条件的,注意"将资产出售给经批准从事融资租赁业务的企业"这个条件,这里的经批准是指按商建发〔2004〕560号规定:根据国务院办公厅下发的商务部"三定"规定,原国家经贸委、外经贸部有关租赁行业的管理职能和外商投资租赁公司管理职能划归商务部,今后凡(财税〔2003〕16号)涉及原国经贸委和外经贸部管理职能均改由商务部承担。外商投资租赁公司的市场准入及行业监管工作继续按照商务部的有关规定执行。出租方属于经商务部批准的从事融资租赁的企业,出售方即承租方可以按国家税务总局公告2010年第13号的规定,根据现行企业所得税法及有关收入确定规定,融资性售后回租业务中,承租人出售资产的行为,不确认为销售收入,对融资性租赁的资产，仍按承租人出售前原账面价值作为计税基础计提折旧。租赁期间，承租人支付的属于融资利息的部分，作为企业财务费用在税前扣除。

3. 广告宣传费和业务招待费

《中华人民共和国企业所得税法实施条例》第43条规定，企业发生的与生产经营活动有关的业务招待费支出，按照发生额的60%扣除，但最高不得超过当年销售(营业)收入的5‰。《中华人民共和国企业所得税法实施条例》第44条规定，企业发生的符合条件的广告费和业务宣传费支出，除国务院财政、税务主管部门另有规定外，不超过当年销售(营业)收入15%的部分，准予扣除；超过部分，准予在以后纳税年度结转扣除。国家税务总局《关于企业所得税应纳税所得额若干税务处理问题的公告》(国家税务总局公告2012年第15号)规定，"企业在筹建期间，发生的与筹办活动有关的业务招待费支出，可按实际发生额的60%计入企业筹办费，并按有关规定在税前扣除；发生的广告费和业务宣传费，可按实际发生额计入企业筹办费，并按有关规定在税前扣除。"

财政部、国家税务总局《关于广告费和业务宣传费支出税前扣除政策的通知》(财税〔2012〕48号)规定，"对签订广告费和业务宣传费分摊协议(以下简称分摊协议)的关联企业，其中一方发生的不超过当年销售(营业)收入税前扣除限额比例内的广告费和业务宣传费支出可以在本企业扣除，也可以将其中的部分或全部按照分摊协议归集至另一方扣除。另一方在计算本企业广告费和业务宣传费支出企业所得税税前扣除限额时，可将按照上述办法归集至本企业的广告费和业务宣传费不计算在内。"

4. 佣金

内销的佣金按委托销售收入金额的5%扣除，外销的佣金按委托销售收入金额的10%扣除。

财税〔2009〕29号文规定：支付的手续费及佣金数额，不得超过所签订服务协议或合同确认的收入金额的5%，支付手续费及佣金的形式，除委托个人代理外，不得以现金等非转账方式支付；国税发〔2009〕31第20条规定，企业委托境外机构销售开发产品的，其支付境外机构的销售费用(含佣金或手续费)不超过委托销售收入10%的部分，准予据实扣除。

企业支付的佣金，若能提供劳务发票的，可在税前扣除；反之，则不行。企业支付境外佣金，国际上大多数国家的税务机关没有监印、发售发票，只有收据，必须提供合法合同、银行外汇支付凭证，方可在税前扣除。对支付给个人的佣金，按规定代扣代缴个人所得税后，可在税前扣除。

取得土地使用权所支付的金额，是指纳税人为取得土地使用权所支付的地价款和按国家统一规定缴纳的有关费用。佣金是支付给中介机构而不是支付给土地出让方或转让方的，因此不应当作为取得土地使用权所支付的金额作为开发成本，但可以计入管理费用计算比例扣除。

5. 税金扣除

国税发〔2009〕31号第12条规定，企业发生的期间费用、已销开发产品计税成本、税金及附加、土地增值税准予当期按规定扣除。需要注意的是，税金必须是实际缴纳的，预提税金不能扣除。例如，土地增值税必须是实际缴纳或预征的，否则不能扣除。

9.4 房地产企业应纳税额的计算及纳税调整

9.4.1 开(筹)办期间

开(筹)办期间是指从企业被批准筹建之日起至开业之日，即企业取得营业执照上标明的设立日期。国家税务总局《关于企业所得税若干税务事项衔接问题的通知》(国税函〔2009〕98号)第9条规定：新税法中开(筹)办费未明确列作长期待摊费用，企业可以在开始经营之日的当年一次性扣除，也可以按照新税法有关长期待摊费用的处理规定处理，但一经选定，不得改变。国家税务总局公告2012年第15号规定：企业在筹建期间，发生的与筹办活动有关的业务招待费支出，可按实际发生额的60%计入企业筹办费，并按有关规定在税前扣除；发生的广告费和业务宣传费，可按实际发生额计入企业筹办费，并按有关规定在税前扣除。根据国家税务总局《关于贯彻落实企业所得税法若干税收问题的通知》(国税函〔2010〕79号)第7条规定，企业自开始生产经营的年度，为开始计算企业损益的年度。企业从事生产经营之前，即筹办活动期间发生的筹办费用支出，不得计算为当期的亏损，应按照国家税务总局《关于企业所得税若干税务事项衔接问题的通知》(国税函〔2009〕98号)第9条的规定执行。

案例分析 9.13

某房地产企业2014年3月开始筹建，筹建期历时15个月，账簿资料显示：2014年3～12月、2015年1～5月筹建期分别发生开办费200万元、300万元，均无收入。经税务机关核实：

(1) 该开发企业2014年3～12月、2015年1～5月筹建期分别发生业务招待费10万元、20万元，分别发生广告宣传费30万元、40万元。

(2) 2014年6月投资方因投入资本自行筹措款项所支付的利息支出8万元计入了开办费。

(3) 2015年3月，购建固定资产(营业楼)所支付的设计费、部分材料费共计10万元计入了开办费；2014年、2015年筹建期均无收入，2015年6月开始生产经营。试确认开始计算企业损益的年度；若该企业选用在开始经营之日的当年一次性扣除开办费，计算该企业一次性扣除开办费的金额。

分析：

该开发企业从事生产经营之前筹办活动期间发生的筹办费用支出，不得计算为当期的亏损，只能在“开办费”科目中归集。企业自开始生产经营的年度，是开始计算企业损益的年度。如果筹办期的结束和经营期的开始，两者处于同一年度，则应分别按照有关规定确认筹办费摊销及经营年度的开始。因此，该开发企业在开始生产经营年度的2015年6月起开始一次性或分期扣除开办费；若2015年度发生了亏损，则税法确认的亏损年度就是2015年度。

(1) 业务招待费支出可按实际发生额的60%计入开办费，发生的广告宣传费可按实际发生额计入开办费。

(2) 投资方因投入资本自行筹措款项所支付的利息，不计入开办费，应由出资方自行负担。

(3) 为购建固定资产所支付的设计费、部分材料费应予资本化，不计入开办费。

因此，该企业2015年一次性扣除开办费金额为：

$$200+300-(10+20)\times(1-60\%)-8-10=470(\text{万元})$$

9.4.2 预缴期间

《中华人民共和国企业所得税法》及其实施条例规定，企业所得税实行分月或者分季预缴，企业应当自月份或者季度终了之日起15日内，向税务机关报送预缴企业所得税纳税申报表，预缴税款。对房地产企业来说，销售未完工开发产品取得的收入时或者账面有实际利润额时，均应预缴企业所得税。

销售未完工开发产品取得的收入时的预缴：

房地产企业的销售方式一般包括现房销售、期房销售，当前房地产企业普遍采用期房销售方式。所谓期房销售是指房地产企业从取得商品房预售许可证开始至取得房地产权证(大产证)为止，将正在建设中的商品房预先出售给购买人，并向购买人收取定金或房款的行为。对于房地产企业现房销售业务的处理方法，企业会计准则与税法的规定是一致的；而期房销售业务的处理方法，会计准则和税法的规定有所不同，致使房地产企业的预售业务在会计处理和税务处理上存在着很大的差异。

根据企业会计准则的规定，房地产企业期房销售业务的会计处理为：由于企业销售商品不满足收入确认条件，当收到预售款时应确认为负债，等预售房屋竣工并交付给购买方时，再确认收入。即收到期房房款时，借记"银行存款"科目，贷记"预收账款"科目；房屋竣工并交付给购买方时，借记"预收账款"科目，贷记"主营业务收入"科目，同时结转开发产品成本，借记"主营业务成本"科目，贷记"开发产品"科目。

国家税务总局《关于房地产开发业务征收企业所得税问题》(国税发〔2009〕31号)第6条规定，企业通过正式签订"房地产销售合同"或"房地产预售合同"所取得的收入，应确认为销售收入的实现。因此，房地产企业通过签订"房地产预收合同"所取得的收入，从企业所得税的角度，不再存在"预收账款"的概念，只要签订了"销售合同""预售合同"并收取款项，不管产品是否完工，全部确认为销售未完工开发产品取得的收入，负有企业所得税纳税义务。国税发〔2009〕31号第9条规定，企业销售未完工开发产品取得的收入，应先按预计计税毛利率分季(月)计算出预计毛利额，计入当期应纳税所得额。企业销售未完工开发产品的计税毛利率由各省、自治区、直辖市国家税务局、地方税务局按下列规定进行确定：

(1) 开发项目位于省、自治区、直辖市和计划单列市人民政府所在地城市城区和郊区的，不得低于15%。

(2) 开发项目位于地级市城区及郊区的，不得低于10%。

(3) 开发项目位于其他地区的，不得低于5%。

(4) 属于经济适用房、限价房和危改房的，不得低于3%。

案例分析 9.14

某房地产企业2015年9月取得预售许可证，预售合同均由开发企业与购房者签订，合同预售面积20 000平方米、均价为每平方米8 000元，企业会计处理为：借记"银行存款"科目16 000万元，贷记"预收账款"科目16 000万元，账面利润为亏损100万元，准予弥补以前年度亏损额为300万元。已知该市规定的销售未完工开发产品的计税毛利率为10%。试计算该企业应预缴企业所得税。

分析：

依据国家税务总局《关于房地产开发企业所得税预缴问题的通知》(国税函〔2008〕299号)第1条规定，房地产企业按当年实际利润据实分季(月)预缴企业所得税的，对开发、建造的住宅、商业用房以及其他建筑物、附着物、配套设施等开发产品，在未完工前采取预售方式销售取得的预售收入，按照规定的预计利润率分季(月)计算出预计利润额，计入利润总额预缴，开发产品完工、结算计税成本后按照实际利润再行调整。

依据国税发〔2009〕第31号第9条规定，企业销售未完工开发产品取得的收入，应先按预计计税毛利率分季(月)计算出预计毛利额，计入当期应纳税所得额。依据《中华人民共和国企业所得税月(季)度预缴纳税申报表(A类)》(国家税务总局公告2015年第31号)规定，实行查账征收的企业按月(季)度的实际利润额预缴。实际利润额的计算公式为：

实际利润额 = 利润总额 + 特定业务计算的应纳税所得额 − 不征税收入 − 免税收入 − 弥补以前年度亏损

该房地产企业实际利润额 = −100 + 16 000 × 10% − 300 = 1 200(万元)

应预缴企业所得税额 = 1 200 × 25% = 300(万元)

需要注意的是，如果房地产企业是B类企业，采用核定征收方式，年终不需要再汇算清缴，所以不用报所得税年报。企业所得税月(季)度和年度纳税申报表(B类)(国家税务总局公告2015年第31号)按核定征收方式的不同，分别适用按应税所得率计算应纳所得税额的企业、由税务机关核定应纳所得税额的企业。

9.4.3 汇算清缴期间

企业所得税汇算清缴，是指纳税人自纳税年度终了之日起5个月内或实际经营终止之日起60日内，依照税收法律、法规、规章及其他有关企业所得税的规定，自行计算本纳税年度应纳税所得额和应纳所得税额，根据月度或季度预缴企业所得税的数额，确定该纳税年度应补或者应退税额，并填写企业所得税年度纳税申报表，向主管税务机关办理企业所得税年度纳税申报、提供税务机关要求提供的有关资料、结清全年企业所得税款的行为。在实际工作中，企业所得税汇算清缴是遵循如下五步进行的：

第一步，计算应纳税所得额。

应纳税所得额的计算是以企业按国家会计制度核算的年度利润总额为基础，依据税收法规的规定，先分别计算出纳税调整增加额、纳税调整减少额，然后按下列公式计算出应纳税所得额。

应纳税所得额 = 利润总额 + 纳税调整增加额 − 纳税调整减少额 + 境外应税所得弥补境内亏损 − 允许弥补的以前年度亏损

其中：纳税调整增加或减少额包括两个方面的内容：一是企业的财务会计处理与税收法规不一致的应予调整的金额；二是企业按税法规定准予扣除的税收金额。

注意：《中华人民共和国企业所得税法》所称应纳税所得额，是指企业每一纳税年度的收入总额，减除不征税收入、免税收入、各项扣除，以及允许弥补的以前年度亏损后的余额，用公式表示：

应纳税所得额 = 收入总额 − 不征税收入 − 免税收入 − 各项扣除 − 允许弥补的以前年度亏损

第二步，计算应纳所得税额。

应纳所得税额 = 应纳税所得额 × 税率

第三步，计算应纳税额。

应纳税额 = 应纳所得税额 − 减免所得税额 − 抵免所得税额

第四步，计算实际应纳所得税额。

实际应纳所得税额 = 应纳税额 + 境外所得应纳所得税额 − 境外所得抵免所得税额

第五步，计算本年应补(退)的所得税额。

本年应补(退)的所得税额 = 实际应纳所得税额 − 本年累计实际已预缴的所得税额

若计算的本年应补(退)的所得税额为正数，即纳税人在纳税年度内预缴企业所得税款少于应缴企业所得税款的，应在汇算清缴期内结清应补缴的企业所得税税款；若计算的本年应补(退)的所得税额为负数，即预缴税款超过应纳税款的，主管税务机关应及时按有关规定办理退税，或者经纳税人同意后抵缴其下一年度应缴企业所得税款。

汇算清缴是涉及税收政策最多、最复杂的环节，许多细节在前面已经有详细说明，这里对重要的内容再简要概述如下：

(1) 企业房地产开发经营业务包括土地的开发，建造、销售住宅、商业用房以及其他建筑物、附着物、配套设施等开发产品。

在会计处理上，收入的确认要符合企业会计准则的规定，一般销售的开发产品没有收取全款是不会交付给业主的，不论是未完工建造阶段的开发产品还是完工后未交付的开发产品，所收取的款项一般反映在“预收账款”科目。

在税务处理上，除土地开发之外，开发产品竣工证明材料已报房地产管理部门备案，或开发产品已开始投入使用，或开发产品已取得了初始产权证明，应视为已经完工。国家税务总局《关于房地产开发企业开发产品完工条件确认问题的通知》(国税函〔2010〕201 号)还规定：房地产企业建造、开发的开发产品，无论工程质量是否通过验收合格，或是否办理完工(竣工)备案手续以及会计决算手续，当企业开始办理开发产品交付手续(包括入住手续)、或已开始实际投入使用时，为开发产品开始投入使用，应视为开发产品已经完工。房地产企业应按规定及时结算开发产品计税成本，并计算企业当年度应纳税所得额。

注意：与会计上收入确认的区别。销售土地和商品房，应在土地和商品房已经移交，已将发票账单提交买主时，作为销售实现。财政部《关于施工、房地产开发企业的财务制度》(财发〔2003〕55 号)第 62 条明确规定：房地产企业开发的土地、商品房在移交后，将结算账单提交买方并得到认可时，确认为营业收入的实现；代建房屋及代建其他工程，在工程竣工验收办妥交接手续，价款结算账单经委托单位签证后，确认为营业收入的实现。

(2) 房地产企业代有关部门、单位和企业收取的各种基金、费用和附加等，凡纳入开发产品价内或由企业开具发票的，应按规定全部确认为销售收入，其相关的成本费用准予扣除；未纳入开发产品价内并由企业之外的其他收取部门、单位开具发票的，可作为代收代缴款项进行管理，其相关的成本费用不得扣除。

(3) 企业所得税汇算清缴时，销售未完工开发产品取得收入可以作为计算业务招待费、广告费和业务宣传费的基数。

(4) 企业应与具有合法经营资格中介服务企业或个人签订代办协议或合同，并按所签订服务协议或合同确认的收入金额的5%计算支付手续费及佣金的限额。除委托个人代理外，企业以现金等非转账方式支付的手续费及佣金不得在税前扣除。但企业委托境外销售机构销售开发产品的，其支付境外机构的销售费用(含佣金或手续费)不超过委托销售收入的10%的部分，准予据实扣除。

(5) 可以预提(应付)成本费用的情况。

① 出包工程未最终办理结算而未取得全额发票的，在有相关合同、协议或其他证明资料的前提下，可以预提合同总金额的10%，计入成本对象的开发成本中。

② 公共配套设施尚未建造或尚未完工的，可以按照预算造价合理预提建造费用。该公共配套设施必须符合在售房合同、协议或广告、模型中明确承诺建造并且不可撤销，或按照法律法规规定必须配套建造的条件。

③ 应向政府上缴但尚未上缴的报批报建费用、物业完善费用可以按规定预提。物业完善费用是指按规定应由房地产企业承担的物业管理基金、公共维修基金或其他专项基金。

(6) 企业在开发区内建造的会所、物业管理场所、电站、热力站、水厂、文体场馆、幼儿园等配套设施，若属于非营利性且产权属于全体业主的，或无偿赠与地方政府、公用事业单位的，可将其视为公共配套设施，其建造费用按公共配套设施费准予扣除。若属于营利性的，或产权归企业所有的，或未明确产权归属的，或无偿赠与地方政府、公用事业单位以外其他单位的，应当单独核算其成本。除企业自用应按建造固定资产进行处理外，其他一律按建造开发产品进行处理。

(7) 企业在开发区内建造的邮电通讯、学校、医疗设施应单独核算成本，其中，由企业与国家有关业务管理部门、单位合资建设，完工后有偿移交的，国家有关业务管理部门、单位给予的经济补偿可直接抵扣该项目的建造成本，抵扣后的差额应调整当期应纳税所得额。

(8) 国税发〔2009〕31号第33条规定：企业单独建造的停车场所，应作为成本对象单独核算。利用地下基础设施形成的停车场所，作为公共配套设施进行处理。

企业在会计核算中，除企业单独建造、单独核算的车库外，对于利用地下设施建造的地下车位，以及利用地面道路等划定的车位，均已作为公共配套设施计入了开发成本中，因此，无论开发企业以何种方式取得有关车库、车位的转让收入，均应作为房地产企业的销售收入，不得再重复扣除成本。对于采用长期出租并一次性收取租金方式的，根据合同约定的日期和金额确认租金收入，提前收取的，在实际收取租金当期确认租金收入。

(9) 企业将开发产品用于捐赠、赞助、职工福利、奖励、对外投资、分配给股东或投资人、抵偿债务、换取其他企事业单位和个人的非货币性资产等行为，应视同销售，于开发产品所有权或使用权转移，或于实际取得利益权利时确认收入（或利润）的实现。确认收入（或利润）的方法和顺序为：

① 按本企业近期或本年度最近月份同类开发产品市场销售价格确定。

② 由主管税务机关参照当地同类开发产品市场公允价值确定。

③ 按开发产品的成本利润率确定。

开发产品的成本利润率不得低于15%，具体比例由主管税务机关确定。

案例分析 9.15

某房地产企业2015年6～12月有关资料如下：

(1) 征用开发用地10 000平方米，支付土地价款2 000万元，缴纳契税100万元，发生其他征用土地费用50万元。

(2) 在该土地上开发一楼盘，发生前期工程费300万元，基础设施建造费500万元，建筑安装工程费8 000万元，开发间接费用150万元，至年底未完工。

(3) 9月取得预售许可证，预售合同均由开发企业与购房者签订，合同预售面积20 000平方米、均价为每平方米8 000元，开发企业会计处理为：借记银行存款16 000万元，贷记预收账款16 000万元。

(4) 发生管理费用800万元（其中：一次性列支的开办费470万元，业务招待费100万元）；销售费用300万元（其中广告费100万元）；财务费用370万元（其中列支因开发该楼盘向银行借款的利息支出350万元）。

(5) 通过教育部门向“希望工程”的捐赠支出110万元。

(6) 账面利润为－1 580万元。

要求：

(1) 计算该企业2015年发生的开发成本。

(2) 计算该企业2015年纳税调整增加额。

(3) 计算该企业2015年纳税调整减少额。

(4) 计算该企业2015年度的纳税调整后所得或应纳税所得额。

(5) 计算"中华人民共和国企业所得税年度纳税申报表"第40行"本年应补(退)的所得税额"。

分析:

(1) 该企业2015年发生的开发成本。

土地征用费及拆迁补偿费 = 2 000 + 100 + 50 = 2 150(万元)

前期工程费 = 300(万元)

基础设施建设费 = 500(万元)

建筑安装工程费 = 8 000(万元)

公共配套设施费 = 0

开发间接费 = 150 + 350(借款费用) = 500(万元)

2015年发生的开发成本合计 = 2 150 + 300 + 500 + 8 000 + 500 = 11 450(万元)

注意:企业为建造开发产品借入资金而发生的符合税收规定的借款费用,可按企业会计准则的规定进行归集和分配,其中属于财务费用性质的借款费用,可直接在税前扣除。

(2) 该企业2015年纳税调整增加额。

① 预计利润调增=20 000×8 000÷10 000×10%=1 600(万元)。

② 业务招待费限额=20 000×8 000×5‰÷10 000=80(万元)准予扣除60万元(100×60%),业务招待费调增=100−60=40(万元)。

《中华人民共和国企业所得税法实施条例》第43条规定,企业发生的与生产经营活动有关的业务招待费支出,按照发生额的60%扣除,但最高不得超过当年销售(营业)收入的5‰。

③ 广告费,不超过当年销售(营业)收入15%,无需纳税调整。

④ 财务费用中应予资本化部分调增350万元。

⑤ 根据《中华人民共和国企业所得税法》第9条、《中华人民共和国企业所得税法实施条例》第53条规定,企业发生的公益性捐赠支出,不超过年度利润总额12%的部分,准予扣除。该企业通过教育部门向"希望工程"的捐赠支出110万元不得扣除。

纳税调整增加额合计 = 1 600 + 40 + 350 + 110 = 2 100(万元)

(3) 该企业2015年纳税调整减少额。

依据国税发〔2009〕31号第12条规定,企业发生的期间费用、已销开发产品计税成本、税金及附加、土地增值税准予当期按规定扣除。假设该开发企业预缴的税金及附加、土地增值税共1 224万元准予扣除,应作纳税调整减少额,但预缴的企业所得税税款400万元不得税前扣除。

(4) 该企业 2015 年度的纳税调整后所得或应纳税所得额。

应纳税所得额＝利润总额＋纳税调整增加额－纳税调整减少额
＝－1 580＋2 100－1 224＝－704(万元)

"中华人民共和国企业所得税年度纳税申报表"第 23 行"纳税调整后所得"704 万元,即税法确认的亏损。该企业 2015 年度的亏损 704 万元,依据《中华人民共和国企业所得税法》第 18 条规定,企业纳税年度发生的亏损,准予向以后年度结转,用以后年度的所得弥补,但结转年限最长不得超过 5 年。

注意:税法中的亏损和财务会计中的亏损含义是不同的。税法中的亏损是指在计算应纳税所得额时,收入总额减除不征税收入、免税收入和各项扣除后,其结果就有可能小于零,其小于零的数额即亏损。财务会计上的亏损是指当年总收益小于当年总支出。

(5) 由(3)可知,该企业 2015 年 9 月预售款已预缴了 400 万元企业所得税,且应纳税所得额为 0,"中华人民共和国企业所得税年度纳税申报表"第 40 行"本年应补(退)的所得税额"为－400 万元,表示预缴税款,可抵缴其下一年度应缴企业所得税税款。

案例分析 9.16

某房地产开发公司 2015 年度已按销售未完工开发产品取得收入 1 000 万元,缴纳了营业税 50 万元,缴纳了城市维护建设税、教育费附加、地方教育附加、水利建设基金 6.5 万元,按 2%预缴了土地增值税 20 万元,按 10%计税毛利率预缴了企业所得税 25 万元,2015 年"中华人民共和国企业所得税年度纳税申报表"第 23 行"纳税调整后所得"为亏损 500 万元。

2016 年开发商品房全部完工并对外销售完毕,有关资料如下:

(1) 按转让产权合同取得收入 4 000 万元(其中包括 2015 年预售款 1 000 万元)。

(2) 支付取得土地使用权的金额 800 万元。

(3) 开发成本 1 500 万元。

(4) 开发费用 250 万元(当地政府规定开发费用的扣除比例为 10%)。

要求:

(1) 计算该开发公司 2016 年应补缴土地增值税。

(2) 计算该开发公司 2016 年应缴纳企业所得税。

分析:

(1) 该开发公司 2016 年应补缴土地增值税。

扣除项目包括:

① 取得土地使用权所支付的金额。

② 房地产开发成本。

③ 房地产开发费用：指与房地产开发项目有关的销售费用、管理费用、财务费用。财务费用中的利息支出，凡能够按转让房地产项目计算分摊并提供金融机构证明的，允许据实扣除，但最高不能超过按商业银行同类同期贷款利率计算的金额。其他房地产开发费用，在按照"取得土地使用权所支付的金额"与"房地产开发成本"金额之和的5%以内计算扣除。凡不能按转让房地产项目计算分摊利息支出或不能提供金融机构证明的，房地产开发费用在按"取得土地使用权所支付的金额"与"房地产开发成本"金额之和的10%以内计算扣除。

④ 转让税费：包括营业税、城市维护建设税、教育费附加、地方教育附加、水利建设基金，但按照规定房地产开发公司缴纳的印花税应计入其管理费用中，计算土地增值税时不再单独扣除。

⑤ 对从事房地产开发的纳税人，可按照"取得土地使用权所支付的金额"与"房地产开发成本"金额之和的20%加计扣除。

该开发企业扣除项目金额＝地价款800万元＋开发成本1 500万元＋其他开发费用(800＋1 500)×10%＋转让税费(营业税50＋城市维护建设税、教育费附加、地方教育附加、水利建设基金6.5)＋加计扣除(800＋1 500)×20%＝3 046.5(万元)

增值额＝4 000－3 046.5＝953.5(万元)

增值率＝953.5÷3 046.5×100%≈31.29%，适用税率30%

应交土地增值税＝953.5×30%＝286.05(万元)

2016年应补缴土地增值税＝286.05－20＝266.05(万元)

国家税务总局发布《关于营改增后土地增值税若干征管规定的公告》，规定"营改增"前后土地增值税清算的计算问题。房地产企业在"营改增"后进行房地产开发项目土地增值税清算时，按以下方法确定相关金额：

土地增值税应税收入＝"营改增"前转让房地产取得的收入

＋"营改增"后转让房地产取得的不含增值税收入

与转让房地产有关的税金＝"营改增"前实际缴纳的营业税、城市维护建设税、教育费附加

＋"营改增"后允许扣除的城市维护建设税、教育费附加

(2) 该开发公司2016年应补缴企业所得税。

2016年利润总额＝4 000－800－1 500－250－266.05＝1 183.95(万元)

纳税调整增加额为2015年已税前扣除的土地增值税20万元。因为，会计上在2015年度预收款转为收入后，相关的税费在计算利润总额时已全部扣除，但这

部分税费在2015年度企业所得税汇算清缴时已作为纳税调整减少额扣除。

纳税调整减少额为:2015年确认计税毛利额100万元。

2016年应纳税所得额 = 1 183.95 + 20 − 100 − 500 = 603.95(万元)

2016年应纳税额 = 603.95 × 25% = 150.99(万元)

9.5 房地产企业所得税征收管理

9.5.1 纳税地点

(1) 除税收法律、行政法规另有规定外,房地产居民企业以企业登记注册地确定纳税地点,但登记注册地在境外的,以实际管理机构所在地为纳税地点。企业登记注册地,是指企业依照国家有关规定登记注册的住所地。

(2) 房地产居民企业在中国境内设立不具有法人资格的营业机构的,应当汇总计算并缴纳企业所得税。企业汇总计算并缴纳企业所得税时,应当统一计算应纳税所得额,具体办法由国务院财政、税务主管部门另行制定。具体规定,请见国家税务总局《关于印发〈跨地区经营汇总纳税企业所得税征收管理暂行办法〉的通知》(国税发〔2008〕28号)。

(3) 房地产非居民企业在中国境内设立机构、场所的,应当就其所设机构、场所取得的来源于中国境内的所得,以及发生在中国境外但与其所设机构、场所有实际联系的所得,以机构、场所所在地为纳税地点。非居民企业在中国境内设立两个或者两个以上机构、场所的,经税务机关审核批准,可以选择由其主要机构、场所汇总缴纳企业所得税。

房地产非居民企业经批准汇总缴纳企业所得税后,需要增设、合并、迁移、关闭机构、场所或者停止机构、场所业务的,应当先由负责汇总申报缴纳企业所得税的主要机构、场所向其所在地税务机关报告;需要变更汇总缴纳企业所得税的主要机构、场所的,依照前款规定办理。

(4) 房地产非居民企业在中国境内未设置机构、场所的,或者虽设立机构、场所但取得的所得与其所设机构、场所没有实际联系的,以扣缴义务人所在地为纳税地点。

(5) 除国务院另有规定外,企业之间不得合并缴纳企业所得税。

9.5.2 纳税期限

1. 纳税年度

(1) 房地产企业所得税按纳税年度计算。纳税年度自公历1月1日起至12

月31日止。

（2）房地产企业在一个纳税年度中间开业，或者终止经营活动，使该纳税年度的实际经营期不足12个月的，应当以其实际经营期为一个纳税年度。

（3）企业依法清算时，应当以清算期间作为一个纳税年度。

2. 汇算清缴期限

（1）企业应当自年度终了之日起5个月内，向税务机关报送年度企业所得税纳税申报表，并汇算清缴，结清应缴应退税款。

（2）企业在年度中间终止经营活动的，应当自实际经营终止之日起60日内，向税务机关办理当期企业所得税汇算清缴。

（3）企业应当在办理注销登记前，就其清算所得向税务机关申报并依法缴纳企业所得税。

9.5.3 纳税申报

（1）房地产企业所得税分月或者分季预缴。企业应当自月份或者季度终了之日起15日内，向税务机关报送预缴企业所得税纳税申报表，预缴税款。

房地产企业在报送企业所得税纳税申报表时，应当按照规定附送财务报告和其他有关资料。

（2）房地产企业依照所得税法缴纳的企业所得税，以人民币计算。所得以人民币以外的货币计算的，应当折合成人民币计算并缴纳税款。

（3）房地产企业在纳税年度内无论盈利或者亏损，都应当依照《中华人民共和国企业所得税法》第54条规定的期限，向税务机关报送预缴企业所得税纳税申报表、年度企业所得税纳税申报表、财务会计报告和税务机关规定应当报送的其他有关资料。

9.5.4 跨地区经营建筑企业所得税征收管理

1. 基本概念与方法

1）汇总纳税企业

居民企业在中国境内跨地区（跨省、自治区、直辖市和计划单列市，同下）设立不具有法人资格分支机构的，该居民企业为跨地区经营汇总纳税企业。

2）二级分支机构

二级分支机构，是指汇总纳税企业依法设立并领取非法人营业执照（登记证书），且总机构对其财务、业务、人员等直接进行统一核算和管理的分支机构。房地产企业在异地按开发项目设立的“项目管理部”就基本属于二级分支机构。

3）基本方法

实行总分机构体制的跨地区经营房地产企业应严格执行国税发〔2012〕57号

文件规定，按照“统一计算，分级管理，就地预缴，汇总清算，财政调库”的办法计算缴纳企业所得税。

(1) 统一计算，是指总机构统一计算包括汇总纳税企业所属各个不具有法人资格分支机构在内的全部应纳税所得额、应纳税额。

(2) 分级管理，是指总机构、分支机构所在地的主管税务机关都有对当地机构进行企业所得税管理的责任，总机构和分支机构应分别接受机构所在地主管税务机关的管理。

(3) 就地预缴，是指总机构、分支机构应按相关规定，分月或分季分别向所在地主管税务机关申报预缴企业所得税。

(4) 汇总清算，是指在年度终了后，总机构统一计算汇总纳税企业的年度应纳税所得额、应纳所得税额，抵减总机构、分支机构当年已就地分期预缴的企业所得税款后，多退少补。

(5) 财政调库，是指财政部定期将缴入中央国库的汇总纳税企业所得税待分配收入，按照核定的系数调整至地方国库。

汇总纳税企业按照《中华人民共和国企业所得税法》规定汇总计算的企业所得税，包括预缴税款和汇算清缴应缴应退税款，50%在各分支机构间分摊，各分支机构根据分摊税款就地办理缴库或退库；50%由总机构分摊缴纳，其中25%就地办理缴库或退库，25%就地全额缴入中央国库或退库。

2. 所得税预缴

(1) 房地产企业所属二级或二级以下分支机构直接管理的项目部(包括与项目部性质相同的工程指挥部、合同段等，下同)不就地预缴企业所得税，其经营收入、职工工资和资产总额应汇总到二级分支机构统一核算，由二级分支机构按照国税发〔2012〕57号文件规定的办法预缴企业所得税。

(2) 建筑企业总机构直接管理的跨地区设立的项目部，应按项目实际经营收入的0.2%按月或按季由总机构向项目所在地预分企业所得税，并由项目部向所在地主管税务机关预缴。

(3) 总机构应汇总计算企业应纳所得税，按照以下方法进行预缴：

① 总机构只设跨地区项目部的，扣除已由项目部预缴的企业所得税后，按照其余额就地缴纳。

② 总机构只设二级分支机构的，按照国税发〔2012〕57号文件规定计算总、分支机构应缴纳的税款。

③ 总机构既有直接管理的跨地区项目部，又有跨地区二级分支机构的，先扣除已由项目部预缴的企业所得税后，再按照国税发〔2012〕57号文件规定计算总、分支机构应缴纳的税款。

(4) 分摊税款的计算。

总机构按以下公式计算分摊税款：

总机构分摊税款 = 汇总纳税企业当期应纳所得税额 × 50%

分支机构按以下公式计算分摊税款：

所有分支机构分摊税款总额 = 汇总纳税企业当期应纳所得税额 × 50%

某分支机构分摊税款 = 所有分支机构分摊税款总额 × 该分支机构分摊比例

总机构应按照上年度分支机构的营业收入、职工薪酬和资产总额三个因素计算各分支机构分摊所得税款的比例；三级及以下分支机构，其营业收入、职工薪酬和资产总额统一计入二级分支机构；三因素的权重依次为 0.35、0.35、0.30。计算公式如下：

某分支机构分摊比例 =（该分支机构营业收入 ÷ 各分支机构营业收入之和）× 0.35
+（该分支机构职工薪酬 ÷ 各分支机构职工薪酬之和）× 0.35
+（该分支机构资产总额 ÷ 各分支机构资产总额之和）× 0.30

案例分析 9.17

甲公司为某城市的房地产开发公司，在全国设有 A、B、C、D、E 五个具有分公司资质的开发项目部。2015 年第 3 季度，A、B、C、D、E 五个分支机构利润总额以及 2014 年 1～12 月份各公司的营业收入、职工薪酬和资产总额指标如表 9.1 所示，总公司获利 9 000 万元。要求计算分配各公司 2015 年第 3 季度应当预缴企业所得税额。

表 9.1 各分公司三因素分摊比例表

分公司	营业收入		职工薪酬		资产总额	
	金额	比例	金额	比例	金额	比例
A	6 750	27.27%	1 350	25.21%	12 000	23.53%
B	5 250	21.21%	1 080	20.17%	9 750	19.12%
C	1 800	7.27%	600	11.20%	6 000	11.76%
D	1 200	4.85%	525	9.80%	5 250	10.29%
E	9 750	39.39%	1 800	33.62%	18 000	35.29%
合计	24 750	100.00%	5 355	100.00%	51 000	100.00%

分析：

A公司分摊比例＝27.27%×0.35＋25.21%×0.35＋23.53%×0.3＝25.42%

B公司分摊比例＝21.21%×0.35＋20.17%×0.35＋19.21%×0.3＝20.22%

C公司分摊比例＝7.27%×0.35＋11.20%×0.35＋11.76%×0.3＝9.99%

D公司分摊比例＝4.85%×0.35＋9.8%×0.35＋10.29%×0.3＝8.22%

E公司分摊比例＝39.39%×0.35＋33.62%×0.35＋35.29%×0.3＝25.42%

甲公司当期应纳所得税额＝9 000×25%＝2 250(万元)

A公司应预缴企业所得税额＝2 250×50%×25.42%＝285.98(万元)

B公司应预缴企业所得税额＝2 250×50%×20.22%＝227.48(万元)

C公司应预缴企业所得税额＝2 250×50%×9.99%＝112.39(万元)

D公司应预缴企业所得税额＝2 250×50%×8.22%＝92.48(万元)

E公司应预缴企业所得税额＝2 250×50%×25.42%＝285.98(万元)

3. 征收管理

(1) 房地产企业总机构应按照有关规定办理企业所得税年度汇算清缴，各分支机构和项目部不进行汇算清缴。总机构年终汇算清缴后应纳所得税额小于已预缴的税款时，由总机构主管税务机关办理退税或抵扣以后年度的应缴企业所得税。

(2) 跨地区经营的项目部(包括二级以下分支机构管理的项目部)应向项目所在地主管税务机关出具总机构所在地主管税务机关开具的《外出经营活动税收管理证明》，未提供上述证明的，项目部所在地主管税务机关应督促其限期补办；不能提供上述证明的，应作为独立纳税人就地缴纳企业所得税。同时，项目部应向所在地主管税务机关提供总机构出具的证明该项目部属于总机构或二级分支机构管理的证明文件。

(3) 总机构在办理企业所得税预缴和汇算清缴时，应附送其所直接管理的跨地区经营项目部就地预缴税款的完税证明。

(4) 房地产企业在同一省、自治区、直辖市和计划单列市设立的跨地(市、县)项目部，其企业所得税的征收管理办法，由各省、自治区、直辖市和计划单列市国家税务局、地方税务局共同制定，并报国家税务总局备案。

第 10 章　税收征收管理法

10.1　税收征收管理法概述

税收征收管理法是调整、规范税收征收管理法律规范的总称，是整个税法制度的核心和灵魂。我国于 1992 年 9 月 4 日第七届全国人民代表大会常务委员会第二十七次会议通过了《中华人民共和国税收征收管理法》(以下简称《征管法》)，并于 1993 年 1 月 1 日起施行。该法于 1995 年 2 月 28 日第一次修正，于 2001 年 4 月 28 日进行了修订，并于 2013 年 6 月 29 日第二次修正，进一步完善了我国税收征管的法律制度。

房地产企业作为国民经济发展中重要的支柱产业，其税收是组成地方税收的重要部分，做好房地产企业的税收征管对地方财政的发展具有重要作用。房地产企业税收征管的日的是为了规范纳税人的税收管理，促进房地产行业的健康发展。

10.1.1　税收征收管理法的适用范围

《征管法》的适用范围是依法由税务机关征收的各种税收的征收管理。我国税收的征收机关有税务、海关、财政等部门，税务机关征收各种工商税收，海关征收关税。

在我国境内从事房地产开发的企业，应按规定向主管地方税务机关缴纳增值税、企业所得税、土地增值税、城市维护建设税、城镇土地使用税、房产税、车船税、印花税、个人所得税、教育费附加等地方税收(费)。

这里所称的纳税人，是指进行基础设施、房屋等不动产的投资建设，并且销售开发产品或者转让土地使用权的单位。

10.2　税　收　管　理

10.2.1　税务登记管理

1. 设立登记

房地产企业设立登记是企业从事经营活动的前提，非经设立登记，并领取营业执照，不得从事商业活动。

1）设立登记涉及的内容

房地产企业设立登记涉及的内容主要包括：企业名称、出资人、注册地址、法定代表人、注册资金、公司章程、企业的类型和经济性质、经营范围等。

2）设立登记的时间

房地产企业应当按照规定，自领取工商营业执照之日起30日内，持有关证件和资料，向主管地方税务机关申报办理税务登记。并自扣缴义务发生之日起30日内，申报办理扣缴税款登记。

3）设立登记需提供的资料

（1）“税务登记表”，实行国税局、地税局联合办理税务登记证的，应提供两份。

（2）工商营业执照或其他核准执业证件原件及复印件。

（3）组织机构代码证书副本原件及复印件。

（4）有关合同、章程、协议书复印件。

（5）法定代表人（负责人）居民身份证、护照或其他证明身份的合法证件原件及复印件。

2. 变更登记

变更登记是指房地产企业办理设立登记后，因税务登记内容发生变化，向税务机关申请办理税务变更的活动。

1）涉及改变税务登记证件内容

税务登记情形发生变化，涉及改变税务登记证件内容的纳税人，纳税人应当自工商行政管理机关变更之日起30日内，向原主管税务机关如实提供下列证件、资料，办理税务变更登记：

（1）“变更税务登记表”。

（2）工商营业执照原件及复印件。

（3）纳税变更登记内容的有关证明文件原件及复印件。

（4）税务登记证件。

2）未涉及改变税务登记证件内容

税务登记情形发生变化，但不涉及改变税务登记证件内容的纳税人，纳税人应当自税务登记内容实际发生变化之日起30日内，或自有关机关批准或者宣布变更之日起30日内，持下列证件、资料向原主管税务机关办理税务变更登记：

（1）“变更税务登记表”。

（2）纳税变更登记内容的有关证明文件原件及复印件。

另外，房地产企业因住所、经营地发生变动而涉及改变税务登记机关的，向原主管税务机关提出办理迁出，并在领取迁出地税务机关出具的“税务事项通知书”

30 日内向迁入地税务机关申报办理税务登记。

3. 外出经营报验登记

房地产企业跨县(市、区)从事开发经营，应当在外出经营以前，持税务登记证向机构所在地主管地方税务机关申请开具“外出经营活动税收管理证明”(以下简称“外管证”)，并在“外管证”注明地进行开发经营前，持税务登记证副本和“外管证”，向当地地方税务机关报验登记。

税务机关按照一地一证的原则，核发“外管证”。“外管证”有效期限一般为 30 日，最长不得超过 180 日。在外出经营到达地连续 12 个月内累计超过 180 天的，应当自期满 30 日内，在到达地办理税务登记。

房地产企业外出经营活动结束，应当向经营地税务机关填报“外出经营活动情况申报表”，并结清税款、缴销发票。房地产企业应当在“外管证”有效期届满后 10 日内，持“外管证”回原税务登记地税务机关办理“外管证”缴销手续。

4. 停业、复业登记

1) 停业登记

实行定期定额征收方式的个体工商户需要停业的，应当在停业前向主管税务机关申报办理停业登记。纳税人的停业期限不得超过 1 年。

房地产企业在办理停业登记时，应如实填写停业登记申请表，说明停业理由、停业期限、停业前的纳税情况和发票领、用、存情况，并结清应纳税款、滞纳金、罚款。税务机关应收存其税务登记证件、发票领购簿和未使用完的发票和其他税务证件。

纳税人在停业期间发生纳税义务的，应当按规定申报缴纳税款。

2) 复业登记

办理停业登记的房地产企业，应当于恢复生产经营之前，向主管税务机关申报办理复业登记。纳税人应如实填写“停业复业报告书”，领回并启用税务登记证件、发票领购簿及其停业前领购的发票。

房地产企业停业期满不能及时恢复生产经营的，应当在停业期满前到税务机关办理延长停业登记；房地产企业停业期满未按期复业但不申请延长停业的，税务机关应当视为已经恢复营业，实施正常的税收征收管理。

5. 注销登记

注销税务登记是指房地产企业发生解散、破产、撤销以及其他情形，依法终止纳税义务的，在向工商行政管理机关或者其他机关办理注销登记前，持有关证件向原税务登记机关申报办理注销税务登记的活动。

1) 注销登记的适用范围

房地产企业因经营期限届满而自动解散，企业由于改组、分立、合并等原因而被撤销;企业资不抵债而破产;房地产企业住所、经营地址迁移而涉及改变原主管税务机关,房地产企业被工商行政管理部门吊销营业执照以及纳税人依法终止履行纳税义务的其他情形。

2）注销登记的时限要求

房地产企业发生解散、破产、撤销以及其他情形,依法终止纳税义务的,应当在向工商行政管理机关或者其他机关办理注销登记前,持有关证件向原税务登记机关申报办理注销税务登记;按照规定不需要在工商行政管理机关或者其他机关办理注册登记的,应当自有关机关批准或者宣告终止之日起 15 日内,持有关证件向原税务登记机关申报办理注销税务登记。

房地产企业因住所、经营地点变动而涉及改变税务登记机关的,应当在向工商行政管理机关或者其他机关申请办理变更或注销登记前或者住所、经营地点变动前,向原税务登记机关申报办理注销税务登记,并在 30 日内向迁入地税务机关申报办理税务登记。

房地产企业被工商行政管理机关吊销营业执照或者被其他机关予以撤销登记的,应当自营业执照被吊销或者被撤销登记之日起 15 日内,向原税务登记机关申报办理注销税务登记。

10.2.2 财务账簿管理

账簿,是指总账、明细账、日记账以及其他辅助性账簿,是全面、系统、连续记录各项经济业务的簿籍,是编制财务报表的依据。账簿的会计信息必须真实、准确、可靠、完整,才能如实反映出纳税人的纳税能力。账簿管理在税收征管中占有十分重要的地位。

1. 账簿、凭证的设立、使用及保管

从事生产、经营的纳税人应当自领取营业执照或者发生纳税义务之日起 15 日内,按照有关法律、行政法规和国务院财政、税务主管部门的规定设置账簿,根据合法、有效凭证记账,准确进行收入、成本、费用的核算。生产经营规模小又确无建账能力的纳税人,可以聘请经批准从事会计代理记账业务的专业机构或者经税务机关认可的财会人员代为建账和办理账务。

房地产企业应当依法使用账簿、凭证,保证会计资料的完整性,不得伪造、变造或者擅自损毁账簿、记账凭证、完税凭证及其他有关资料;必须按照国务院财政、税务主管部门规定的保管期限保管账簿、记账凭证、完税凭证及其他有关资料。

除法律、行政法规另有规定外,账簿、会计凭证和报表、完税凭证及其他有关资料应保存10年。

2. 发票管理

发票是指在购销商品、提供或接受服务以及从事其他经营活动中，开具或收取的收付款凭证。

1）发票领用管理

房地产企业领取税务登记证件后，向主管地方税务机关申请领购发票和专用税务收据。跨县（市、区）从事房地产开发的，应在领取临时税务登记证件后或凭所在地地方税务机关的证明，向开发经营所在地地方税务机关申请领购开发经营地发票和税务收据。发票领购时需提供如下资料：

(1)“纳税人领用发票票种核定表”。

(2) 税务登记证件。

(3) 经办人身份证明原件及复印件。

(4) 按照国务院税务主管部门规定式样制作的发票专用章。

2）发票开具管理

房地产企业发生经营业务应按规定开具发票；销售不动产、转让土地使用权时，应开具地税机关监制的发票；收取定金、预收款及其他各种预收款项时，应开具地税机关监制的税务收据。

开具发票应按照规定的时间、顺序、栏目，全部联次一次性如实开具，并加盖发票专用章。

开具发票的单位应建立发票使用登记制度，设置发票登记簿，并定期向主管税务机关报告发票使用情况。

3）发票保存管理

开具发票的单位应按税务机关的规定存放和保管发票，不得擅自销毁。已经开具的发票存根联和发票登记簿，应保存5年。保存期满5年后，经税务机关查验后销毁。

3. 税控装置管理

国家根据税收征收管理的需要，积极推广使用税控装置。房地产企业应按照规定安装、使用税控装置，不得损毁或擅自改变税控装置。未按规定安装和使用税控装置的，由主管地方税务机关代开发票和税务收据。

10.2.3　纳税申报管理

纳税申报是指纳税人按照税法规定的期限和内容向税务机关提交有关纳税事项书面报告的法律行为，是纳税人履行纳税义务、承担法律责任的主要依据。纳税申报是税收征管中的一项重要制度。

1. 纳税申报的主体

纳税申报的主体是依照法律、行政法规的规定负有纳税义务的单位和个人。

纳税人必须在规定期限内办理纳税申报，即使在纳税期内没有应纳税款的，也应按照规定办理纳税申报；享受减税、免税的纳税人，在减税、免税期间也应当按照规定办理纳税申报。

2. 纳税申报的主要内容

纳税人、扣缴义务人的纳税申报或者代扣代缴、代收代缴税款报告表的主要内容包括：税种、税目、应纳税项目或者应代扣代缴、代收代缴税款项目、适用税率或者单位税额、计税依据、扣除项目及标准、应纳税额或者应代扣代缴、代收代缴税额以及税款所属期限、延期缴纳税款、欠税、滞纳金等。

3. 纳税申报时应报送的资料

纳税人办理纳税申报时，应当如实填写纳税申报表，并根据不同的情况相应报送下列有关证件、资料：

(1) 财务会计报表及其说明材料。

(2) 与纳税有关的合同、协议书及凭证。

(3) 安装了税控装置的单位还应报送税控装置的电子报税资料。

(4) 外出经营活动税收管理证明和异地完税凭证。

(5) 境内或者境外公证机构出具的有关证明文件。

(6) 扣缴义务人办理代扣代缴、代收代缴税款报告表时，应当如实填写代扣代缴、代收代缴税款报告表。

(7) 税务机关规定应当报送的其他有关证件、资料。

4. 纳税申报的方式

《征管法》规定："纳税人、扣缴义务人可以直接到税务机关办理纳税申报或者报送代扣代缴、代收代缴税款报告表，也可以按照规定采取邮寄、数据电文或者其他方式办理上述申报、报送事项。"由此可知，目前纳税申报的方式主要有：直接申报、邮寄申报、数据电文和其他方式。

5. 纳税申报的顺延与延期

(1) 纳税申报的顺延。纳税人办理纳税申报的期限最后1日，如遇公休、节假日的，可以顺延。

(2) 纳税申报的延期。纳税人、扣缴义务人因有特殊情况，不能按期进行纳税申报，需要延期的，应当在规定的申报期限内向主管国家税务机关提出书面延期申请，经主管国家税务机关核准，在核准的期限内办理。纳税人、扣缴义务人因不可抗力情形，不能按期办理纳税申报的，可以延期办理。但是，应当在不可抗力情形消除后立即向主管税务机关报告。

经核准延期办理前款规定的纳税申报的，应当在纳税期内按照上期实际缴纳的税额或者税务机关核定的税额预缴税款，并在核准的延期内办理纳税结算。

10.3　税款征收管理

税款征收通常是指税务机关按照税法规定将纳税人应纳的税款收缴入库各类活动的总称。它是税收征收管理的中心环节。

10.3.1　税款征收的方式

科学合理的税款征收方式是确保税款顺利、足额征收的前提条件。由于房地产企业的具体情况不同,因而税款的征收方式也应有所区别,主要有查账征收和核定征收两种方式。

1. 查账征收

查账征收,是指纳税人在规定的期限内根据自己的财务报表或经营成果依法自行申报,经税务机关审核后,填写纳税缴款书,由纳税人到指定的银行缴纳税款的一种征收方式。因此,这种征收方式适用于财务会计制度健全,会计核算真实明确,并且能够正确计算应纳税额、依法纳税的纳税单位。

2. 核定征收

核定征收是指由于纳税人的会计账簿不健全,资料残缺难以查账,或者其他原因难以准确确定纳税人应纳税额时,由税务机关采用合理的方法确定其应纳税收入和应纳税额,纳税人据以缴纳税款的一种征收方式。

房地产企业有下列情形之一的,由主管税务机关对其实行核定征收:

(1) 未按照规定办理税务登记,外出经营未按规定向开发经营地税务机关报验登记的。

(2) 应当设置但未设置账簿的。

(3) 虽设置账簿,但账目混乱或者成本资料、收入凭证、费用凭证残缺不全,难以查账的。

(4) 发生纳税义务,未按规定的期限办理纳税申报,经税务机关责令限期申报,逾期仍不申报的。

(5) 计税依据偏低,又无正当理由的。

10.3.2　税款征收的制度

1. 代扣代缴、代收代缴税款制度

(1) 对法律、行政法规没有规定负有代扣、代收税款义务的单位和个人,税务机关不得要求其履行代扣、代收税款义务。

(2) 税法规定的扣缴义务人必须依法履行代扣、代收税款义务。如果不履行义务，就要承担法律责任。除按税收征管法及其实施细则的规定给予处罚外，应当责成扣缴义务人限期将应扣未扣、应收未收的税款补扣或补收。

(3) 扣缴义务人依法履行代扣、代收税款义务时，纳税人不得拒绝。纳税人拒绝的，扣缴义务人应当在1日之内报告主管税务机关处理。不及时向主管税务机关报告的，扣缴义务人应承担应扣未扣、应收未收税款的责任。

(4) 扣缴义务人代扣、代收税款，只限于法律、行政法规规定的范围，并依照法律、行政法规规定的征收标准执行。对法律、行政法规没有规定代扣、代收的，扣缴义务人不能超范围代扣、代收税款，扣缴义务人也不得提高或降低标准代扣、代收税款。

(5) 税务机关按照规定付给扣缴义务人代扣、代收手续费。代扣、代收税款手续费只能由县(市)以上税务机关统一办理退库手续，不得在征收税款过程中坐支。

2. 延期缴纳税款制度

房地产企业因有特殊困难，不能按期缴纳税款的，经省、自治区、直辖市国家税务局、地方税务局批准，可以延期缴纳税款，但最长不得超过3个月。在批准延期的期限内不得加收滞纳金。

特殊困难主要是指：因不可抗力，导致房地产企业发生较大损失，正常生产经营活动受到较大影响的；当期货币资金在扣除应付职工工资、社会保险费后，不足以缴纳税款的。

3. 税收滞纳金征收制度

房地产企业未按照规定期限缴纳税款的，扣缴义务人未按照规定期限解缴税款的，税务机关除责令限期缴纳外，从滞纳税款之日起，按日加收滞纳税款5‰的滞纳金。

4. 税收减免制度

房地产企业在享受减免税待遇期间，仍应按规定办理纳税申报。

房地产企业享受减税、免税的条件发生变化时，应当自发生变化之日起15日内向税务机关报告，经税务机关审核后，停止其减税、免税的待遇；对不报告的，又不再符合减税、免税条件的，税务机关有权追回已减免的税款。

减免税分为核准类减免税和备案类减免税。

(1) 核准类减免税是指法律法规规定应由税务机关核准减免税项目。

(2) 备案类减免税是指不需要税务机关核准的减免税项目。

房地产企业享受核准类减免税，应当提交核准材料，经依法具有批准权限的税务机关按规定核准确认后执行；纳税人享受备案类减免税，应当具备相应的减免税资质，并履行规定的备案手续。

房地产企业同时从事减免项目与非减免项目的，应分别核算，独立计算减免项目的计税依据以及减免税额度。不能分别核算的，不能享受减免税的待遇；核算不清的，由税务机关按合理方法核定。

10.3.3 税收保全措施

税收保全措施是指税务机关对可能由于纳税人的行为或某种客观原因，致使以后税款的征收不能保证或难以保证的案件，采取限制纳税人处理和转移商品、货物或其他财产的措施。税收保全措施，是法律赋予税务机关的一种强制权力。

1. 税收保全的对象

(1) 主体的对象是从事生产经营的纳税人。

(2) 物的对象是存款、商品、货物或者其他财产。

2. 税收保全的实施条件

(1) 行为条件。房地产企业有逃避纳税义务行为。逃避纳税义务的行为包括：转移、隐匿应纳税商品、货物以及其他财产等。

(2) 时间条件。房地产企业在规定的纳税期届满之前和责令缴纳税款的期限之内。

(3) 担保条件。在行为条件和时间条件具备的情况下，税务机关可以责成房地产企业提供纳税担保，房地产企业不提供纳税担保的，税务机关可以依照法定权限和程序，采取税收保全措施。

3. 税收保全的实施措施

(1) 书面通知纳税人的开户银行或者其他金融机构冻结纳税人相当于税款的商品、货物或其他财产。

(2) 扣押、查封纳税人的价值相当于应纳税款的商品、货物或其他财产。

10.3.4 税收强制执行措施

税收强制执行措施是指税务机关在采取一般税收管理措施无效的情况下，为了维护国家依法征税的权力所采取的一种强行征收税款的手段。这不仅是税收的无偿性和固定性的内在要求，也是税收强制性的具体表现。

1. 税收强制执行的适用范围

税收强制执行措施的适用范围是从事生产、经营的纳税人、扣缴义务人、纳税担保人，不包括非从事生产、经营的纳税人。

2. 税收强制执行的适用对象

与税收保全措施只适用于纳税人不同，税收强制执行措施的适用对象既包括纳税人，又包括扣缴义务人、纳税担保人及其他当事人。

(1) 未按规定期限缴纳税款或在税务机关依法进行检查时有逃避纳税义务行

为的从事生产、经营的纳税人。

(2) 未按照规定期限解缴税款的从事生产、经营的扣缴义务人。

(3) 未按照规定期限缴纳所担保税款的纳税担保人。

(4) 对税务机关的处罚决定逾期不申请行政复议也不向人民法院起诉,又不履行的当事人。

3. 税收强制执行的实施条件

(1) 超过纳税期限。纳税人或扣缴义务人未按照规定的期限纳税或解缴税款。

(2) 告诫在先。税务机关必须责令纳税人限期缴纳税款。

(3) 超过告诫期。纳税人经税务机关责令限期缴纳,逾期仍未缴纳的。

4. 税收强制执行的实施措施

(1) 书面通知纳税人的开户银行或者其他金融机构从其存款中扣缴税款。

(2) 扣押、查封、依法拍卖或者变卖其相当于应纳税款的商品、货物或其他财产。

10.3.5 税款的退还和追征制度

1. 税款的退还

依《征管法》第51条的规定,纳税人不论何种原因超过应纳税额多缴纳的税款,税务机关发现后应当立即退还;纳税人自结算缴纳税款之日起3年内发现的,可以向税务机关要求退还多缴的税款并加算银行同期存款利息,税务机关及时查实后应立即退还;涉及从国库中退库的,依照法律、行政法规有关国库管理的规定退还。如果纳税人在结清缴纳税款之日起3年后才向税务机关提出退还多缴税款要求的,税务机关将不予受理。

2. 税款的追征

《征管法》第52条规定,税务机关对超过纳税期限未缴或少缴税款的纳税人可以在规定的期限内予以追征。根据该规定,税款的追征具体有以下三种情形:

(1) 因税务机关的责任,致使纳税人、扣缴义务人未缴或者少缴税款的,税务机关在3年内可以要求纳税人、扣缴义务人补缴税款,但是不得加收滞纳金。

(2) 因纳税人、扣缴义务人计算错误等失误,未缴或者少缴税款的,税务机关在3年内可以追征税款,并加收滞纳金;有特殊情况的(即数额在10万元以上的),追征期可以延长到5年。

(3) 对因纳税人、扣缴义务人和其他当事人偷税、抗税、骗税等原因而造成未缴或者少缴的税款,或骗取的退税款,税务机关可以无限期追征。

10.4 纳税评估

10.4.1　纳税评估的作用

各级地方税务机关应积极开展对房地产企业的纳税评估，通过对纳税情况的真实性、准确性、合法性的综合评定，建立房地产行业收入和成本监控体系，实现整体、实时控管，及时发现、纠正和处理纳税行为中的错误，促进房地产企业的真实申报和税收征管质量的提高。

各级地税部门要定期对房地产业纳税评估情况进行汇总分析，对发现的问题，督促纳税人、扣缴义务人及时纠正，并作为制定政策，加强征管、稽查的重要依据。

10.4.2　评估对象的确定

房地产企业评估对象可以采取规模选择法、随机选择法、纳税异常选择法等合理的方法确定。有条件的地区应依托计算机等先进技术，根据房地产行业纳税情况的历史数据，开展行业税收负担率、成本利润率、销售收入利润率、企业所得税负担率等指标的分析，探索建立指标警戒体系，将低于警戒值的纳税人作为评估对象，实现对指标异常纳税人的及时控管。

10.4.3　纳税评估的审核内容

房地产企业纳税评估的主要内容是对纳税申报资料、税务机关掌握的征管资料以及通过综合治税获取信息的审核和分析，重点对以下方面进行审查核实：

(1) 全面核实纳税人实际参与开发的项目数量，各项目的开发地点，重点核对基本情况资料，与该项目的“竣工验收证明书”“土地规划许可证”“土地出让(转让)合同”“竣工验收时间”等资料进行核对，对影响主营业务的有关问题进行审核。

(2) 从核实纳税人开发项目的开发面积入手，与开发项目的建筑规划许可证、规划用地许可证、竣工验收报告、施工图设计文件审查意见或联建协议等资料进行核对，核实开发项目的开发面积情况。

(3) 核实纳税人确定的开发项目的可售商品房面积，从数量上审核判定纳税人是否存在隐匿商品房未转收入或少转收入情况。通过抽查开发项目的回迁安置协议、联建协议、房屋销售合同，并根据开发项目坐落地点等客观情况判定回迁、联建商品房面积的真实性，核实开发项目可售商品房面积的真实数量。

(4) 通过验证审核开发项目已售商品房面积的真实程度，核实开发项目是否有隐匿或少转收入的情况。

(5) 核实开发项目的销售单价与同期市场价格相比是否异常。

(6) 审核商品房销售收入是否按照规定的结算方式予以确认，有无延迟确认或少确认收入的情况。

(7) 在核实开发项目应结转收入的已售商品房面积，商品房销售单价，商品房销售收入确认方式的基础上，根据核实的开发项目平均售房单价与已售商品房面积，计算开发项目应转收入数额并与实际已转收入数额进行比较；确认收入的准确性，计算分析其差异。

(8) 按各成本项目进行审核，对于同时进行多个项目开发的，审核其是否正确区分各成本核算对象的界限。对一次性发生属于多个成本核算对象的开发费用，或分批开发的项目，应重点审核其一次性支付的应计入开发成本的各类费用，是否按规定的标准合理地进行分配。

(9) 核实开发项目单位成本是否准确，落实已结转经营成本的正确性。

(10) 纳税人同期销售费用绝对差额较大则审核是否与销售收入的增加存在合理的配比，进而审查广告费支出、业务宣传费支出是否按比例扣除，两者的划分是否符合规定，有无大宗的销售开支变相扣除等。

(11) 在企业经营不产生大的起伏的情况下，管理费用的发生额应保持相对稳定，如果纳税人同期管理费用绝对差额较大，则审核经营规模及产品结构是否有大的调整。

(12) 纳税人同期财务费用绝对差额较大，则审核同期的贷款利率的变化情况、财务报表借款的增减情况，进而审核其资金使用、构成的变化。

10.5 税 务 检 查

10.5.1 税务检查的概念

税务检查是税收征收管理的一个重要环节。它通常是指税务机关根据税法及其他有关法律的规定对纳税主体履行纳税义务的情况进行检查监督的行为。税务机关依法对纳税人进行税务检查，纳税人必须接受税务机关依法进行的税务检查，如实反映情况，提供有关资料，不得拒绝、隐瞒。

10.5.2 税务检查的形式

税务检查的形式包括：重点检查、分类计划检查、集中性检查、临时性检查和专项检查。

(1) 重点检查，是指对公民举报、上级机关交办或有关部门转来的有偷税行为或偷税嫌疑的，纳税申报与实际生产经营情况有明显不符的纳税人及有普遍逃税行为的行业的检查。

(2) 分类计划检查，是指根据纳税人历年纳税情况、纳税人的纳税规模及税务检查间隔时间的长短等综合因素，按事先确定的纳税人分类、计划检查时间及检查频率而进行的检查。

(3) 集中性检查，是指税务机关在一定时间、一定范围内，统一安排、统一组织的税务检查，这种检查一般规模比较大。

(4) 临时性检查，是指由各级税务机关根据不同的经济形势、偷逃税趋势、税收任务完成情况等综合因素，在正常的检查计划之外安排的检查。

(5) 专项检查，是指税务机关根据税收工作实际，对某一税种或税收征收管理某一环节进行的检查。

各级税务机关要加强对房地产行业的日常检查和专项检查，根据行业特点，采用交叉稽查、实地核查、信息比对相结合等形式，全面审核相关的涉税资料，提高检查成效，堵塞税收征管漏洞。

10.5.3 税务机关的税务检查权

税务机关有权进行下列税务检查：

(1) 检查纳税人的账簿、记账凭证、报表和有关资料，检查扣缴义务人代扣代缴、代收代缴税款账簿、记账凭证和有关资料。

(2) 到纳税人的生产、经营场所和货物存放地检查纳税人应纳税的商品、货物或者其他财产，检查扣缴义务人与代扣代缴、代收代缴税款有关的经营情况。

(3) 责成纳税人、扣缴义务人提供与纳税或者代扣代缴、代收代缴税款有关的文件、证明材料和有关资料。

(4) 询问纳税人、扣缴义务人与纳税或者代扣代缴、代收代缴税款有关的问题和情况。

(5) 到车站、码头、机场、邮政企业及其分支机构检查纳税人托运、邮寄应纳税商品、货物或者其他财产的有关单据、凭证和有关资料。

(6) 经县以上税务局(分局)局长批准，凭全国统一格式的检查存款账户许可证明，查询从事生产、经营的纳税人、扣缴义务人在银行或者其他金融机构的存款账户。税务机关在调查税收违法案件时，经设区的市、自治州以上税务局(分局)局长批准，可以查询案件涉嫌人员的储蓄存款。税务机关查询所获得的资料，不得用于税收以外的用途。

特别规定：税务机关派出的人员进行税务检查时，应当出示税务检查证和税务检查通知书，并有责任为被检查人保守秘密；未出示税务检查证和税务检查通知书的，被检查人有权拒绝检查。

10.5.4 税务检查的其他规定

（1）对跨地区经营的房地产企业，机构所在地地方税务机关应主动与经营开发地税务机关加强联系，做好外出开发经营纳税人的税收检查。开发经营地税务机关应积极配合所在地税务机关，避免税款的流失。

（2）各级税务部门要建立内部信息定期交换制度，检查情况要定期向税收管理部门反映。要加大对房地产行业税收征管的考核力度，对检查中存在和发现的问题，要分清责任，确属征管责任区管理偏松，不负责任，玩忽职守造成的，要按照行政执法过错追究责任制的规定，追究有关人员的责任，切实提高房地产税收管理水平。

10.6 法律责任

1. 违反规定期限的法律责任

房地产企业未按照规定期限办理税务登记、纳税申报和报送相关纳税资料的，由税务机关责令限期改正，可以处 2 000 元以下的罚款；情节严重的，处 2 000 元以上 10 000 元以下的罚款。

2. 违反基本规定的法律责任

房地产企业未按照规定设置、保管账簿或者保管记账凭证和有关资料，未按照规定将财务、会计制度或者财务、会计处理办法和会计核算软件报送税务机关备查的，税务机关责令限期改正，可以处 2 000 元以下的罚款；情节严重的，处 2 000 元以上 10 000 元以下的罚款。

3. 不配合税务检查的法律责任

房地产企业逃避、拒绝或者以其他方式阻挠税务检查的，由税务机关责令改正，可以处 10 000 元以下的罚款；情节严重的，处 10 000 元以上 50 000 元以下的罚款。

4. 拒不接受违法处理的法律责任

房地产企业有税收违法行为，拒不接受税务机关处理的，税务机关可以收缴其发票和税务收据或者停止向其发售发票和税务收据。

5. 非法印制发票的法律责任

房地产企业违反《征管法》第 22 条规定，非法印制发票的，由税务机关销毁非法印制的发票，没收违法所得和作案工具，并处 10 000 元以上 50 000 元以下的罚款；构成犯罪的，依法追究刑事责任。

6. 偷税的法律责任

房地产企业伪造、变造、隐匿、擅自销毁账簿、记账凭证，或者在账簿上多列支出或者不列、少列收入，或者经税务机关通知申报而拒不申报或者进行虚假的纳税申报，不缴或者少缴应纳税款的，由税务机关追缴其不缴或少缴的税款、滞纳金，并处不缴或者少缴的税款50%以上5倍以下的罚款；构成犯罪的，移送有关部门依法追究刑事责任。

7. 逃避追缴欠税的责任

房地产企业欠缴应纳税款，采取转移或者隐匿财产的手段，妨碍税务机关追缴欠缴税款的，由税务机关追缴欠缴的税款、滞纳金，并处欠缴税款50%以上5倍以下的罚款；构成犯罪的，移送有关部门依法追究刑事责任。

8. 抗税的法律责任

房地产企业以暴力、威胁方法拒不缴纳税款的，除由税务机关追缴其拒缴的税款、滞纳金外，移送有关部门依法追究刑事责任。情节轻微，未构成犯罪的，由税务机关追缴其拒缴的税款及滞纳金，并处拒缴税款1倍以上5倍以下的罚款。

9. 与纳税机关发生争议的法律责任

房地产企业与税务机关在纳税上发生争议时，必须先依照税务机关的纳税决定缴纳或解缴税款及滞纳金或者提供相应的纳税担保，然后可以依法申请行政复议或向人民法院起诉。

10.7 纳 税 担 保

纳税担保，是指经税务机关同意或确认，纳税人或其他自然人、法人、经济组织以保证、抵押、质押的方式，为纳税人应当缴纳的税款及滞纳金提供担保的行为。

10.7.1 纳税保证

纳税保证，是指纳税保证人向税务机关保证：当纳税人未按照税收法律、行政法规规定或者税务机关确定的期限缴清税款、滞纳金时，由纳税保证人按照约定履行缴纳税款及滞纳金的行为。税务机关认可的，保证成立；税务机关不认可的，保证不成立。

1. 纳税保证人

纳税保证人是指在中国境内具有纳税担保能力的自然人、法人或者其他经济组织。法人或其他经济组织财务报表资产净值超过需要担保的税额及滞纳金2倍以上的，自然人、法人或其他经济组织所拥有或者依法可以处分的未设置担保的财产的价值超过需要担保的税额及滞纳金的，为具有纳税担保能力。企业法人的职能部门不得作为纳税保证人。企业法人的分支机构有法人书面授权的，可以在授权范围内提供纳税担保。

不得作为纳税保证人的情形：

(1) 有偷税、抗税、骗税、逃避追缴欠税行为被税务机关、司法机关追究过法律责任未满 2 年的。

(2) 因有税收违法行为正在被税务机关立案处理或涉嫌刑事犯罪被司法机关立案侦查的。

(3) 纳税信誉等级被评为 C 级以下的。

(4) 在主管税务机关所在地的市(地、州)没有住所的自然人或税务登记不在本市(地、州)的企业。

(5) 无民事行为能力或限制民事行为能力的自然人。

(6) 与纳税人存在担保关联关系的。

(7) 有欠税行为的。

2. 担保责任

纳税保证为连带责任保证，纳税人和纳税保证人对所担保的税款及滞纳金承担连带责任。当纳税人在税收法律、行政法规或税务机关确定的期限届满未缴清税款及滞纳金的，税务机关即可要求纳税保证人在其担保范围内承担保证责任，缴纳担保的税款及滞纳金。

保证人用于纳税担保的财产、权利的价值不得低于应当缴纳的税款、滞纳金，并考虑相关的费用。纳税担保的财产价值不足以抵缴税款、滞纳金的，税务机关应当向提供担保的纳税人或纳税担保人继续追缴。

3. 担保期限

纳税担保书须经纳税人、纳税保证人签字盖章并经税务机关签字盖章同意方为有效。纳税担保从税务机关在纳税担保书签字盖章之日起生效。

保证期间为纳税人应缴纳税款期限届满之日起 60 日内，即税务机关自纳税人应缴纳税款的期限届满之日起 60 日内有权要求纳税保证人承担保证责任，缴纳税款、滞纳金。履行保证责任的期限为 15 日，即纳税保证人应当自收到税务机关的纳税通知书之日起 15 日内履行保证责任，缴纳税款及滞纳金。

纳税人在规定的期限届满未缴清税款及滞纳金，税务机关在保证期限内书面通知纳税保证人的，纳税保证人应按照纳税担保及约定的范围，自收到纳税通知书之日起 15 日内缴纳税款及滞纳金，履行担保责任。纳税保证人未按照规定的履行保证责任的期限缴纳税款及滞纳金的，由税务机关发出责令限期缴纳通知书，责令纳税保证人在限期 15 日内缴纳；逾期仍未缴纳的，经县以上税务局(分局)局长批准，对纳税保证人采取强制执行措施，通知其开户银行或其他金融机构从其存款中扣缴所担保的纳税人应缴纳的税款、滞纳金，或扣押、查封、拍卖、变卖其价值相当于所担保的纳税人应缴纳的税款、滞纳金的商品、货物或者其他财产，以拍卖、变卖所得抵缴担保的税款、滞纳金。

10.7.2　纳税抵押

纳税抵押是指纳税人或纳税担保人不转移下列可抵押财产的占有，将该财产作为税款及滞纳金的担保。纳税人逾期未缴清税款及滞纳金的，税务机关有权依法处置该财产以抵缴税款及滞纳金。

1. 可以抵押的财产

(1) 抵押人所有的房屋和其他地上定着物。

(2) 抵押人所有的机器、交通运输工具和其他财产。

(3) 抵押人依法有权处分的国有的房屋和其他地上定着物。

(4) 抵押人依法有权处分的国有的机器、交通运输工具和其他财产。

(5) 经设区的市、自治州以上税务机关确认的其他可以抵押的合法财产。

以依法取得的国有土地上的房屋抵押的，该房屋占用范围内的国有土地使用权同时抵押。以乡(镇)、村企业的厂房等建筑物抵押的，其占用范围内的土地使用权同时抵押。

2. 不得抵押的财产

(1) 土地所有权。

(2) 土地使用权，上述抵押范围规定的除外。

(3) 学校、幼儿园、医院等以公益为目的的事业单位、社会团体、民办非企业单位的教育设施、医疗卫生设施和其他社会公益设施；学校、幼儿园、医院等以公益为目的的事业单位、社会团体，可以其教育设施、医疗卫生设施和其他社会公益设施以外的财产为其应缴纳的税款及滞纳金提供抵押。

(4) 所有权、使用权不明或者有争议的财产。

(5) 依法被查封、扣押、监管的财产。

(6) 依法定程序确认为违法、违章的建筑物。

(7) 法律、行政法规规定禁止流通的财产或者不可转让的财产。

(8) 经设区的市、自治州以上税务机关确认的其他不予抵押的财产。

3. 抵押办理程序

(1) 填写抵押担保书和纳税担保财产清单。

(2) 提供抵押登记的证明及其复印件。

纳税人填写的抵押担保书和纳税担保财产清单，须经纳税人签字盖章并经税务机关确认；纳税抵押财产应当办理抵押物登记，纳税抵押自抵押物登记之日起生效。

抵押期间，经税务机关同意，纳税人可以转让已办理登记的抵押物，并告知受让人转让物已经抵押的情况。纳税人转让抵押物所得的价款，应当向税务机关提前缴纳所担保的税款、滞纳金。超过部分，归纳税人所有，不足部分由纳税人缴纳或提供相应的担保。

4. 抵押财产的处理

(1) 在抵押物灭失、毁损或者被征用的情况下，税务机关应该就该抵押物的保险金、赔偿金或者补偿金要求优先受偿，抵缴税款、滞纳金。

在抵押物灭失、毁损或者被征用的情况下，抵押权所担保的纳税义务履行期未满的，税务机关可以要求将保险金、赔偿金或补偿金等作为担保财产。

(2) 纳税人在规定的期限内未缴清税款、滞纳金的，税务机关应当依法拍卖、变卖抵押物，变价抵缴税款、滞纳金。

(3) 纳税担保人以其财产为纳税人提供纳税抵押担保的，按照纳税人提供抵押担保的规定执行；纳税担保书和纳税担保财产清单须经纳税人、纳税担保人签字盖章并经税务机关确认。

(4) 纳税人在规定的期限届满未缴清税款、滞纳金的，税务机关应当在期限届满之日起 15 日内书面通知纳税担保人自收到纳税通知书之日起 15 日内缴纳担保的税款、滞纳金。

纳税担保人未按照前款规定的期限缴纳所担保的税款、滞纳金的，由税务机关责令限期在 15 日内缴纳；逾期仍未缴纳的，经县以上税务局(分局)局长批准，税务机关依法拍卖、变卖抵押物，抵缴税款、滞纳金。

10.7.3 纳税质押

纳税质押是指经税务机关同意，纳税人或纳税担保人将其动产或权利凭证移交税务机关占有，将该动产或权利凭证作为税款及滞纳金的担保。纳税人逾期未缴清税款及滞纳金的，税务机关有权依法处置该动产或权利凭证以抵缴税款及滞纳金。纳税质押分为动产质押和权利质押。对于实际价值波动很大的动产或权利凭证，经设区的市、自治州以上税务机关确认，税务机关可以不接受其作为纳税质押。

1. 动产质押

房地产企业以动产提供质押担保的，应当填写纳税担保书和纳税担保财产清单并签字盖章。纳税担保书应当包括以下内容：

(1) 担保的税款及滞纳金数额、所属期间、税种名称、税目。

(2) 纳税人履行应缴纳税款、滞纳金的期限。

(3) 质押物的名称、数量、质量、价值、状况、移交前所在地、所有权权属或者使用权权属。

(4) 质押担保的范围及担保责任。

(5) 纳税担保财产价值。

(6) 税务机关认为需要说明的其他事项。

纳税质押自纳税担保书和纳税担保财产清单经税务机关确认和质押物移交之日起生效。

2. 权利质押

(1) 房地产企业以汇票、支票、本票、公司债券出质的，税务机关应当与纳税人背书清单记载“质押”字样。以存款单出质的，应由签发的金融机构核押。

(2) 以载明兑现或者提货日期的汇票、支票、本票、债券、存款单出质的，汇票、支票、本票、债券、存款单兑现日期先于纳税义务履行期或者担保期的，税务机关与纳税人约定将兑现的价款用于缴纳或者抵缴所担保的税款及滞纳金。

3. 质押的处理

(1) 纳税担保人以其动产或财产权利为纳税人提供纳税质押担保的，按照纳税人提供质押担保的规定执行；纳税担保书和纳税担保财产清单须经纳税人、纳税担保人签字盖章并经税务机关确认。

(2) 纳税人在规定的期限内未缴清税款、滞纳金的，税务机关应当在期限届满之日起 15 日内书面通知纳税担保人自收到纳税通知书之日起 15 日内缴纳担保的税款、滞纳金。

(3) 纳税担保人未按照前款规定的期限缴纳所担保的税款、滞纳金，由税务机关责令限期在 15 日内缴纳；缴清税款、滞纳金的，税务机关自纳税担保人缴清税款及滞纳金之日起 3 个工作日内返还质押物、解除质押关系；逾期仍未缴纳的，经县以上税务局(分局)局长批准，税务机关依法拍卖、变卖质押物，抵缴税款、滞纳金。

10.8　文书送达

文书送达是指行政、司法机关或其他组织依照法律规定的程序和方式，将文书送交当事人或者其他有关参与人的行为，是税收征管活动的重要环节。

(1) 征税机关需送达的文书。在文书送达制度中，征税机关需要送达的文书主要包括：税务事项通知书；责令限期改正通知书；税收保全措施决定书；税收强制执行决定书；税务检查通知书；税务处理决定书；税务行政处罚决定书；行政复议决定书；其他税务文书。

(2) 文书送达方式。文书送达的方式主要包括：直接送达、留置送达、邮寄送达、委托送达、公告送达等。其中,直接送达是最基本的送达方式,其他送达方式是在直接送达有困难时的补充送达方式。

直接或者委托送达税务文书的,以签收人或者见证人在送达回执上的签收或者注明的收件日期为送达日期;邮寄送达的,以挂号函件回执上注明的收件日期为送达日期,并视为已送达。

(3) 有下列情形之一的,税务机关可以公告送达税务文书,自公告之日起满30日,即视为送达:

① 同一送达事项的受送达人众多。

② 采用规定的其他送达方式无法送达。

附录1　营业税改征增值税相关政策一览表

标　题	发文日期	文号
国家税务总局关于进一步明确营改增有关征管问题的公告	2017-04-20	国家税务总局公告2017年第11号
国家税务总局关于营改增后土地增值税若干征管规定的公告	2016-11-10	国家税务总局公告2016年第70号
国家税务总局关于营改增试点若干征管问题的公告	2016-08-18	国家税务总局公告2016年第53号
财政部　国家税务总局关于部分营业税和增值税政策到期延续问题的通知	2016-07-25	财税〔2016〕83号
国家税务总局关于全面推进营改增试点分析工作优化纳税服务的通知	2016-06-20	税总发〔2016〕95号
财政部　国家税务总局关于进一步明确全面推开营改增试点有关再保险　不动产租赁和非学历教育等政策的通知	2016-06-18	财税〔2016〕68号
国家税务总局关于进一步优化营改增纳税服务工作的通知	2016-05-25	税总发〔2016〕75号
财政部　国家税务总局关于营业税改征增值税试点有关文化事业建设费政策及征收管理问题的补充通知	2016-05-13	财税〔2016〕60号
国家税务总局关于营业税改征增值税部分试点纳税人增值税纳税申报有关事项调整的公告	2016-05-10	国家税务总局公告2016年第30号
国家税务总局关于发布《营业税改征增值税跨境应税行为增值税免税管理办法(试行)》的公告	2016-05-06	国家税务总局公告2016年第29号
财政部　国家税务总局关于进一步明确全面推开营改增试点有关劳务派遣服务、收费公路通行费抵扣等政策的通知	2016-04-30	财税〔2016〕47号
国家税务总局关于迅速学习贯彻《国务院关于做好全面推开营改增试点工作的通知》的紧急通知	2016-04-30	税总发〔2016〕60号
财政部　国家税务总局关于进一步明确全面推开营改增试点金融业有关政策的通知	2016-04-29	财税〔2016〕46号

（续表）

标　题	发文日期	文号
国务院关于印发全面推开营改增试点后调整中央与地方增值税收入划分过渡方案的通知	2016-04-29	国发〔2016〕26号
国务院关于做好全面推开营改增试点工作的通知	2016-04-29	国发明电〔2016〕1号
国家税务总局关于明确营改增试点若干征管问题的公告	2016-04-26	国家税务总局公告2016年第26号
财政部　国家税务总局关于营改增后契税　房产税　土地增值税　个人所得税计税依据问题的通知	2016-04-25	财税〔2016〕43号
国家税务总局关于进一步做好营改增税控装置安装服务和监督管理工作有关问题的通知	2016-04-19	税总函〔2016〕170号
国家税务总局关于全面推开营业税改征增值税试点有关税收征收管理事项的公告	2016-04-19	国家税务总局公告2016年第23号
国家税务总局关于认真学习贯彻李克强总理考察全面推开营改增试点工作时重要讲话精神的通知	2016-04-05	税总发〔2016〕51号
国家税务总局关于营业税改征增值税委托地税机关代征税款和代开增值税发票的公告	2016-03-31	国家税务总局公告2016年第19号
国家税务总局关于全面推开营业税改征增值税试点后增值税纳税申报有关事项的公告	2016-03-31	国家税务总局公告2016年第13号
国家税务总局关于营业税改征增值税委托地税局代征税款和代开增值税发票的通知	2016-03-31	税总函〔2016〕145号
财政部　国家税务总局关于营业税改征增值税试点有关文化事业建设费政策及征收管理问题的通知	2016-03-28	财税〔2016〕25号
财政部　国家税务总局关于全面推开营业税改征增值税试点的通知	2016-03-23	财税〔2016〕36号
国家税务总局关于营业税改征增值税试点期间有关增值税问题的公告	2015-12-22	国家税务总局公告2015年第90号
财政部　国家税务总局关于支持文化服务出口等营业税政策的通知	2014-12-30	财税〔2014〕118号
财政部　国家税务总局关于发布免征营业税的一年期以上返还性人身保险产品名单(第27批)的通知	2014-12-26	财税〔2014〕148号
国家税务总局关于小微企业免征增值税和营业税有关问题的公告	2014-10-11	国家税务总局公告2014年第57号

（续表）

标　　题	发文日期	文号
国家税务总局关于重新发布《营业税改征增值税跨境应税服务增值税免税管理办法（试行）》的公告	2014-08-27	国家税务总局公告 2014 年第 49 号
财政部　国家税务总局　中国人民银行关于跨省合资铁路运输企业“营改增”后税收收入分配有关问题的补充通知	2014-08-11	财预〔2014〕96 号
财政部　国家税务总局关于将电信业纳入营业税改征增值税试点的通知	2014-04-29	财税〔2014〕43 号
财政部　国家税务总局关于铁路运输和邮政业营业税改征增值税试点有关政策的补充通知	2013-12-30	财税〔2013〕121 号
财政部　国家税务总局　中国人民银行关于铁路运输和邮政业纳入营业税改征增值税试点有关预算管理问题的通知	2013-12-25	财预〔2013〕442 号
国家税务总局关于铁路运输和邮政业营业税改征增值税发票及税控系统使用问题的公告	2013-12-18	国家税务总局公告 2013 年第 76 号
财政部　国家税务总局关于将铁路运输和邮政业纳入营业税改征增值税试点的通知	2013-12-12	财税〔2013〕106 号
国家税务总局关于做好铁路运输和邮政服务业营业税改征增值税试点工作的通知	2013-12-09	税总发〔2013〕125 号
国家税务总局关于营业税改征增值税试点有关文化事业建设费登记与申报事项的公告	2013-11-11	国家税务总局公告 2013 年第 64 号
国家税务总局关于营业税改征增值税试点文化事业建设费缴费信息登记有关事项的公告	2012-12-04	国家税务总局公告 2012 年第 50 号
国家税务总局关于营业税改征增值税试点文化事业建设费申报有关事项的公告	2012-12-04	国家税务总局公告 2012 年第 51 号
国家税务总局关于北京等 8 省市营业税改征增值税试点增值税纳税申报有关事项的公告	2012-08-27	国家税务总局公告 2012 年第 43 号
国家税务总局关于北京等 8 省市营业税改征增值税试点增值税一般纳税人资格认定有关事项的公告	2012-08-10	国家税务总局公告 2012 年第 38 号
财政部　国家税务总局关于印发《营业税改征增值税试点方案》的通知	2011-11-16	财税〔2011〕110 号